EL NIÑO Y SU MUNDO

EL NIÑO Y SU MUNDO

Comidas sanas, niños sanos

Guía de alimentación saludable
para que sus hijos gocen de buena salud

Bridget Swinney

ONIRO

Título original: *Healthy Food for Healthy Kids*
Publicado en inglés por Meadowbrook Press

Traducción de Bibiana Lienas y Ana María Pérez

Revisión técnica a cargo de la doctora Bibiana Lienas

Diseño de cubierta: Víctor Viano

Ilustración de cubierta e interiores: Jone Hallmark

Distribución exclusiva:
Ediciones Paidós Ibérica, S.A.
Mariano Cubí 92 - 08021 Barcelona - España
Editorial Paidós, S.A.I.C.F.
Defensa 599 - 1065 Buenos Aires - Argentina
Editorial Paidós Mexicana, S.A.
Rubén Darío 118, col. Moderna - 03510 México D.F. - México

Quedan rigurosamente prohibidas, sin la autorización escrita de los titulares del *copyright*, bajo las sanciones establecidas en las leyes, la reproducción total o parcial de esta obra por cualquier medio o procedimiento, comprendidos la reprografía y el tratamiento informático, y la distribución de ejemplares de ella mediante alquiler o préstamo públicos.

Text © 1999 by Bridget Swinney, M.S., R.D.

© 2000 exclusivo de todas las ediciones en lengua española:
  Ediciones Oniro, S.A.
  Muntaner 261, 3.º 2.ª - 08021 Barcelona - España (e-mail:oniro@ncsa.es)

ISBN: 84-95456-22-2
Depósito legal: B-22.320-2000

Impreso en Hurope, S.L.
Lima, 3 bis - 08030 Barcelona

Impreso en España - *Printed in Spain*

*Para Nicolas y Robert,
mis sufridos conejillos de Indias,
que probaron todas y cada una de las recetas
de este libro.
¡Sois maravillosos!*

Índice

Agradecimientos 13
Introducción 15

PRIMERA PARTE
El porqué y el cómo de una alimentación saludable

Capítulo uno. Los diez mandamientos de los padres para una alimentación saludable 19
    Los mandamientos en pocas palabras 19
    Los mandamientos explicados 20

Capítulo dos. Hábitos alimentarios y buena salud 27
    Obesidad 27
    Enfermedades del corazón 31
    Valores altos de colesterol en sangre 33
    Aumento de la presión arterial (hipertensión) 34
    Cáncer 34
    Cómo lo que comemos nos ayuda a luchar contra las enfermedades 36
    Aplicar la ciencia a la mesa 38

Capítulo tres. Establecer unos hábitos saludables 41
    Algunos consejos para establecer unos hábitos saludables 41
    La pirámide de los alimentos 42
    ¿Qué es una comida «normal»? 46
    Comprar con sentido común 46
    Minas de oro nutricionales 49

Capítulo cuatro. Algunos hechos importantes 51
    Crecimiento 51
    Vitaminas 54
    Plantas medicinales 55
    Hiperactividad 55
    Sustitutos de los alimentos 58

Capítulo cinco. Alergias e intolerancias alimentarias 61
    Tratamiento de las alergias alimentarias en la escuela 63
    La compra en caso de alergias alimentarias 63
    La compra en caso de alergia a la leche 63
    La compra en caso de alergia a los huevos 64
    Intolerancias alimentarias 65
    Tratamiento de la intolerancia a la lactosa 65

Capítulo seis. La dieta vegetariana 67
    Bebés 68
    Niños pequeños 68
    Crecimiento 68
    Nutrientes importantes 70
    Suplementos de vitaminas 72
    Proteínas 73
    Grasas 73
    Consejos útiles para niños vegetarianos 73
    Planes de dieta para niños que siguen dietas vegetarianas estrictas 75

Capítulo siete. Salud dental 77
    Caries 77
    Ingesta adecuada de flúor 78
    El factor alimentario 80
    Alimentos protectores 80
    La salud dental en pocas palabras 81
    Tentempiés saludables para los dientes 81
    Una charla con el doctor Clark Gregor 82

Capítulo ocho. Higiene y seguridad de los alimentos 87
    Higiene de los alimentos en pocas palabras 87
    Plaguicidas 88
    Alimentos de alto riesgo para los niños 90
    Enfermedades transmitidas por los alimentos 91
    Compra y almacenamiento de los alimentos 93
    Preparación de la comida 93
    Temperaturas de cocción 95
    Cocinar en microondas 95

La cocción del marisco 96
Huevos 97
Cocinar sin peligro con la olla a presión 97
Temperaturas para servir los alimentos 97
Limpieza 98
Seguridad de las tablas de cortar 99
Unas palabras sobre las bacterias 100
Asar los alimentos de forma segura 100
Comer al aire libre 103
Lo que debe saber sobre el plomo 103
Otras sustancias químicas en los alimentos 104

SEGUNDA PARTE
La alimentación de su hijo

Capítulo nueve. Lactancia natural y alimentación con biberón 109
    Reflejo perioral y reflejo de succión 110
    Signos de que el bebé está saciado 110
    Otros detalles sobre la alimentación del bebé 111
    El crecimiento del bebé 112
    Alimentación al pecho 113
    Alimentación con biberón 125
    Crecimiento y desarrollo de su hijo en relación con la alimentación . . 129
    Dormir toda la noche de un tirón 130

Capítulo diez. La alimentación de su hijo 131
    Introducción de alimentos sólidos 131
    ¿Cuándo está preparado el bebé para los alimentos sólidos? 131
    El primer alimento: los cereales 132
    Adición de otros alimentos al menú del bebé 133
    Otros hechos básicos sobre la alimentación del bebé 134
    Resumen de la adición de sólidos a la dieta de su hijo 134
    Ejemplo de menú 136
    El poder de las proteínas 138
    Prepare en casa la comida del bebé 138
    Comer con los dedos y comer sin ayuda 141

Supervisión cuando el bebé come sin ayuda 142
Decir adiós al biberón 143
Comer con toda la familia 143

Capítulo once. Alimentación del niño pequeño y en edad preescolar 144
Establecer unos límites 145
Presiones de los compañeros 145
Las horas de las comidas deben ser un momento agradable 148
Apetito del niño en edad preescolar 149
Forma física del niño en edad preescolar 150
Evitar la grasa 151
Normas básicas para comer en casa 151
Planes para comer en la guardería 152

Capítulo doce. Alimentación del niño en edad escolar 155
Tentempiés en la escuela 155
Llevarse la comida de casa 156
Plan de comidas de la escuela 156
Comida basura 156
Consejos para esta edad 156
Consejos para enseñar a comer 157
La alimentación del deportista 157

Capítulo trece. Verduras 159
Diez trucos para que sus hijos coman verduras 159
Recetas 161

Capítulo catorce. Frutas 175
Quince maneras de incluir más fruta en la dieta familiar 176
Recetas 177

Capítulo quince. Cereales 189
Consejos para incluir más cereales integrales en la dieta familiar . 189
Algunos de los alimentos integrales más comunes 190
Los buenos cereales 191
Recetas 192

Capítulo dieciséis. Productos lácteos 203
   Veinte maneras de introducir más calcio en la dieta familiar 206
   Recetas 207

Capítulo diecisiete. Proteínas 214
   Nueve maneras de disimular las proteínas en la dieta de su hijo 214
   Recetas 215

Capítulo dieciocho. Tentempiés divertidos para el hogar y la escuela 223
   Diez consejos para que sus hijos coman tentempiés saludables 223
   Planificar tentempiés saludables 224
   Recetas 226
   Otras ideas divertidas para meriendas y tentempiés 228

Capítulo diecinueve. Comer fuera 230
   Consejos para que su experiencia en el restaurante sea todo un éxito .. 230
   Platos sugeridos para el restaurante 232
   Comida rápida 233
   Sacar el mejor partido de la comida rápida 233

Glosarios 234

Índice de recetas 237

Agradecimientos

En primer lugar, deseo expresar mi agradecimiento a mi familia —a Frank, a Nicolas y a Robert—, que durante dos largos años soportaron con paciencia tener que hacer de conejillos de Indias y probar todas las recetas del libro, así como soportar el consiguiente desorden en la cocina y las largas horas que permanecí sentada frente al ordenador.

También deseo dar las gracias a mis colegas, familia y amigos, que revisaron el libro tanto desde un punto de vista técnico como práctico: Peggy Connor, Jacquie Craig, Kathy Cross, Sandra Eardly, Connie Evers, Wendy Gregor, Glenda Herman, Beatriz Leyba, Ann Litt, Elvira Johnson, Candi McNany, Marna Moreland, Maureen Murtaugh, Colleen Paradise, Joanna Reagan, Christine Reinarts, Sue Reitzel, Norma Robinson, Amy Tracy, Jane Stephenson, Gene Swinney y Judith Swinney.

Mi especial agradecimiento a Marilyn Rotwein, por su colaboración y por haberme prestado todo su apoyo.

También deseo dar las gracias a mi familia y amigos, en especial a Frank, John, Alicia y Sue, por sus palabras para infundirme ánimo, por su labor como cuidadores y por otras medidas útiles que pusieron en práctica durante los estadios finales de la redacción del libro.

Mi agradecimiento también a todas las personas que no tuvieron ningún reparo en compartir sus recetas con los lectores de este manual: Minerva Al-Tabaa, experta en cocina oriental; la Colorado Dietetic Association, que edita *Simply Colorado*; Madhu Gadia, autora de *Light and Luscious Cuisine of India*; Kim Pierce y Barbara Gollman, autoras de *The Phytopia Cookbook*; Brenda Ponichtera, autora de *Quick and Healthy Recipes and Ideas* y *Quick and Healthy Volume II*; Sue Reitzel, por compartir sus recetas familiares e ideas, y Debbie y Sandy Russell.

También deseo dar las gracias a Pamela Wiggins, autora de *Breastfeeding: A Mother's Gift* y *Why Should I Nurse My Baby?*, por haberme permitido reimprimir una sección de su libro, y a The Food Allergy Netwoork por la autorización para utilizar sus materiales.

A todas las personas que han hecho de conejillos de Indias probando todas mis recetas, mi agradecimiento por sus refinadas papilas gustativas: Michael y Marcus Atkinson; Katie, Cristian y Ben Barrera; la clase de preescolar de la señora Daw, de la Saint Mark's Methodist Day School; Den Four, del Lindbergh Scout Pack-Albert Ahumada: Frank Apodaca, Nicolas Blando, Marco Leyba, David Navar, Timmy Navar, Sammy Showery, Scott Superville; Sean Fraser; la clase de preescolar de la señorita Karen, de la Saint Mark's Methodist Day School; Norman Leyba; Kendra Melendez; Melissa Ogren, Mykle Mary y Zoe Reitzel; Sofia y Lorraine Rojas; Shelby Seifers, así como los estudiantes de la clase de primer y segundo grado de la señorita Slaughter, de la Lindbergh Elementary School. También deseo dar las gracias a los padres de estos niños por la información que me proporcionaron.

Y por último, pero no por eso menos importante, mi más profundo agradecimiento a Nicolas y Robert, que probaron cada una de las recetas de este libro, además de un montón más que no estuvieron a la altura de sus expectativas.

Agradezco a Bruce Lansky y Liya Lev Oertel, de Meadowbrook Press, su paciencia y entusiasmo mientras escribía esta obra. Mi más sincero agradecimiento a Liya y a Christine Zuchora-Walske, por «adelgazar» el manuscrito al tiempo que conservaban las mejores partes. También deseo dar las gracias a Christine, por sus esfuerzos con el libro pese a disponer de un plazo de entrega tan ajustado. Mi agradecimiento también para Jone Hallmark, por la maravillosa cubierta de la edición original y por los gráficos sembrados a lo largo del libro, así como a Danielle White, por su trabajo de fotocomposición, que tanto facilita la lectura.

Introducción

Es muy probable que haya adquirido este libro porque está muy interesado en la salud de su hijo y desea inculcarle unos buenos hábitos dietéticos. Felicidades. Ha dado un importante paso hacia el mantenimiento de la salud presente y futura de su hijo.

Ahora más que nunca tenemos poderosas razones para sentirnos preocupados por los hábitos de alimentación de nuestros hijos.

La obesidad entre los niños constituye un problema cada vez más importante debido a la espectacular disminución de la actividad física (además de ir en automóvil a todas partes, los niños juegan cada vez menos y pasan cada vez más horas frente al televisor) asociada con un consumo creciente de alimentos ricos en calorías y en grasas. Por otra parte, sabemos que los hábitos alimentarios adquiridos en la infancia afectan de un modo u otro la aparición de multitud de enfermedades crónicas. Por ejemplo, las dolencias cardíacas, las cardiopatías, se desarrollan lenta e insidiosamente y pueden empezar en la infancia.

Usted, con independencia de que sea un padre/madre, abuelo/abuela, el tutor, la puericultora o el maestro/maestra del niño puede ejercer una considerable influencia (positiva o negativa) en los hábitos alimentarios de un niño. Su labor es muy importante, y a menudo, frustrante. Tiene que competir con la presión de los compañeros y de un número creciente de anuncios sobre comida «basura» y comida rápida. Y sabe muy bien que se requiere una considerable inversión de tiempo y energía para conseguir que un niño se alimente correctamente.

Así pues, respire hondo y sígame por el intricado mundo de la nutrición infantil... Mi deseo no es solamente contestar todas sus preguntas sobre nutrición y despejar todas sus dudas sino también proporcionarle una útil «caja de herramientas» para que su cocina se llene de recetas e ideas que han sido probadas por niños y... aprobadas por sus padres.

¡Una buena y feliz alimentación!

Bridget Swinney

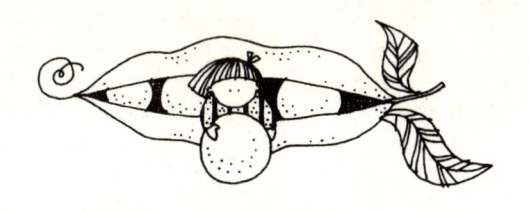

Primera parte

El porqué y el cómo de una alimentación saludable

CAPÍTULO UNO

Los diez mandamientos de los padres para una alimentación saludable

En este capítulo encontrará:
- *Los mandamientos en pocas palabras*
- *Los mandamientos explicados*

Este capítulo responde a preguntas como:
- *¿Qué hay de malo en forzar o sobornar a un niño para que coma alimentos saludables?*
- *¿Cómo puedo reunir a toda mi ocupada familia para hacer una comida juntos al día?*
- *¿Qué habilidades puedo enseñar a mis hijos en la cocina?*
- *¿Qué tareas culinarias pueden llevar a cabo los niños según su edad?*
- *¿Debería preocuparme por las manías y remilgos con la comida?*
- *¿Hago bien en molestarme en servir un determinado alimento en otra ocasión si mi hijo dice que no le gusta?*
- *¿Tengo que administrarle suplementos de vitaminas?*

A todos los padres les gustaría que sus hijos vinieran al mundo con un libro de instrucciones bajo el brazo (además del pan). Como madre, he aprendido rápidamente que el oficio de padres es una experiencia de adiestramiento continuo sobre la marcha (y precisamente cuando uno cree que ya empieza a saber cómo hacerlo, de pronto, ¡todo cambia!). Por fortuna, poco a poco todos los padres acaban «educándose a sí mismos» en los distintos aspectos del oficio de padres, lo que les será muy útil para poder enfrentarse al reto de la crianza de los hijos.

El objetivo principal de este libro es proporcionar consejos, una orientación e ideas prácticas a los padres sobre un importante aspecto del oficio de padres: la alimentación de sus hijos. Para ayudarle a establecer unos hábitos de alimentación positivos en sus hijos, a continuación se describen diez normas que pueden serle muy útiles. Sígalas y verá cómo las horas de las comidas al mismo tiempo son agradables (para usted y para sus hijos) y saludables. Estas normas constituyen la base del resto del libro.

Los mandamientos en pocas palabras

1. No fuerce ni soborne nunca a su hijo para que coma.

2. De ejemplo comiendo como mínimo cinco raciones de fruta y verdura y bebiendo tres vasos de leche al día.

3. Convierta las horas de las comidas en un momento agradable.

4. Anime a su hijo a ayudarle en la planificación y la preparación de las comidas y en la limpieza de la cocina después de prepararlas y después de comer.

5. De marcha atrás (y cuente hasta diez) cuando las horas de las comidas se conviertan en una lucha por el poder.

6. Acepte los remilgos y las manías en relación con la comida como períodos de la vida de su hijo que en último término superará.

7. Acepte el hecho de que su hijo es un individuo y, como tal, pueden no gustarle determinados alimentos (y éstos pueden ser muchos).

8. No renuncie y no tire la toalla cuando introduzca nuevos alimentos en la dieta de su hijo. Es preciso que entienda que en ocasiones los niños necesitan algo de tiempo para aceptar un alimento nuevo en su dieta.

9. Utilice el siguiente reparto de responsabilidades por lo que respecta a la alimentación: como padre o madre es responsable de decidir cuándo comer y qué servir, pero su hijo es responsable de decidir cuánto desea comer (si es que desea hacerlo).

10. Es preciso que administre a su hijo un suplemento de minerales y vitaminas si es un niño remilgado con la comida.

▼

Los mandamientos explicados

1. *No fuerce ni soborne nunca a su hijo para que coma.*

Habitualmente en el repertorio de trucos de los padres se incluyen algunas amenazas o sobornos del tipo «te quedarás sentado a la mesa hasta que te termines las judías» o «de postre hay pastel de chocolate para todos los que se terminen las zanahorias». Como madre de un niño flacucho de seis años que come como un pajarito, considero que este mandamiento constituye todo un reto. Es muy fácil exasperarse, infringir la norma y acabar tirándolo todo por la borda obligando al niño a comer o, peor todavía, sobornándolo con la perspectiva de unos postres de su agrado.

Sin embargo, los estudios llevados a cabo demuestran que los niños nacen con un control adecuado de la ingesta de alimentos. Comen cuando tienen hambre y dejan de comer cuando se sienten saciados. Somos los adultos quienes enseñamos a los niños que deben comer a las horas de las comidas, incluso si no tienen hambre. Un niño al que se obliga a comer pierde su capacidad natural para controlar la ingesta de alimentos. En otras palabras, el hambre deja de ser lo que hace que un niño coma. Los expertos en psicología infantil nos enseñan que esta pérdida de control puede dar lugar a trastornos de la conducta alimentaria como la anorexia o la bulimia u otros problemas como episodios de atracones que pueden persistir de por vida. Por consiguiente, olvídese de las amenazas y de los sobornos y seleccione una estrategia más positiva.

Un consejo: cuando su hijo manifieste una conducta alimentaria adecuada, dígaselo.

2. Es preciso que los padres den ejemplo tomando como mínimo cinco raciones de fruta y verdura y bebiendo tres vasos de leche al día.

Si espera que su hijo haga «lo que usted dice y no lo que usted hace», prepárese para tener una decepción, ya que los niños toman ejemplo de la conducta de los adultos, con independencia de que sea en relación con la alimentación, la práctica de ejercicio físico o las buenas maneras. Así pues, la mejor manera de conseguir que su hijo coma de manera saludable es darle ejemplo. Empiece con el objetivo simple de comer cinco raciones de fruta y verdura y beber tres vasos de leche al día. La mayoría de las vitaminas y minerales importantes que necesitamos se encuentran en la fruta y la verdura. Beber leche es clave para disfrutar de unos huesos fuertes y resistentes durante toda la vida, pero muy a menudo sustituimos la leche por bebidas carbónicas y otras bebidas dulces. Si usted y sus hijos pueden lograr este objetivo, su familia llevará camino de gozar de buena salud y tener unos hábitos de alimentación saludables.

Un consejo: conserve siempre una cesta con fruta sobre la mesa del comedor como fuente tentadora de tentempiés rápidos y saludables. La leche sola no siempre es del agrado de un niño; en ocasiones la leche con cacao es mucho más agradable de tomar.

3. Haga que las horas de las comidas sean momentos agradables.

¿Duran solamente diez minutos las horas de las comidas en su hogar? ¿Considera difícil concentrarse y hablar con los otros comensales porque la televisión siempre está encendida a las horas de las comidas?

Si ha contestado afirmativamente a estas preguntas, es muy posible que las horas de las comidas de su familia necesiten un cambio de actitud. Trate de establecer una serie de normas básicas: diga no a la televisión encendida a las horas de las comidas, diga no a los juguetes mientras toda la familia está comiendo. Diga no a las peleas y diga no a las llamadas telefónicas mientras la familia come. En una ocasión leí una historia interesante sobre el ritual de la cena de una familia. A la hora de cenar, cada miembro de la familia tenía que explicar algo que le había ocurrido durante el día. Estos rituales positivos de las horas de las comidas estimulan la conversación y las buenas relaciones entre los miembros de la familia.

En algunos casos, las cenas en familia se han tenido que sacrificar debido a un estilo de vida atareado en exceso. Entre los horarios de trabajo, el tiempo dedicado al deporte, las lecciones de música y las clases de idiomas, para muchas familias es imposible reunirse alrededor de la mesa a las horas de las comidas. Sin embargo, las horas de las comidas son muy importantes para desarrollar las habilidades sociales de modo que es aconsejable que trate de comer con toda su familia a la hora del almuerzo o de la cena. Recuerde que la cena no tiene porqué ser su comida principal. Si solamente pueden reunirse para desayunar o para almorzar, ¡estupendo! Y si tienen que comer fuera de casa, traten de aplicar las sugerencias mencionadas previamente para que la comida también sea un momento agradable. Si el tiempo necesario para cocinar les roba tiempo para disfrutar de una larga comida, busque en las páginas dedicadas a las recetas para tratar de encontrar platos más rápidos de preparar.

Un consejo: si a la hora de la cena la mayoría de los miembros de la familia practican un deporte, llévese la cena y hagan un picnic en el polideportivo.

4. *Anime a su hijo a ayudar en la preparación y planificación de las comidas y la limpieza de la cocina después de cocinar.*

Los niños que ayudan a preparar la comida suelen tener mayor interés en probarla. Si ofrece a su hijo diversas elecciones, la experiencia puede ser más agradable y contribuirá a minimizar las luchas por el poder. Por ejemplo, deje que su hijo escoja las fuentes para servir la ensalada y decida qué fruta servir. Las elecciones no solamente ayudarán a reforzar la autoestima de su hijo, ya que estará desempeñando un papel, sino que también le descargarán de una parte del trabajo.

Planificación de las comidas

Incluso un niño de dos años y medio puede contestar si desea comer guisantes o maíz para cenar. Una vez al mes dejo que mis hijos escojan lo que cenaremos o los platos que tomaremos para almorzar. La elección nunca se hace sin una consideración cuidadosa. Habitualmente acabamos comiendo macarrones con queso; sin embargo, el ejercicio de planificar una comida desarrolla las habilidades de razonamiento y hace que un niño se sienta bien por haber contribuido a la comida.

En el supermercado, deje que su hijo escoja algún producto nuevo para probar o incluso que planifique una comida, dependiendo de la edad del niño. Además, el supermercado también es un lugar adecuado para enseñar a su hijo algunos hechos importantes sobre la nutrición, formas, colores y olores de los alimentos, habilidades de comparación y matemáticas.

Cocinar

Es verdad que cocinar con un niño al lado puede prolongar el proceso, aumentar el desorden, etcétera; sin embargo, por último se dará cuenta de que su hijo puede aprender rápidamente algunas tareas básicas de la cocina.

En mi casa es una tradición hacer *crêpes* con mi hijo más pequeño, Robert. Cuando mi esposo se levanta y dice: «Vamos a hacer crepes», mi hijo viene corriendo, sin que importe lo que esté haciendo en ese momento y por mucho que le divierta. A los cinco años mi hijo puede cascar los huevos, verter la leche en el cuenco y ayudar a desleír la harina con la leche. Además de sentirse especial porque me está ayudando en la cocina, mi hijo Robert participa en una tradición memorable y las tradiciones proporcionan estabilidad.

Otra razón para dejar que su hijo le ayude en la cocina es que progresivamente se sentirá responsable de sus propias comidas y tentempiés. Un sondeo de 1991 de Gallup puso de manifiesto que ocho de cada diez niños en ocasiones cocinan o se preparan su propio desayuno y el 87 % indicó que en ocasiones se preparaban su propia comida. Cuanto antes empieza un niño a ayudar en la cocina, más interesado y educado estará cuando llegue el momento de que cocine por su cuenta.

Un consejo: a los siete años, su hijo puede aprender a leer las etiquetas de los productos alimentarios. Enseñe a su hijo qué es lo que debe buscar en las etiquetas al decidir qué comprar.

Consejos útiles para cocinar con niños

- Tenga en cuenta que cuanto más pequeño es el niño, más tiempo necesitará para preparar algo con él. Empiece con algún plato simple y cuya preparación pueda resultar divertida para su hijo. Por ejemplo, prepare con su ayuda un bocadillo o unas galletas.
- Incorpore diversas habilidades en la cocina en función de la edad de su hijo. En el caso de niños muy pequeños, enséñeles a reconocer los números y letras, a contar, sumar y restar. En caso de niños más mayores, puede enseñarles temas más complicados como la química (p. ej., la fermentación), microbiología (cómo las bacterias crecen en los alimentos que se dejan a temperatura ambiente), matemáticas (un ejercicio práctico de quebrados doblando o reduciendo a la mitad los ingredientes de una receta), la lectura (un niño de cinco o seis años puede ayudar a leer una receta), y estudios sociales (p. ej., explorar otras culturas preparando platos étnicos, aprendiendo los nombres de los alimentos en diferentes idiomas e incorporando hábitos alimentarios étnicos).

«Mamá, ¿puedo ayudarte?» Tareas sugeridas de acuerdo con la edad

Un niño de uno a dos años puede:
- Verter los ingredientes en seco, previamente medidos, y ayudar a remover.
- Ayudar a dar forma a las galletas.
- Avisarle cuando suena el timbre del temporizador.
- Ayudarle a decorar las galletas o poner los toques finales como el queso, las pasas o un baño de chocolate.
- Irle dando los huevos u otros ingredientes.

Un niño de tres a cuatro años puede:
- Ayudar a pesar/medir los ingredientes.
- Ayudar a cascar los huevos y a mezclar los ingredientes.
- Dar forma a las galletas.
- Ayudar a verter la masa en un molde.
- Ayudarle a batir (con su mano debajo de la suya).
- Disponer la comida en fuentes.

Un niño de cinco a seis años puede:
- Ayudar a leer una receta.
- Aprender cómo medir y mezclar los ingredientes en seco.
- Cascar los huevos y aprender cómo separar la yema de la clara.
- Aprender cómo utilizar sin peligro la batidora o el brazo de montar las claras a punto de nieve.
- Verter los huevos en una mezcla de harina.
- Poner en marcha el temporizador.

Un niño de siete a ocho años puede:
- Leer una receta en voz alta.
- Seguir la mayor parte de una receta con su ayuda y supervisión, excepto a la hora de introducir o sacar la preparación del horno.

Un niño de nueve o más años puede:
- Seguir una receta sin ayuda.

- Destaque la importancia de la higiene especialmente en la cocina. Es importante que siempre se lave las manos con jabón antes de cocinar y después de utilizar el baño, de toser o estornudar. No pruebe la pasta para rebozar o para hacer buñuelos que contiene huevo crudo o carne cruda. Enseñe a su hijo a utilizar tablas diferentes para cortar la carne y los alimentos que no requieren cocción. No deje nunca la leche, carnes o huevos a temperatura ambiente. Es necesario que explique a su hijo las normas de seguridad para cocinar con el microondas, el horno o la olla exprés.
- Su hijo puede responsabilizarse de: medir y pesar los ingredientes en seco, cascar los huevos, mezclar la pasta para freír, dar forma a las galletas o amasar. Asegúrese de que las tareas que asigna a su hijo son apropiadas para su edad. Si una tarea es demasiado difícil para su hijo puede dar al traste con la ilusión del niño por ayudarle en la cocina.
- No se sorprenda si, mientras le está ayudando a cocinar, su hijo decide que desea ir a jugar a su cuarto o hacer un dibujo. La atención de su hijo en lo que está haciendo variará según su edad.

Limpieza

Si desde muy pequeño enseña a su hijo a limpiar todo lo que ensucia después de cocinar, su futuro cónyuge se lo agradecerá. Un niño de dos años puede llevar su bandeja hasta el fregadero (¡siempre que sea irrompible!). A medida que su hijo se haga mayor, podrá asumir un número cada vez mayor de responsabilidades. Mi hijo Nicolás tiene encomendada la misión de sacar la mesa. Su parte favorita de la tarea es pasar un trapo húmedo por el mantel. Cuando asigne tareas a su hijo, asegúrese de que puede asumir la responsabilidad y enséñele varias veces cómo hacerlo correctamente. Cada vez que haga bien una tarea que tiene encomendada, haga comentarios elogiosos al respecto del estilo «gracias por dejar tu bandeja en el fregadero sin que haya tenido que decírtelo». Su atención refuerza la conducta que usted desea alentar.

5. *Dé marcha atrás o cuente hasta diez cuando la hora de la comida se convierta en una lucha por el poder.*

Sin ninguna duda este mandamiento es más fácil de decir que de hacer. Los niños conocen muy bien las reacciones de sus padres. A menudo las horas de las comidas inspiran acalorados conflictos entre padres e hijos. Aunque sin duda el acto de comer es importante, debe dar la pauta el control interno de su hijo y no la hora del día o las expectativas de los padres. Cuando las horas de las comidas se convierten en una fuente de conflictos, su relación con su hijo se resiente, y su hijo puede desarrollar una actitud negativa hacia la comida. Véase el mandamiento número nueve.

Un consejo: antes de iniciar una batalla con su hijo en relación con los guisantes que todavía tiene en el plato, pregúntese «¿importa en realidad?».

6. *Acepte las manías y remilgos de su hijo como períodos de su vida que por último superará.*

Si su hijo de cuatro años sólo desea comer macarrones con queso comida tras comida, día tras día, y una semana tras otra, no se preocupe, es pasajero. Este tipo de manías es normal y no debe inquietarle demasiado. Si el alimento que desea comer su hijo es saludable, deje que lo coma, y al mismo tiempo ofrézcale otros alimentos.

Un consejo: añada carne picada de ternera o pollo a los macarrones con queso.

7. *Acepte el hecho de que su hijo es un individuo y en consecuencia pueden no gustarle determinados alimentos (y éstos pueden ser muchos).*

¿Le parece que a medida que pasan los días su hijo come cada vez menos alimentos? Los niños tienen sus propios gustos al igual que los adultos. Sin embargo, en ocasiones es difícil distinguir entre una verdadera aversión por un alimento y los cambios del humor.

Diversos estudios recientes de investigación han puesto de manifiesto la razón de que algunas personas sientan una profunda aversión por determinadas familias de alimentos. ¿Hay en su familia miembros que no pueden ni ver el brócoli, las judías y las coles de Bruselas? Es posible que estas personas sean lo que yo llamo «supercatadoras». Se supone que tienen un mayor número de lo normal de papilas gustativas en la lengua y en consecuencia perciben todos los sabores con mucha más intensidad. Aunque esto podría proporcionarles una excusa para que no les gusten determinados alimentos, no pasa nada si los prueban de vez en cuando.

Un consejo: los niños necesitan aprender modales en la mesa. Cuando sirva a su hijo un plato que no le gusta, enséñele a rechazarlo con buenos modales.

8. *No se desanime y no tire la toalla cuando introduzca nuevos alimentos en la dieta de su hijo. Su hijo necesita tiempo para aceptar un alimento nuevo.*

Por ejemplo, su hijo ha probado las zanahorias y ha decidido que no le gustan. El hecho de que no le hayan gustado las zanahorias la primera vez que las ha probado no quiere decir que no puedan gustarle más adelante. Los gustos se desarrollan con el tiempo. Por consiguiente, cuanto más a menudo coma su hijo un alimento, más probable será que acabe siendo de su gusto. También es posible que a su hijo le gusten las zanahorias crudas en lugar de cocidas o a la inversa. Por ejemplo, su hijo puede poner mala cara delante de un plato de zanahorias al vapor pero pueden gustarle si las mezcla con espaguetis o con patatas o si se las da crudas como ensalada. Por consiguiente, si sigue insistiendo, es muy posible que su hijo acabe siendo un fanático de la verdura.

9. *Utilice el siguiente reparto de responsabilidades por lo que respecta a la alimentación: como padre o madre es responsable de decidir cuándo comer y qué servir, pero su hijo es responsable de decidir cuánto desea comer (si es que desea hacerlo).* Una vez le quede claro cuál es su responsabilidad, la presión desaparece. Es muy fácil caer en un estilo autoritario diciendo al niño: «cómetelo o come otra cosa». Sin embargo, esto no solamente deteriora su relación con su hijo sino que puede ser perjudicial para su instinto natural de controlar la ingesta de alimentos de acuerdo con su sensación de hambre. (Véase el mandamiento número uno.)

Ellyn Satter, una famosa experta en nutrición infantil, en un libro sobre el tema proporciona un ejemplo de una niña que era muy pequeña para su edad. Por mucho que los adultos trataban de que la niña consumiera más calorías, siempre comía la misma cantidad. Por último, los adultos llegaron a la conclusión de que la niña estaba destinada a ser pequeña y que de un modo natural comía la cantidad adecuada.

10. *Es preciso que administre a su hijo suplementos de vitaminas y minerales si es un niño remilgado con la comida.* Lo crea o no, su hijo acabará superando los remilgos. Mientras tanto, es aconsejable que tome suplementos de vitaminas y minerales. Hable con su pediatra y enseñe a su hijo que las vitaminas no son caramelos sino un medicamento. Asegúrese de que mantiene las vitaminas, como cualquier otro medicamento, fuera del alcance de su hijo. Una sobredosis de hierro puede ser muy peligrosa y provocar efectos perjudiciales sobre la salud de su hijo.

Un consejo: el hecho de que su hijo tome vitaminas no significa que no necesite comer de manera saludable.

CAPÍTULO DOS

Hábitos alimentarios y buena salud

En este capítulo encontrará:
- *Obesidad*
- *Enfermedades del corazón*
- *Valores altos de colesterol en sangre*
- *Aumento de la presión arterial (hipertensión)*
- *Cáncer*
- *Cómo lo que comemos nos ayuda a luchar contra las enfermedades*
- *Aplicar la ciencia a la mesa*

Este capítulo responde a preguntas como:
- *¿Cómo puedo fomentar la actividad física en mi hijo?*
- *¿Es genética la obesidad?*
- *¿Qué debo hacer si mi hijo presenta sobrepeso?*
- *¿Son algunos alimentos ricos en grasas más saludables que otros?*
- *¿Es necesario hacer análisis de los niveles sanguíneos de colesterol de mi hijo?*
- *¿Cómo puedo evitar el consumo excesivo de sal?*
- *¿Qué nutrientes son importantes para la lucha contra el cáncer?*
- *¿Cómo puedo introducir la fruta y la verdura en la dieta de mi hijo?*

Piense por un momento en lo que comía cuando era niño. A menos que se haya esforzado mucho en cambiar sus hábitos de la infancia, es muy posible que lo que come ahora se parezca mucho a lo que comía entonces. Ahora ya sabe la gran influencia que tiene en la alimentación de sus hijos. Según los hábitos que haya inculcado a su hijo durante la infancia, éste pasará toda la vida adulta tratando de cambiar sus hábitos de alimentación o dándole las gracias por haberle ayudado a comer de manera saludable.

Una cosa es cierta, cuanto más mayores somos, más difícil nos resulta cambiar los hábitos. Por consiguiente, cuanto antes empiece a inculcar a sus hijos unos hábitos saludables de alimentación, más fácil será que éstos persistan de por vida. La dieta y la salud están profundamente relacionadas y unos malos hábitos de alimentación contribuyen a causar diversos problemas de salud como la obesidad, las enfermedades del corazón, un aumento de los niveles sanguíneos de colesterol, un aumento de la presión arterial, y el cáncer.

Obesidad

De las numerosas personas a las que he ayudado a controlar el peso, recuerdo especialmente a una paciente que cuando sólo tenía dos años ya pesaba más de cuarenta kilos. Su madre deseaba que perdiera peso y por ese motivo nos pusimos manos a la obra. Tratamos de que la niña fuera más activa y consumiera más alimentos saludables limitando la comida basura hasta que por último pudimos conseguir que bajara de peso.

Aproximadamente el 10 % de niñas en edad preescolar, un 14 % de niños de seis a siete años y un 12 % de adolescentes presentan un sobrepeso. La obesidad se define como un peso corporal de un 20 % o más por encima del peso recomendado para una edad y sexo determinados.

El sobrepeso está causado simplemente por un desequilibrio energético: una actividad física insuficiente para compensar el consumo de alimentos, aunque la genética también desempeña un papel. En nuestras ajetreadas vidas, los platos preparados y la comida rápida en cualquier restaurante sustituyen al almuerzo y la cena tradicionales. Al mismo tiempo, los juegos de ordenador y el televisor están reemplazando los juegos al aire libre en el caso de muchos niños. Y estos cambios han propiciado que los niños de la mayor parte de los países occidentales tengan tendencia a la obesidad o como mínimo a un sobrepeso.

Los niños con sobrepeso u obesos tienen muchas probabilidades de convertirse en adultos obesos. Y los adultos obesos a menudo tienen problemas de salud como consecuencia del sobrepeso, y pueden padecer enfermedades del corazón, diabetes, un aumento de los valores sanguíneos de colesterol, enfermedades respiratorias como el enfisema, cáncer y un aumento de la presión arterial (hipertensión).

La infancia está marcada por tres períodos críticos del desarrollo durante los cuales algunos cambios de la grasa corporal pueden aumentar el riesgo de una obesidad en épocas posteriores de la vida. Si comprenden estos períodos críticos, los padres pueden ayudar a prevenir los futuros problemas de peso de sus hijos.

El período prenatal

Diversas situaciones prenatales pueden afectar el peso que tendrá el niño durante la vida. Por ejemplo, un desarrollo insuficiente del feto en el último trimestre del embarazo se asocia con un bajo peso al nacer, con diversos problemas de salud, y con la delgadez. Sin embargo, los niños cuyas madres padecen diabetes o requieren insulina durante el embarazo, tienen más probabilidades de ser obesos cuando llegan a la vida adulta. Los niños cuyas madres padecen una diabetes del embarazo también pueden madurar antes. (Véase la descripción del rebote de la adiposidad más adelante.)

Alrededor de doce estudios han demostrado una relación entre el peso al nacer y el peso a la edad adulta. En un estudio, los bebés que pesaron más de cuatro kilos y medio al nacer tuvieron cuatro veces más probabilidades de padecer un sobrepeso a los diecisiete años que los bebés cuyo peso al nacer fue más bajo.

Desde los cuatro a los seis años

El siguiente período crítico, el llamado «rebote de la adiposidad», tiene lugar aproximadamente entre los cuatro y los seis años, cuando la grasa corporal disminuye hasta un mínimo antes de aumentar de nuevo hasta la edad adulta. Los niños que alcanzan este rebote de la adiposidad a una edad más temprana parecen ser más gordos cuando son adultos. También se ha sugerido que las dietas ricas en proteínas y en calorías seguidas entre los cuatro y los seis años originan como consecuencia una mayor cantidad de grasa corporal a los ocho.

El rebote de la adiposidad puede contribuir a una obesidad posterior por las siguientes razones:

1. Ésta suele ser la época en la que los niños se vuelven más independientes y empiezan a hacer muchas elecciones de alimentos. Un niño cuyos padres han ejercido un control excesivo sobre su ingesta de alimentos puede tener problemas para controlar la cantidad de alimentos que consume. En esta época de la vida el consumo excesivo de alimentos puede dar lugar a un almacenamiento adicional de grasa.

2. Un rebote incipiente de la adiposidad puede relacionarse con una maduración más precoz. Y en los adolescentes que maduran más rápidamente que la media a menudo se detectan niveles altos de grasa corporal en la vida adulta.

Adolescencia

El período crítico final es el de la adolescencia cuando la grasa corporal aumenta en las niñas y disminuye en los niños. En las niñas los aumentos de la grasa corporal durante este período pueden producir profundos efectos sobre la obesidad en la vida adulta.

Investigación sobre la grasa corporal

Preferencia por las grasas

Los niños de tres años empiezan a demostrar sus preferencias por los alimentos ricos en grasa.

> **Dos plátanos al día para mantener la grasa a raya**
>
> Los últimos hallazgos fruto de un estudio norteamericano demuestran que en las adolescentes que toman cuatro raciones de fruta al día se detecta una menor cantidad de grasa corporal y unos mayores niveles de colesterol HDL (el colesterol bueno) que en las que consumen menos fruta. Cuatro raciones de fruta equivalen a dos plátanos o una manzana, una naranja, un kiwi, y un melocotón.

Una preferencia por los alimentos ricos en grasa parece relacionarse tanto con la cantidad de grasa en la dieta como con la grasa corporal. Diversos estudios han demostrado que los niños con una gran cantidad de grasa corporal que prefieren alimentos ricos en grasas tienen más probabilidades de tener unos padres con sobrepeso.

Somos lo que comemos

El consumo de calorías y de grasas de un niño parece relacionarse con la grasa corporal a los nueve o diez años.

¿Salud o grasa? Hay una gran diferencia

El número cada vez mayor de niños con sobrepeso se debe en parte a la disminución de la actividad física en nuestra sociedad y al aumento del tiempo que permanecemos frente al televisor, al ordenador, etcétera. El ejercicio practicado de forma habitual contribuye a formar y mantener unos huesos, músculos, y articulaciones saludables. También puede contribuir al control del peso, a disminuir la presión arterial, y mejora el bienestar psicológico. Los niños que son activos tienen mayores probabilidades de seguir practicando una actividad cuando llegan a la vida adulta, y la práctica de una actividad física reduce el riesgo de padecer enfermedades del corazón.

¿Cuáles son las directrices de una actividad física saludable durante la infancia?

La American Heart Association recomienda lo siguiente:

- La práctica de una actividad física habitual como la marcha, el ciclismo, juegos al aire libre y la utilización de parques y gimnasios.
- Menos de dos horas al día de ver la televisión o jugar con el ordenador.
- Actividad física en la escuela o guardería como mínimo veinte minutos al día.
- Salidas familiares con regularidad que incluyan los paseos, ciclismo, natación u otras actividades recreativas.
- Los niños deben tomar como modelo la actividad física saludable de padres, maestros, etc.

Nota: La actividad física debe ser motivo de diversión para el niño y es aconsejable que planifique actividades agradables acordes con su nivel de habilidad.

❓ Preguntas que quizá se plantee

P: *¿Se convierten en adultos con sobrepeso todos los niños con sobrepeso?*

R: No. Para muchos niños, un período temporal de sobrepeso solamente representa una transición antes de que den el famoso estirón. Una revisión de los estudios demuestra que alrededor de un tercio de niños obesos en edad preescolar y aproximadamente la mitad de niños obesos en edad escolar se convierten en adultos obesos.

P: *¿Heredan de sus padres la tendencia al sobrepeso?*

R: La tendencia al sobrepeso parece estar influida tanto por tener problemas de peso durante la infancia como por tener uno o ambos padres obesos. Sin embargo, los genes no son necesariamente los culpables. La obesidad que «tiene un carácter familiar» puede ser consecuencia de entornos familiares similares, de unos malos hábitos de alimentación y/o unos hábitos sedentarios.

P: *¿Qué debo hacer si mi hijo tiene problemas de peso?*

R: Recuerde que su estrategia y actitud pueden contribuir a ayudar o a perjudicar a su hijo. Tenga en cuenta que no todos los niños con sobrepeso se convierten en adultos con sobrepeso. Si considera que en su hijo está iniciándose un problema de peso, es aconsejable que hable con su pediatra o una persona experta en dietética.

Valore los hábitos de alimentación de su hijo tanto en el hogar como fuera del mismo:

- ¿Consume su hijo tentempiés ricos en calorías o bebidas dulces más de una vez a la semana?
- ¿Practica su hijo treinta minutos de actividad física moderada casi a diario, como marcha,

ciclismo, gimnasia en la escuela, patinaje, etcétera?
- Si su hijo va a la guardería, ¿consume una dieta equilibrada desde un punto de vista nutricional? ¿Juega al aire libre mientras permanece en la guardería?
- ¿Le parece que su hijo come sólo porque está aburrido y no porque tenga hambre?
- ¿Come su hijo habitualmente frente al televisor?
- ¿Ha tenido su hijo la oportunidad de controlar lo que come? Es decir, ¿sigue sus propios indicios con respecto al apetito o usted le obliga a terminarse lo que tiene en su plato?
- ¿Toma su hijo un almuerzo muy rico en grasas cuando está en el colegio o toma dulces (p. ej., bollería industrial) o «comida basura» (p. ej., patatas fritas, conguitos, etc.) al salir de la escuela?

Echando una ojeada a los hábitos de alimentación de su hijo, tanto en el hogar como fuera del mismo, probablemente podrá averiguar la causa subyacente del problema de peso de su hijo. Aunque cambiar algunas influencias medioambientales puede ser apropiado, poner a su hijo a dieta no es una opción. Si trata de controlar directamente lo que come su hijo, ¡puede salirle el tiro por la culata! Los niños han de poder confiar en sus procesos internos y los padres deben ser positivos y aceptar los cuerpos de sus hijos.

Algunos cambios apropiados del estilo de vida para toda la familia incluyen:

- Los paseos de toda la familia varias veces a la semana; el patinaje en línea o el ciclismo. Además, su hijo puede formar parte del equipo de baloncesto o fútbol de la escuela o practicar otros deportes como el tenis o el karate.
- Fomentar los tentempiés saludables entre las comidas. Los padres deben dar ejemplo comprando sólo lo que desean que sus hijos coman.
- Limitar las horas que su hijo pasa frente al televisor y jugando con el ordenador. Buscar alternativas activas, divertidas para toda la familia.
- Fomentar la ingesta de agua ya que muchas veces el hecho de simplemente sustituir los zumos de fruta industriales y las bebidas con gas por agua supone una gran diferencia en el consumo de calorías. De hecho, en algunos estudios se ha sugerido que una ingesta suficiente de agua puede contribuir a controlar el peso.

▼

Enfermedades del corazón

Se ha demostrado que las enfermedades del corazón se inician en la infancia. Algunos factores de riesgo para las enfermedades del corazón son la obesidad, el aumento de los valores sanguíneos de colesterol, la diabetes, hipertensión arterial y una actividad física insuficiente. Todos estos problemas pueden iniciarse durante la infancia y muchos persisten hasta la edad adulta. Esto se ha demostrado en un estudio en curso en Estados Unidos que ha indicado que en los niños se detectan lesiones ateroscleróticas, es decir, el inicio de la placa que en último término producirá la oclusión de una arteria, lo que puede dar lugar a un ataque cardíaco (o infarto de miocardio). Y cuanto mayor es el número de factores de riesgo de enfermedades cardíacas que tiene un niño, mayores son las lesiones de sus arterias.

Grasa: ¿cuánta es demasiada?

Después de los dos años el consumo de grasa de los niños debe ser igual al de un adulto, es decir, de alrededor del 30 % del aporte calórico global. Muchos estudios han demostrado que la salud de los niños se beneficia con una reducción de la grasa en su dieta. No obstante, cualquier buen propósito llevado demasiado lejos puede dar lugar a problemas para la salud. Se han publicado diversos casos de niños con problemas de crecimiento debido a una excesiva restricción de grasas de su dieta. Los bebés y los niños pequeños necesitan consumir una cantidad suficiente de grasa para el rápido crecimiento y desarrollo de los órganos que requieren grasas como el cerebro.

Los estudios más recientes demuestran que el tipo de grasa que se consume puede ser mucho más importante que la cantidad de grasa ingerida. Las dietas ricas en grasas saturadas (el tipo de grasa identificada en las carnes y otros productos animales) y las grasas de tipo trans (que se producen durante el procesamiento del aceite vege-

---

Utilice las grasas con sensatez

Trate de utilizar la mayor parte de las grasas de la columna izquierda y limite las de la columna de la derecha. Lea bien las etiquetas para averiguar qué tipo de grasa contiene el producto que compra.

Grasas mejores	**Grasas peores**
Aceite de colza	Mantequilla, aceite de coco
Aceite de oliva	Manteca de cerdo
Aceite de nuez, aceite de avellana	Margarina, mantequilla ligera
Aceite de soja	Crema de leche líquida
Alimentos ricos en grasas monoinsaturadas y bajos en grasas saturadas	Nata
Aguacate	Alimentos ricos en grasas saturadas
Pescado rico en grasas* (salmón, atún, sardinas, trucha)	Queso
Frutos secos*	Leche entera
Aceitunas	Coco
Germen de trigo	Carnes ricas en grasa (hamburguesas, perritos calientes)
	Embutidos (salchichón, bacon, chorizo, etc.)

* Los frutos secos y el pescado con espinas representan un riesgo de asfixia para un niño de menos de cinco años.

tal para la fabricación de margarina, transformándose algunos ácidos grasos poliinsaturados en transmonoinsaturados) son mucho peores para la salud que una dieta con la misma cantidad de grasas monoinsaturadas (que se encuentran en el aceite de oliva, aguacates, frutos secos y aceitunas) y de grasas poliinsaturadas (las que se encuentran en el aceite de maíz, y otros aceites de semillas, y en el pescado). Así pues, eche una ojeada a la dieta de su familia para comprobar la cantidad de grasas animales que consumen y trate de reemplazarlas por aceite de oliva y otras grasas monoinsaturadas. Véase el gráfico para ejemplos.

Valores altos de colesterol en sangre

Los niveles sanguíneos altos de colesterol son un factor de riesgo muy conocido para la mayoría de la gente, sobre todo a partir de la quinta década de la vida. Sin embargo, en los niños no es preciso llevar a cabo un análisis de sangre de los niveles de colesterol. Este análisis solamente es necesario si:

- Uno o ambos padres tienen valores sanguíneos elevados del colesterol (240 mg/dl o superiores).
- Un padre o un abuelo ha padecido una enfermedad del corazón antes de los cincuenta y cinco años.
- No se conoce la historia médica de uno de los padres, en especial si el niño tiene otros factores de riesgo, como hipertensión, obesidad, diabetes, o lleva una vida sedentaria.

Si considera necesario un análisis de los niveles de colesterol de su hijo, conviene que lo hable con su pediatra.

? Preguntas que quizá se plantee

P: Si mi hijo tiene unos niveles sanguíneos altos de colesterol, ¿los seguirá teniendo cuando sea adulto?

R: Por desgracia, algunos factores de riesgo como unos niveles sanguíneos altos de colesterol tienen tendencia a persistir con el tiempo. Sin embargo, usted puede ayudar a su hijo a desarrollar unos hábitos de alimentación saludables de modo que disminuya su riesgo de padecer enfermedades del corazón.

P: ¿Qué debo hacer si mi hijo presenta unos niveles sanguíneos de colesterol?

R: En el caso de los niños de más de dos años es necesario hacer cambios en la dieta que no perjudiquen su crecimiento. Probablemente el pediatra le aconsejará una dieta bien equilibrada que contenga un 30 % o menos de calorías procedentes de las grasas y menos de un 10 % de calorías procedentes de las grasas saturadas. En realidad esta dieta es saludable para toda la familia. Su hijo también ha de aumentar su nivel de actividad física y vigilar atentamente su peso.

33

Aumento de la presión arterial (hipertensión)

El aumento de la presión arterial, un factor de riesgo para las enfermedades del corazón y la apoplejía, también puede iniciarse durante la infancia. Se dispone de diversas pruebas de que el consumo de sodio (la sal) durante los primeros años de la vida afecta a los valores de la presión arterial en épocas posteriores de la vida. Y diversos estudios sugieren que un mayor consumo de sal se relaciona con unos mayores valores de presión arterial en niños y adolescentes. Cuando los niños están sometidos al estrés, el consumo de sal parece causar un aumento incluso mayor de la presión arterial. Otros nutrientes también pueden afectar los valores de la presión arterial. El calcio, el magnesio, el potasio y la fibra parecen desempeñar un papel en la prevención de la hipertensión arterial en la infancia.

Pero no se preocupe, no es necesario que memorice una serie de directrices dietéticas para mantener unos valores saludables de la presión arterial de su hijo. Una dieta saludable que incluya productos lácteos, legumbres, fruta y verdura contribuirá a prevenir la hipertensión. Asimismo, es aconsejable reducir los tentempiés ricos en grasa, las carnes procesadas y la sal utilizada para cocinar con la finalidad de mantener unos niveles de sodio moderados para toda la familia.

Cáncer

Se calcula que una media de un 35 % de los cánceres están causados por diversos factores dietéticos. Aunque los genes desempeñan un papel en la aparición del cáncer, se considera que los factores medioambientales y del estilo de vida desempeñan un papel mucho más decisivo. Por consiguiente, incluso si una persona ha heredado un gen que aumenta su riesgo de cáncer, el estilo de vida que elija puede suponer una gran diferencia en su riesgo global. A continuación se describen algunos de los factores que podemos controlar:

Factores del estilo de vida
- Hábito tabáquico.
- Dieta.
- Exposición a la radiación solar.
- Consumo de alcohol.

Factores medioambientales
- Sustancias químicas.
- Exposición a la radiación (p. ej., los accidentes de centrales nucleares).
- Polución atmosférica y contaminación del agua.

El cáncer en la infancia es poco frecuente; en Estados Unidos se calcula que cada año se diagnostica un cáncer en unos ocho mil niños de cero a catorce años. Las causas son poco conocidas, pero los factores más importantes parecen ser la radiación, los niños que son fumadores pasivos (porque sus padres fuman), y las exposiciones profesionales de los padres. Las carnes curadas como los perritos calientes consumidos durante el embarazo y la infancia también son motivo de investigación. Aunque la dieta puede no desempeñar un papel importante en el origen del cáncer en niños y adolescentes, puede desempeñar un papel considerable en la reducción del riesgo de cáncer durante la vida. De acuerdo con diversos expertos, el consumo de alimentos saludables, la práctica regular de ejercicio físico y el mantenimiento de un peso saludable pueden disminuir el riesgo de cáncer en un 30 a un 40 %. Y un simple cambio como el consumo de las cinco raciones diarias recomendadas de fruta y verdura puede reducir las tasas de cáncer en más de un 20 %.

¿Cómo se inicia el cáncer?

El cáncer es un proceso prolongado que en ocasiones dura décadas. A continuación, se describe de manera simplificada el proceso.

Fase de iniciación
Una sustancia que puede iniciar el desarrollo del cáncer, denominada carcinógeno, penetra en el cuerpo por medio de algo que comemos, respiramos o algo a lo que nos exponemos de otro modo. Normalmente el cuerpo es capaz de desactivar este carcinógeno. En ocasiones, el carcinógeno se une al ADN, el material genético en el núcleo de una célula. El cuerpo tratará de desprenderse de la parte lesionada de la célula de modo que ésta pueda funcionar normalmente. Sin embargo, si la porción lesionada no es eliminada antes de que la célula se reproduzca, la estructura lesionada del ADN será transmitida a una célula «hija». La lesión será transmitida de una célula a otra hasta que se forma un tumor (véase «Estadio de promoción»). Las células con el ADN lesionado se denominan «iniciadas».

Período de latencia
Éste es el período entre el estadio de iniciación y el momento en el que aparece el tumor. Este período puede durar más de veinte años.

Estadio de promoción
La mayor parte de las células iniciadas permanecen inactivas a menos que exista un «promotor» que estimule la división celular. Un promotor conocido es la grasa de la dieta, como se describe más adelante. Sin los promotores del cáncer, las células iniciadas nunca llegan al estadio de la enfermedad. Los «inhibidores» son factores que enlentecen o interrumpen la división celular. Algunos inhibidores del cáncer son ciertas vitaminas, minerales, fibra, y otras sustancias fitoquímicas que se encuentran en los alimentos. La promoción del cáncer es reversible, por lo cual, un estilo de vida saludable, incluyendo una dieta saludable, es clave para la prevención de esta enfermedad.

Factores dietéticos relacionados con el cáncer

Grasa de la dieta
De acuerdo con numerosos expertos, las dietas ricas en grasa se han relacionado con un aumento del riesgo de diversos tipos de cáncer. Una vez más, el tipo de grasa consumida es importante para el riesgo de cáncer. Las grasas saturadas y la carne roja se han relacionado con

algunos tipos de cáncer, mientras que las grasas monoinsaturadas podrían desempeñar un papel protector en la prevención. Los ácidos grasos omega-3 (que se encuentran en el pescado de agua fría como el salmón) inhiben el desarrollo de cáncer en los animales y parecen producir un efecto positivo sobre el sistema inmunitario.

Sobrepeso

Las dietas muy ricas en calorías y la vida sedentaria parecen relacionarse con diversos tipos de cáncer. Por ejemplo, un desarrollo excesivo durante la infancia parece ser el origen de una menarquia (la primera menstruación) más temprana, y esto parece constituir un importante factor de riesgo para el cáncer de mama. El consumo de un mayor número de calorías de las que se «gastan» puede ser perjudicial durante toda la vida. La obesidad en épocas posteriores de la vida parece aumentar también el riesgo de diversos tipos de cáncer.

Vitaminas, minerales y sustancias fitoquímicas

Muchas vitaminas y minerales se han asociado con una disminución del riesgo de cáncer. El calcio puede desempeñar un papel de prevención en el cáncer colorrectal. Los antioxidantes como la vitamina C, la vitamina E y los betacarotenos (uno de los cientos de carotenoides) también pueden desempeñar un papel en la reducción del riesgo de cáncer. A continuación se proporciona una lista de los sustancias fitoquímicas que pueden contribuir a la prevención del cáncer, y sus fuentes, desarrollada por un grupo de investigadores de la Universidad de Minnesota.

Sustancias fitoquímicas: luchar contra el cáncer con los alimentos

- Cítricos: limoneno, cumarinas.
- Vegetales crucíferos (brócoli, coliflor, col): isotiocianatos, tiocianatos, ditioltionas, flucosinolatos e indoles.
- Lino: lignanos.
  Regaliz: ácido glicerrínico.
- La mayor parte de las frutas y verduras: flavonoides y fenoles.
- Cebolla, ajo y cebolletas: sustancias derivadas del ajo.
- Semilla de soja y cereales: hexafosfato de inositol.
- Soja: isoflavona, inhibidores de la proteasa.
- Vegetales, incluyendo la soja: esteroles y saponinas.
- Vegetales: cumarinas.

Cómo lo que comemos nos ayuda a luchar contra las enfermedades

Las principales enfermedades de nuestro siglo: las enfermedades del corazón, el cáncer, la diabetes, y la osteoporosis, están estrechamente relacionadas con nuestro estilo de vida. Pero estas enfermedades no aparecen de la noche a la mañana. Más bien nuestros hábitos diarios, lo que comemos, lo que bebemos, si fumamos o tomamos alcohol, la cantidad de sol que tomamos, si mantenemos un peso saludable, la cantidad de ejercicio físico que practicamos, etcétera, contribuyen con el tiempo a prevenir las enfermedades. Una alimentación saludable durante la infancia puede tener grandes compensaciones en la vida adulta.

¿Cuáles son los componentes de los alimentos que contribuyen a la lucha contra las enfermedades?

Antioxidantes

Cuando nuestro cuerpo utiliza el oxígeno, se forman productos finales denominados «radicales libres». Estos radicales libres pueden lesionar las células. Se considera que esta lesión contribuye al envejecimiento y a otras enfermedades como el cáncer y las dolencias del corazón. Los antioxidantes son nutrientes que protegen a las células de las lesiones neutralizando los radicales libres. Hasta la fecha la mayor parte de la investigación sobre antioxidantes se ha llevado a cabo con los betacarotenos, la vitamina C y la vitamina E. Las enzimas que actúan como antioxidantes se producen con el cinc, el cobre, el manganeso y el selenio, de modo que la ingesta dietética de estos minerales también es importante. La investigación sobre antioxidantes y prevención de las enfermedades es cada vez mayor.

Un consejo: la mejor forma de obtener antioxidantes es a través de los alimentos y no de los suplementos que puede adquirir en la farmacia. El consumo de una dieta equilibrada que contenga una gran variedad de alimentos es clave para gozar de buena salud a largo plazo.

Sustancias fitoquímicas

Las sustancias fitoquímicas son componentes biológicamente activos procedentes de los vegetales que se considera que producen numerosos efectos beneficiosos sobre la salud como la prevención de las dolencias cardíacas y del cáncer. Se considera que existen miles de sustancias fitoquímicas en todos los tipos de vegetales: cereales, frutos secos, legumbres, soja, fruta y verduras.

Bacterias «saludables»

El yogur con cultivos activos vivos puede contribuir a mantener la salud intestinal, evitando el desarrollo de las bacterias perjudiciales, que pueden causar infecciones. A menudo los pediatras recomienda el consumo de yogur en el caso de los niños que están tomando antibióticos con la finalidad de contribuir a reemplazar las bacterias beneficiosas que muchas veces se pierden debido al efecto de los antibióticos sobre la flora intestinal.

Fibra

La fibra, el material no digerible que se encuentra en los cereales, contribuye al buen funcionamiento del tubo digestivo y en consecuencia previene el estreñimiento, lo que puede prevenir la aparición de cáncer. La fibra también contribuye a disminuir los niveles sanguíneos de colesterol y a controlar los niveles de azúcar sanguíneo.

Las grasas «buenas»

Estudios recientes han puesto de manifiesto que un tipo de grasa que se identifica en el pescado puede contribuir a prevenir las dolencias cardíacas y las apoplejías. Los ácidos grasos omega-3, que se encuentran en el salmón, el atún y la trucha, también son necesarios para el desarrollo del cerebro y los ojos en el feto y los niños de hasta dos años. Los ácidos grasos omega-3 también se encuentran en cantidades menores en el aceite de lino, el aceite de soja y el aceite de colza.

Aplicar la ciencia a la mesa

Los cambios simples en las comidas de la familia no son difíciles de hacer y pueden representar una gran diferencia para su salud. Tampoco necesita una lista exhaustiva de consejos dietéticos para cada enfermedad. Por ejemplo, el consumo de fruta y verdura puede reducir el riesgo de cáncer, de hipertensión arterial y de dolencias cardíacas.

1. *Consuma más fruta y verdura.* Todos los científicos están de acuerdo en que el consumo de fruta y verdura reduce el riesgo de enfermedades. Para la mayor parte de los tipos de cáncer, en las personas con un bajo consumo de fruta y verdura se detecta el doble de riesgo de cáncer que en las personas con un consumo alto.

Por otra parte, la gran ventaja de consumir cinco raciones diarias de fruta y verdura es que es menos probable que consuma alimentos poco nutrientes como las patatas fritas, galletas y otros. Es importante que incluya en su dieta las diversas variedades de fruta y verdura.

Cinco al día

Si cinco raciones diarias de fruta y verdura le parecen excesivas, siga los consejos que se describen a continuación.

Desayuno
- Añada fruta como fresas, melocotón, plátano, etcétera, a los cereales listos para el desayuno o mézclelos con un yogur.
- Prepare zumos de fruta o batidos de fruta.

Almuerzo
- Añada manzanas, uvas, piña, mango o naranja a una ensalada de pollo o atún.
- Sirva siempre una ensalada de acompañamiento.
- Añada siempre pepino, tomates o lechuga a los bocadillos.

Cena
- Prepare verduras rehogadas para cenar. Puede comprar la verdura ya limpia y cortada y lista para usar.
- Añada a la salsa de los espaguetis pimientos, zanahorias o berenjenas.
- Como base de salsas utilice pimientos asados.
- Empiece la cena con una sopa de verduras como una minestrone (receta en p. 173) o un gazpacho.
- Prepare una salsa a base de fruta para acompañar el pollo asado o el marisco (receta en p. 187).

Los postres
- Sirva una macedonia de fruta fresca.
- Sirva un plumcake con fruta fresca o en almíbar.

- Sirva un batido de frutas (receta en p. 210).
- Sirva un sorbete de fruta.
- Sirva un helado de yogur con fruta.
- Sirva un helado de plátano.
- Fría unos plátanos y espolvoréelos con azúcar moreno.
- Prepare una *fondue* de fruta con yogur o salsa de chocolate (receta en p. 183).

2. *Descubra el poder de la soja*. La soja tiene importantes propiedades para luchar contra las enfermedades como el cáncer y los niveles elevados de colesterol. La proteína de la soja también parece producir un efecto sobre el equilibrio del calcio de los huesos y la presión arterial. Los alimentos ricos en proteína de soja incluyen la leche de soja, el tofu y los brotes de soja. En el apartado de recetas encontrará ideas sobre cómo incorporar la soja en la dieta de su familia.

3. *Sirva pescado como mínimo dos veces a la semana*. A muchos niños les gusta el pescado que es mejor para ellos: el salmón, el atún y la trucha porque su sabor es menos intenso. Tenga en cuenta que la mayoría de los pescados tienen muchas espinas, lo que puede representar un riesgo de asfixia para un niño de menos de cinco años.

4. *Limite el consumo de grasas saturadas*. Cuanto más dura es la consistencia de un alimento graso a temperatura ambiente, más rico es en grasas saturadas. Las grasas animales, que se encuentran en las carnes, huevos, leche, mantequilla, margarina, etcétera, contienen cantidades significativas de grasa saturada. La principal fuente de grasas totales y de grasas saturadas entre los niños en edad preescolar es la leche entera. Así pues, habitualmente el simple cambio de la leche entera por leche semidesnatada o incluso leche desnatada después de los dos años, junto con la elección de carnes magras y quesos bajos en grasas, suele ser suficiente para mantener un bajo consumo de grasas saturadas.

Las grasas de tipo trans, es decir, las grasas producidas por el procesamiento de aceite vegetal para producir algunos tipos de margarina, son tan perjudiciales como las grasas de origen animal. Por consiguiente, para cocinar y para comer, es preferible el aceite, sobre todo de oliva.

La principal fuente de grasas debe ser la grasa monoinsaturada (la grasa que se encuentra en el aceite de colza, oliva, de nuez y en el aguacate) y los ácidos grasos de tipo omega-3 (que se encuentran en el pescado).

5. *Reduzca el consumo de carne*. Como mínimo una vez a la semana no incluya carne en el almuerzo o la cena. Tiene una amplia elección entre macarrones con queso, hamburguesas vegetales, pasta con salsa marinera y queso, etcétera.

6. *Recuerde que los cereales son muy importantes*. Incluya en la dieta cereales para aumentar la fibra dietética (pan integral, pan de varios cereales, cereales para el desayuno, etc.).

7. *Es una prioridad que su familia esté en buena forma física*. Al mismo tiempo que inculca a sus hijos unos hábitos de alimentación saludables, también es importante que fomente en ellos la práctica de ejercicio físico regular ya sea en forma de paseos, juegos al aire libre o deportes.

Consejos para reducir el consumo de grasas saturadas	
En lugar de	**Utilice**
Leche entera	Leche semidesnatada o desnatada
Crema de leche	Leche evaporada
Nata	Yogur
Manteca de cerdo	Aceite
Margarina	Mantequilla (o utilice compota de manzana, plátanos en puré o puré de pasas en pasteles, galletas, etc.)
Hamburguesas de carne de ternera o buey	Hamburguesas de carne de pollo o pavo o hamburguesas vegetales
Un huevo entero	Dos claras de huevo
Queso	Queso bajo en grasa

CAPÍTULO TRES

Establecer unos hábitos saludables

En este capítulo encontrará:
- *Algunos consejos para establecer unos hábitos saludables*
- *La pirámide de los alimentos*
- *¿Qué es una comida «normal»?*
- *Comprar con sentido común*
- *Minas de oro nutricionales*

Este capítulo responde a preguntas como:
- *¿Se aplica a todas las edades la pirámide de los alimentos?*
- *¿Cómo saber si consumimos las cantidades adecuadas de fibra?*
- *¿Afectan el valor nutricional de los alimentos el procesamiento y la cocción?*
- *¿Cuál es la mejor forma de suministrar proteínas a los niños?*
- *¿Cómo puedo reducir el riesgo de asfixia de mi hijo?*
- *¿Tienen algún valor dietético las grasas y los dulces?*
- *¿Cuánta cantidad de comida contiene una ración?*
- *¿Qué información suministran las etiquetas de los alimentos?*
- *¿Es posible comer sano con un presupuesto ajustado?*
- *¿Cuáles son los mejores alimentos desde un punto de vista del valor nutricional?*

Algunos consejos para establecer unos hábitos saludables

Cuando usted era niño, es posible que no pensara nunca en lo que comía o cómo sus hábitos alimentarios influían en las personas a su alrededor. Sin embargo, como padre o madre sabe que usted puede influir en la dieta de sus hijos prácticamente desde el momento de nacer. De modo no sorprendente las madres a menudo tienen más influencia que los padres. Un estudio reciente llevado a cabo en Inglaterra demostró que el consumo de fruta y verdura de los niños estaba influido por los conocimientos nutricionales de sus madres, por la frecuencia con la que las madres comían fruta, y si las madres creían que el consumo de fruta y verdura podía contribuir a prevenir el cáncer. El estudio también demostró que el consumo de dulces de los niños estaba influido por el gusto de las madres por las cosas dulces. En este capítulo encontrará algunas sugerencias que pueden ayudarle a establecer unos hábitos alimentarios saludables:

1. *Dé ejemplo.* Ésta es una norma muy simple pero quizá la más importante. Si desea que su hijo se alimente de manera saludable, es preciso que también lo haga usted. Trate de no influir en los gustos que se están desarrollando en su hijo con sus propias preferencias alimentarias. Si es necesario, coma un alimento incluso si no le gusta.

2. *En su hogar siempre deben estar disponibles alimentos saludables, y no debe olvidarse de ofrecérselos a su hijo. Si en el frigorí-*

fico siempre hay abundante fruta fresca, probablemente su hijo la consumirá con regularidad. Esto es especialmente importante si tiene hijos de muy corta edad.

3. *Deje que su hijo escoja los alimentos tanto cuando vayan de compras como en el hogar.* Esto refuerza su autoestima, y le brinda la oportunidad de proporcionarle información sobre la compra de los alimentos y sobre la nutrición. Si cuando van de compras su hijo escoge un producto alimentario específico, es mucho más probable que desee consumirlo.

4. *Acepte su cuerpo, incluso si no le gusta su aspecto.* Éste es un importante concepto que su hijo debe aprender. Su cuerpo experimentará numerosos cambios durante el crecimiento. Enseñe a su hijo que muy pocas mujeres son tan altas y delgadas como las modelos y muy pocos hombres tienen un aspecto físico como el de los jugadores de fútbol.

5. *Sea flexible y no se desanime.* A veces pasará horas y horas cocinando y al primer bocado, su hijo le dirá que no le gusta la comida. Sea paciente y pruebe de nuevo al cabo de unas semanas. Es posible que esta vez le guste.

▼
La pirámide de los alimentos

Probablemente ya ha oído hablar de la pirámide de los alimentos que los expertos han desarrollado para orientarnos con respecto a los hábitos de alimentación más saludables. A continuación se resume la información más importante de la pirámide sobre cada grupo de alimentos. Tenga en cuenta que esta pirámide de alimentos está destinada a personas a partir de los siete años. En los capítulos nueve a once encontrará consejos para la nutrición de bebés, niños pequeños y

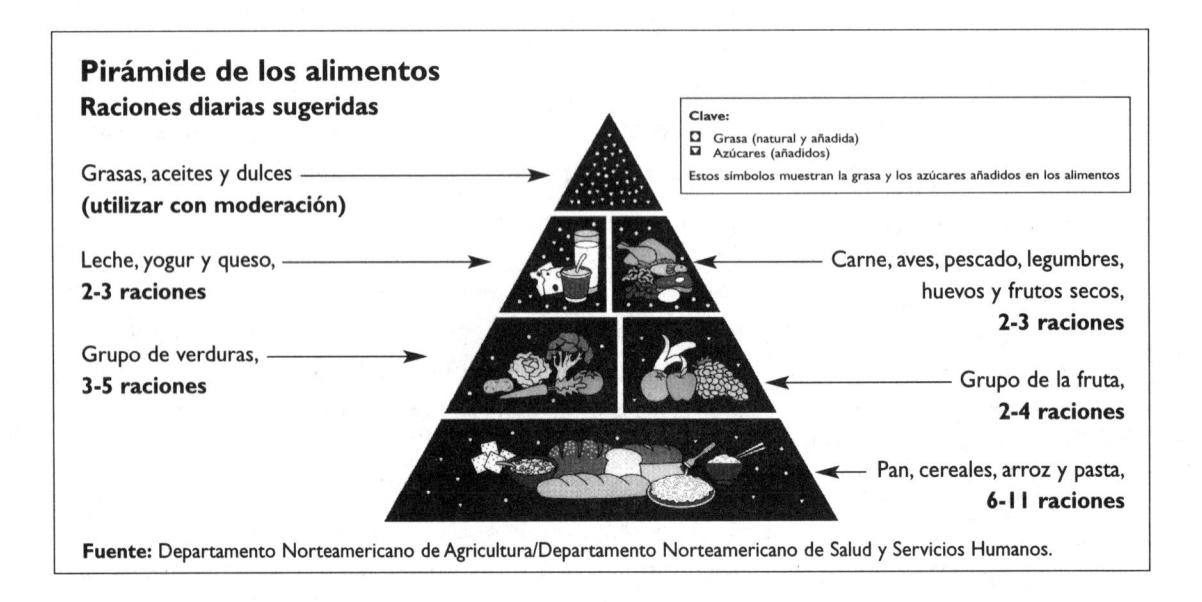

Pirámide de los alimentos
Raciones diarias sugeridas

Clave:
▫ Grasa (natural y añadida)
▾ Azúcares (añadidos)
Estos símbolos muestran la grasa y los azúcares añadidos en los alimentos

Grasas, aceites y dulces
(utilizar con moderación)

Leche, yogur y queso,
2-3 raciones

Grupo de verduras,
3-5 raciones

Carne, aves, pescado, legumbres, huevos y frutos secos,
2-3 raciones

Grupo de la fruta,
2-4 raciones

Pan, cereales, arroz y pasta,
6-11 raciones

Fuente: Departamento Norteamericano de Agricultura/Departamento Norteamericano de Salud y Servicios Humanos.

niños en edad preescolar. El número de raciones citadas se aplica tanto a adultos como a niños, siendo las mayores raciones las que corresponden a los adultos y las raciones de menor tamaño, a los niños.

Cereales

Seis a once raciones al día

La pirámide de los alimentos demuestra que los cereales son la base de una dieta saludable. Los cereales proporcionan numerosos beneficios para la salud gracias a su alto contenido en fibra. Un consumo elevado de fibra se asocia con unos menores niveles sanguíneos de colesterol, un menor riesgo de enfermedades del corazón, una disminución de la presión arterial, un mejor control del peso, un mejor control del azúcar sanguíneo, una disminución del riesgo de algunos tipos de cáncer y una mejora de la función gastrointestinal. Si inicia a su hijo en el consumo de alimentos ricos en fibra de manera precoz, se convertirá en un hábito a medida que su hijo crezca. La fibra se encuentra en la fruta y verduras, así como en los cereales.

Fruta

De dos a cuatro raciones al día

Verduras

De tres a cinco raciones al día

La fruta y la verdura suministran la mayor parte de las vitaminas y minerales como la vitamina C, betacaroteno, hierro, y folato en nuestra

---

Cómo la cocción y el procesamiento de los alimentos afecta a las vitaminas

El contenido en nutrientes de una patata (o de cualquier verdura o fruta) se pierde según cómo es procesada, cocinada y almacenada después de su cocción. Por ejemplo, una patata de unos 150 g cocida con piel contiene aproximadamente 26 mg de vitamina C, pero cocinada sin piel el contenido de vitamina disminuye hasta 20 mg. Cuando se hierve con piel, el contenido de vitamina C de la patata disminuye hasta 10 mg. Las patatas procesadas congeladas (como las patatas listas para freír) contienen entre 3 y 10 mg de vitamina C. Sin embargo, comparado con una patata cocida que carece de grasa y sólo aporta 220 calorías, 150 g de patatas fritas aportan 443 calorías y 23 g de grasa. Moraleja: todas las patatas no son iguales.

Fibra: ¿consume su familia la cantidad suficiente?

Los adultos deberían consumir entre 25 y 35 g de fibra al día, aunque el consumo medio de la mayoría de los adultos que viven en países del mundo occidental solamente es de 15 g. Los niños tampoco consumen la cantidad suficiente de fibra para gozar de buena salud y prevenir enfermedades. Para determinar el número mínimo de gramos diarios de fibra que un niño debe consumir, añada 5 g a su edad. Por ejemplo, un niño de cinco años debe consumir 10 g de fibra al día. Por ejemplo, una rebanada de pan integral, una manzana de tamaño mediano y una taza de cereales para el desayuno ricos en salvado contienen alrededor de 10 g de fibra.

Fuente: Importancia de la fibra dietética en la infancia. C.L. Williams, J Am Diet Assoc. 1995; 95; 10:1140-1146, 1149; 1147-1148.

dieta. Además de estas vitaminas, la fruta y la verdura contienen cientos de sustancias fitoquímicas que tienen propiedades para luchar contra las enfermedades. Todavía no se conocen bien los mecanismos mediante los cuales estas sustancias pueden contribuir a prevenir enfermedades. (Véanse pp. 36-37 para más información sobre las sustancias fitoquímicas.) En la actualidad, sólo uno de cada cinco niños consume el número diario recomendado de raciones de fruta y verdura. Y casi una cuarta parte de todas las verduras y hortalizas consumidas por los niños y adolescentes son patatas fritas. Por desgracia, las patatas fritas son muy ricas en grasas y en sal y contienen una cantidad mucho menor de vitamina C que las patatas cocidas.

Leche, yogur y queso

De dos a tres raciones al día

El calcio de la leche y de otros productos lácteos es importante para la resistencia de los huesos y de los dientes. El calcio contribuye a muchas otras funciones del organismo como la coagulación de la sangre y la contracción y relajación de los músculos. El calcio y otros nutrientes contenidos en los productos lácteos también pueden disminuir el riesgo de cáncer de colon, la hipertensión arterial, y las apoplejías. Un consumo de calcio adecuado frente a un consumo insuficiente en los niños puede ser responsable de una diferencia del 5 al 10 % de la masa ósea máxima y una diferencia del 50 % en la incidencia de fracturas de cadera en la postrimería de la vida. Todos los niños de más de ocho años deberían consumir unos 1.300 mg de calcio al día, de acuerdo con las cantidades diarias recomendadas.

Carne, aves, pescado, legumbres, huevos y frutos secos

De dos a tres raciones al día

A lo mejor le ha sorprendido que el grupo de proteínas se encuentre en medio de la pirámide en lugar de en la parte superior. La mayor parte de los adultos del mundo occidental consumen demasiada carne y es muy probable que los niños adquieran nuestros hábitos alimentarios. Efectivamente, las proteínas son importantes para el crecimiento, pero en cantidades moderadas. Dado que la grasa casi siempre acompaña a las proteínas en la carne, es aconsejable que compre la carne más magra y sirva una variedad de proteínas animales y vegetales. Introduzca a su hijo en el consumo de legumbres a una edad temprana. Las lentejas, garbanzos y guisantes son algunos ejemplos de legumbres que pueden ser atractivas para su hijo.

El pescado también es un alimento adecuado para el crecimiento de su hijo. En realidad, para niños de menos de dos años el tipo de grasa que se encuentra en los pescados como el salmón, la caballa, y el atún es importante para el desarrollo del cerebro y el desarrollo de los ojos. Otras fuentes menos abundantes de este tipo de grasa son el lino, el aceite de lino, el aceite de soja y el aceite de colza.

Los alimentos favoritos de su hijo como las hamburguesas, el pollo frito, los perritos calientes y las barritas de pescado también se incluyen en la pirámide porque contienen proteínas, aunque muchas de sus calorías proceden de la grasa de modo que su hijo debe consumirlos con moderación.

Grasas, aceites y dulces
Utilícelos con moderación

Si su hijo está en edad escolar, probablemente ya ha podido comprobar que la llamada comida basura es muy popular a esta edad. Es difícil conseguir que su hijo coma de manera saludable cuando está influido por los amigos, los anuncios de la televisión y la disponibilidad de comida basura por todas partes. Pero no se desespere. Si fomenta en su hijo unos hábitos saludables desde su más tierna edad, estos hábitos prevalecerán de por vida incluso aunque en ocasiones su hijo se alimente a base de pizzas, hamburguesas grasientas o perritos calientes.

A pesar de las advertencias sobre los peligros de este grupo de alimentos, llevan a cabo una función útil en nuestra dieta. Después de todo, la grasa y los azúcares mejoran el sabor de los

Cantidades de alimentos en una ración

La pirámide de alimentos recomienda que la gente consuma un determinado número de raciones de cada grupo de alimentos y también proporciona unas directrices para los tamaños de las raciones del adulto. Sin embargo, los niños necesitan raciones que se correspondan a su superficie corporal. Los expertos sugieren que los niños en edad preescolar consuman la mitad de las raciones recomendadas para los adultos. Otra sugerencia es servir una cucharada de cada alimento por año de edad del niño. La tabla que se proporciona a continuación, modificada a partir del US Department of Agriculture's Child Care Feeding Program, proporciona los tamaños recomendados de las raciones para la mayoría de los alimentos comunes.

Alimento	Uno a tres años	Tres a seis años	Tres a seis años
Leche	½ taza	¾ taza	1 taza
Yogur	¼ taza	¾ taza	1 taza
Queso	30 g	45 g	60 g
Queso para untar	60 g	90 g	120 g
Pan	½ rebanada	½ rebanada	1 rebanada
Pasta, cocida	¼ taza	¼ taza	½ taza
Cereales	¼ taza	⅓ taza	¾ taza o 30 g
Verduras o zumo de vegetales	¼ taza	¼ taza	1 taza
Fruta o zumo de frutas	¼ taza	¼ taza	½ taza
Alimentos proteicos, carne magra o pescado	30 g	45 g	60 g
Huevos	1 huevo	1 huevo	1 huevo
Legumbres cocidas	¼ taza	⅜ taza	½ taza
Mantequilla o margarina	2 cucharadas	3 cucharadas	4 cucharadas
Bollos	½ bollo	½ bollo	1 bollo

alimentos. Pero es importante recordar que la grasa y el azúcar son ricos en calorías y bajos en nutrientes. Son alimentos adicionales que nunca deben sustituir a los alimentos más nutritivos. Un estudio reciente demostró que entre los adultos observados casi un tercio de los mismos obtenían el número total de calorías diarias a partir de las grasas y alimentos dulces. El consumo de un número excesivo de dulces y grasas da lugar a una dieta hipercalórica y baja en nutrientes. Trate de reservar los dulces y las grasas para ocasiones especiales o procure que sean lo más saludables posibles. Para cocinar, utilice grasas monoinsaturadas como el aceite de oliva o el aceite de colza. Para untar el pan utilice margarina ligera en lugar de mantequilla. (Para más información sobre grasas saludables, véase el capítulo dos.)

¿Qué es una comida «normal»?

En una comida típica, su hijo de cinco años puede comer dos a tres raciones de pasta (aproximadamente tres cuartas partes de una taza), un cuarto de pollo (60 g), una cucharada sopera de zanahorias ralladas, la mitad de una manzana y la mitad de una taza de leche. Ésta es una comida bien equilibrada. Sin embargo, una comida típica también podría ser un bocadillo de queso (sólo con una rebanada de pan), medio vaso de zumo de frutas y un yogur de fruta. También es una comida equilibrada, aunque contiene varias raciones de dos grupos de alimentos y ninguna de otros grupos de alimentos. Dado que el apetito es muy variable entre niños y entre comidas, es importante que acepte lo que es normal para *su* hijo.

Comprar con sentido común

Una alimentación saludable empieza con una compra con sentido común. Proveer su despensa de alimentos saludables contribuirá a que su familia coma de manera saludable, como mínimo en el hogar. No puede controlar lo que su hijo come en casa de sus amigos o en casa de su abuela. Para comprar con sentido común, es necesario que primero eche un vistazo a sus hábitos actuales.

Valore sus hábitos de compra

Conteste sí o no a las preguntas que encontrará a continuación.

1. ¿Está siempre bien provisto su frigorífico de leche?

2. ¿Adquiere con regularidad productos bajos en grasas y carne magra?

3. ¿Compra muy raramente productos alimentarios como patatas fritas y dulces?

4. ¿Compra muy rara vez salchichas para hacer perritos calientes y carnes rojas?

5. ¿Compra alimentos proteicos de diversos tipos incluyendo buey, cerdo, pollo, pescado, queso, y legumbres?

6. ¿Dispone siempre de abundante fruta y verdura?

7. ¿Compra habitualmente panes y cereales integrales?

8. ¿Compra rara vez comida preparada?

9. ¿Se parece el contenido de su lista de la compra a la pirámide de los alimentos?

10. ¿Compra frescas la mayor parte de las frutas y verduras?

11. ¿Compra rara vez alimentos fritos o para freír como patatas fritas, barritas de pescado, pollo rebozado?

12. ¿Compra leche semidesnatada o desnatada, queso bajo en grasas y margarina baja en grasas? Si ha contestado que sí a:
— Once o más preguntas, sus hábitos de compra de alimentos son muy razonables.
— Entre ocho y diez preguntas, sus hábitos de compra pueden mejorar.
— Seis o menos preguntas, lea con atención la información que se describe a continuación.

Comprar con sentido común

La mayor parte de nosotros podríamos utilizar estos consejos para comprar de manera saludable, ya que es muy fácil instalarse en una rutina y cocinar lo mismo una y otra vez o recurrir con demasiada frecuencia a los platos preparados. A continuación se describen algunos consejos que le ayudarán a mantener unos buenos hábitos de compra de alimentos.

1. *Planifique los menús*. Esto es muy importante. Planificando los menús de antemano, sabrá lo que necesita comprar y evitará las compras impulsivas y además se sentirá menos inclinada a pedir una pizza por teléfono. Es conveniente que pegue la lista de la compra en la puerta del frigorífico y vaya añadiendo alimentos a la lista a medida que su despensa se vacíe.

2. *Compre todo lo que tiene en la lista y nada más*. Una lista bien organizada también le ayudará a no comprar de forma impulsiva. Por otra parte, la compra será más sencilla y más rápida.

3. *No vaya de compras cuando tenga hambre o esté cansada*. Es probable que si compra cuando tiene hambre, adquiera alimentos menos saludables y probablemente más calóricos.

4. *Siga las directrices dietéticas siguientes:*
• Consuma una gran variedad de alimentos.
• Equilibre el consumo de alimentos con una actividad física practicada de forma regular para mantener o mejorar su peso.
• Escoja una dieta con abundantes cereales, verduras y fruta.
• Escoja una dieta baja en grasas saturadas y en colesterol.
• Escoja una dieta con cantidades moderadas de azúcar.

Comidas sanas, niños sanos

La información de una etiqueta

En general en la etiqueta de un producto alimentario encontrará lo siguiente:

- Las calorías, grasas, calorías procedentes de la grasa, grasas saturadas, colesterol, hidratos de carbono totales, fibra, azúcares, proteínas, vitamina C, vitamina A, calcio, y hierro.
- Los ingredientes, citados en orden decreciente por el peso.
- Otros nutrientes si el alimento está enriquecido o información sobre otros beneficios nutricionales. Por ejemplo, si en el paquete de una caja de cereales se indica «ricos en magnesio», en su etiqueta debe indicarse la cantidad de magnesio que suministra una ración del cereal.

Información nutricional en la etiqueta de un paquete de galletas
Tamaño de una ración, 5 galletas (31 g)

Cantidad por ración
Calorías 160
Calorías procedentes de la grasa 70

Grasas totales 8 g
Grasas saturados 1 g
Colesterol 0 mg
Sodio 90 mg
Hidratos de carbono totales 20 mg
Fibra dietética 0,5 g
Azúcares 7 g
Proteínas 2 g

- Escoja una dieta con cantidades moderadas de sodio (sal).
- Si bebe alcohol, hágalo con moderación.

5. *Compre teniendo en cuenta las prioridades alimentarias de su familia*
- Lea con atención las etiquetas de los alimentos que adquiere donde se indica información sobre los ingredientes y la nutrición.
- Si ha de ajustarse a un presupuesto, véase el apartado «La alimentación con un presupuesto ajustado».
- Si le preocupan los conservantes alimentarios, compre alimentos no procesados y evite las comidas preparadas. Por ejemplo, consuma patatas en lugar de puré de patatas instantáneo.
- Si le preocupan los plaguicidas, compre alimentos no tratados y lave toda la fruta y verdura con agua y unas gotas de lavavajillas. (Véase el capítulo ocho para más información sobre los plaguicidas.)
- Si en su familia alguien padece alergias alimentarias, no compre a granel, ya que esto puede dar lugar a una contaminación cruzada. Lea cuidadosamente las etiquetas. (Véase el capítulo cinco para más información sobre las alergias.)

6. *Cuando planifique los menús de su familia, tenga en cuenta la variedad y la moderación.* Una dieta a base de alimentos saludables significa consumir cantidades moderadas de una gran variedad de alimentos. Si establece el hábito de servir tres o cuatro alimentos diferentes en cada comida, no le supondrá ningún esfuerzo mantener la variedad y la moderación.

> **Alimentarse de acuerdo con un presupuesto**
>
> Los hijos cuestan mucho dinero y en una familia en la que uno de los padres opta por permanecer en casa puede ser necesario ajustar el presupuesto de lo que se gasta en la alimentación. La cantidad de dinero que usted puede gastar en comida es muy variable y depende de muchos factores (p. ej., la cantidad de comida preparada que compre, dónde compre y si aprovecha todas las ofertas del supermercado).
>
> He aquí algunos consejos para ayudarle a reducir su presupuesto de alimentación:
>
> - Compare precios.
> - Evite las comidas preparadas siempre que le sea posible.
> - En su hogar almacene correctamente los alimentos. Congele inmediatamente las sobras para poder aprovecharlas más tarde.
> - Simplifique su trabajo en la cocina preparando varios platos al mismo tiempo y congelando lo que no se comerá el mismo día.
> - Evite comer fuera de casa todo lo posible.

7. *Si le gusta decidir cada mañana lo que comerá esa noche no tendrá ningún problema si dispone de un microondas para descongelar.* A continuación se proporciona una lista de menús para toda la semana, de preparación rápida:

- Pescado: tres veces a la semana (salmón, atún en conserva o incluso pescado congelado).
- Pollo: dos veces a la semana (pechuga de pollo y las sobras).
- Menú vegetariano: una vez a la semana puede servir pasta con salsa de tomate.
- Buey/cerdo: una vez a la semana (p. ej., asado).

Minas de oro nutricionales

Los alimentos que se describen a continuación se encuentran entre los más saludables del planeta. Trate de incluirlos en su dieta de forma habitual. (Y no se preocupe si su alimento favorito no está incluido en la lista.)

Legumbres

Las legumbres son una fuente de proteínas de muy bajo coste y además contienen cinc, hierro, ácido fólico, sustancias fitoquímicas, otras vitaminas del complejo B y oligoelementos. Puede adquirir soja en forma de tofu, leche de soja o en brotes.

Verduras de hoja verde

Las verduras de hoja verde como las espinacas, la lechuga y la col rizada son una fuente importante de carotenoides, ácido fólico, magnesio, potasio, fibra y hierro. Recuerde que las hojas más oscuras contienen más vitaminas que las de color verde más claro.

Un consejo: si a sus hijos les gusta la lechuga en los bocadillos, sustitúyala por algunas hojas de espinacas crudas.

Bayas

Las fresas son muy ricas en vitamina C, en fibra y como antioxidantes contribuyen a luchar contra las enfermedades. Un estudio reciente demostró que los arándanos son las frutas con mayor contenido de antioxidantes.

Un consejo: sirva fresas, frambuesas y moras en un postre saludable como una compota o mezcladas con yogur.

Melones y mangos

Todas las variedades de melón y los mangos contienen grandes cantidades de vitamina C y vitamina A. Un mango contiene casi un 133 % de la cantidad diaria recomendada para la vitamina C y un 161 % de la cantidad diaria recomendada para la vitamina A para niños de cuatro a seis años. Además los mangos contienen carotenoides, fibra y potasio.

Añada salsa de tomate

Los productos a base de tomate cocido como la salsa de tomate y, en menor medida, el catsup son ricos en vitamina C y A, carotenoides y otras sustancias fitoquímicas. Y a los niños suelen gustarles los platos a base de salsa de tomate. Además el tomate contiene carotenoides que parecen reducir el riesgo de cáncer de próstata en los hombres.

Un consejo: para una comida rápida ponga a hervir raviolis congelados en el microondas y añádales salsa de tomate y tendrá la cena lista en diez minutos.

Cereales

Los cereales no sólo contienen fibra sino que también son ricos en oligoelementos y sustancias fitoquímicas.

Un consejo: los cereales listos para el desayuno ricos en salvado contienen mucha fibra.

El yogur

El yogur contiene la mayor cantidad de calcio por cada 30 g de todos los productos lácteos. Normalmente es un alimento que gusta a todos los niños e incluso sienta bien a los niños con una intolerancia a la lactosa. Dado que el yogur se prepara con cultivos vivos, estimula el crecimiento de las bacterias saludables en el tubo digestivo, lo que a su vez protege al tubo digestivo frente al desarrollo de bacterias que pueden causar infecciones. El yogur frecuentemente se recomienda durante un tratamiento antibiótico para prevenir la diarrea y contribuir al desarrollo de las bacterias que colonizan normalmente el intestino (la llamada flora intestinal). Fíjese bien en las etiquetas cuando compre yogures.

El pescado

El pescado es definitivamente el alimento del cerebro, como mínimo desde el desarrollo del feto durante el embarazo hasta el segundo año de vida del niño. El desarrollo del cerebro depende de las grasas de tipo omega-3 que se encuentran en el pescado como el salmón, la trucha y el atún. Las grasas de tipo omega-3 también confieren otros beneficios para la salud. El consumo de pescado en los adultos se ha relacionado con una disminución del riesgo de dolencias del corazón. Además, el pescado es rico en proteínas, cinc y selenio y la mayoría de los pescados son muy pobres en grasas. Es aconsejable que su familia consuma pescado como mínimo tres veces a la semana.

CAPÍTULO CUATRO

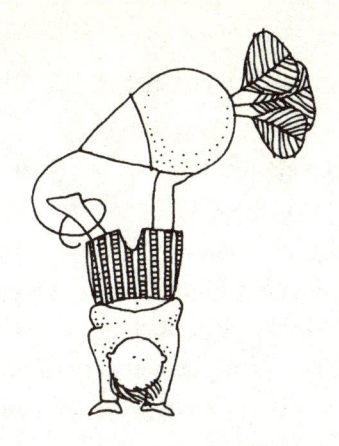

Algunos hechos importantes

En este capítulo encontrará:
- *Crecimiento*
- *Vitaminas*
- *Plantas medicinales*
- *Hiperactividad*
- *Sustitutos de los alimentos*

Este capítulo responde a preguntas como:
- *¿Cuándo debo consultar al pediatra sobre el crecimiento de mi hijo?*
- *¿Qué es una tasa normal de crecimiento?*
- *¿Qué factores pueden afectar al crecimiento?*
- *¿Debo administrar a mi hijo suplementos de vitaminas?*
- *¿Cómo puedo proteger a mi hijo de los resfriados?*
- *¿Son inocuos los suplementos fitoterápicos para un niño?*
- *¿Causa hiperactividad el azúcar?*
- *¿Qué factores dietéticos pueden afectar a la conducta?*
- *¿Es perjudicial consumir sustitutos del azúcar y de las grasas?*

Este capítulo aborda los hechos básicos referentes al crecimiento, las vitaminas, la hiperactividad, el azúcar, las plantas medicinales y los sustitutos de los alimentos.

Crecimiento

¿Crece mi hijo adecuadamente?

El crecimiento normal es diferente para cada niño. Depende de sus hábitos alimentarios y de los genes que ha heredado. Con independencia del peso del niño al nacer, por último su hijo mostrará su propio patrón individual de crecimiento.

Durante cada visita de revisión de la salud, el pediatra comparará la estatura y el peso de su hijo con las de un gráfico. El pediatra utiliza estos gráficos de crecimiento para la valoración clínica del niño y para educar a los padres con respecto a los patrones de crecimiento de su hijo comparado con la población de referencia.

Signos de alarma relacionados con el crecimiento

Vigile de cerca a su hijo si:

- Su peso o su estatura se han modificado espectacularmente del patrón normal. Puede ser la señal de algún problema.
- Su apetito ha disminuido considerablemente. Compruebe su peso y su estatura para asegurarse de que se está desarrollando normalmente.

- Su peso está aumentando, pero su estatura no. Durante los períodos de crecimiento, a menudo el peso aumenta antes que la estatura. Cuando observe un aumento de peso en su hijo, vigile que también se acompañe de un aumento de la estatura. De lo contrario, preste atención a los hábitos alimentarios de su hijo y su actividad física por si existe otra razón del aumento de peso.

El tamaño de su hijo

El crecimiento normal

El peso
- A los cuatro meses: se ha doblado el peso al nacer.
- Al año: se ha triplicado el peso al nacer.
- Durante el segundo año: el niño aumenta algo menos que lo que ha pesado al nacer.
- Después de los dos años: el aumento de peso se hace constante, siendo de alrededor de dos kilos y medio al año.

La estatura
- Durante el primer año: la estatura aumenta en un 50 % de la estatura al nacer.
- A los cuatro años: la estatura es el doble de la estatura al nacer.
- A los trece años: la estatura es el triple que la estatura al nacer.

Factores que afectan al crecimiento
- El peso y la estatura al nacer.
- La prematuridad.
- La genética: la estatura de padres y abuelos.
- El patrón individual de crecimiento.
- Los factores medioambientales.

El crecimiento del cerebro

Un aspecto muy importante del desarrollo físico del niño es el crecimiento del cerebro. El cerebro empieza a crecer antes del nacimiento. Crece más rápidamente durante los primeros meses de vida del niño. El cerebro está desarrollado en un 75 %, aproximadamente, a los dos años de vida, y alcanza el tamaño del adulto entre los seis y los diez.

La nutrición desempeña un importante papel en el desarrollo del cerebro. Los estudios han demostrado que la dieta durante los primeros meses de vida puede producir un efecto cognitivo perdurable en los niños. Los niños en los que se diagnostica una desnutrición proteica o calórica, por ejemplo, obtienen una menor puntuación en las pruebas del cociente intelectual años más tarde. Estos niños también demuestran problemas conductuales como la falta de atención, mala memoria, y se distraen fácilmente.

La investigación sobre el desarrollo del cerebro ha demostrado que los ácidos grasos de tipo omega-3 son vitales para el mismo. Este tipo de grasa es esencial para el desarrollo del cerebro y de la retina. Durante el embarazo, el feto recibe este tipo de grasa a través de la madre y después de nacer a través de la leche materna. En general las leches para bebé no contienen ácidos grasos de tipo omega-3. Una vez que el bebé empieza a ingerir alimentos sólidos, puede ofrecerle un nuevo suministro de ácidos grasos omega-3 a través de pescados como el salmón. (Véase capítulo tres para más información sobre los ácidos grasos omega-3.)

Genética y medio ambiente

En ocasiones la estatura y el peso de una persona están determinados principalmente por la genética. En otras ocasiones están más determinados por factores medioambientales y en ocasiones ambos factores actúan a la vez. Por ejemplo, una predisposición genética a una estatura baja combinada con una dieta insuficiente o con un déficit de nutrientes puede provocar una detención del crecimiento. Del mismo modo, unos padres que tengan tendencia a la obesidad y con unos hábitos alimentarios poco saludables tienen mayores probabilidades de tener hijos con sobrepeso. (Véase capítulo dos para más información sobre el sobrepeso.)

¿Por qué mi hijo no está desarrollándose como debiera?

Cuando un niño no crece de acuerdo con su propio patrón normal durante varios meses, es preciso investigar las posibles razones. Las enfermedades crónicas o de repetición, otros problemas médicos, la pérdida del apetito, el déficit de nutrientes, y las necesidades psicológicas insatisfechas pueden afectar al crecimiento. Es aconsejable que hable de las posibles causas del cambio del crecimiento de su hijo con su pediatra. A continuación se describen algunos problemas que pueden dar lugar a una alteración del crecimiento.

Un exceso de zumos

Los niños que beben cantidades excesivas de zumo tienen tendencia a presentar una estatura más baja y a ser obesos. En un estudio, el 40 % de niños que bebían una mayor cantidad de zumo de fruta fueron también el 20 % de los niños más bajos. En el mismo estudio, más del 30 % de niños que bebían las mayores cantidades de zumo de fruta tenían un peso superior al percentil 9. En otro estudio, los niños de dos y cinco años que bebían más de medio litro de zumo al día tuvieron más probabilidades de ser bajos y presentar un sobrepeso. Sin ninguna duda no todos los niños que beben grandes cantidades de zumo presentarán problemas de crecimiento, pero es preciso que vigile el consumo de zumo de fruta de su hijo.

La mayor parte de los zumos sólo proporcionan unos pocos nutrientes, simplemente azúcar y vitamina C.

Muy a menudo el zumo reemplaza a bebidas más saludables como la leche y la fruta, que contienen cantidades mucho mayores de los nutrientes necesarios para el desarrollo.

El consumo de grandes cantidades de zumo puede impedir que el cuerpo absorba una parte de los hidratos de carbono, lo que a su vez puede provocar diarreas y una detención del crecimiento.

Los estudios de bebés y niños pequeños han demostrado que tienen tendencia a preferir los alimentos dulces, de modo que no resulta sorprendente que la mayor parte de los niños de todas las edades escojan los zumos sobre la leche. Por consiguiente, sólo un 50 % de niños de uno a cinco años satisfacen sus necesidades diarias de calcio.

En otro estudio, ocho bebés de catorce a veintisiete meses con una detención del crecimiento fueron estudiados en profundidad. Los exámenes pusieron de manifiesto que para todos los bebés, la detención del crecimiento era consecuencia de un consumo excesivo de zumo de frutas. Todos los niños tenían un peso inferior al percentil 5, y cinco de estos niños presentaban una disminución de los depósitos de grasa. Dado que consumían una cantidad tan elevada de zumo de frutas, su consumo de alimentos era bajo, lo que impedía que su suministro de proteínas, grasas y otros nutrientes fuera adecuado.

Interferencia con medicamentos

Algunos medicamentos, cuando se administran durante períodos prolongados de tiempo, pueden quitar el apetito o interferir en la absorción de nutrientes. Por ejemplo, las anfetaminas, que se prescriben para el trastorno por déficit de atención con hiperactividad, se asocian con una disminución del apetito acompañada de una detención del crecimiento y un menor aumento de peso.

Déficit de cinc

De un 5 a un 15 % de niños de todo el mundo experimentan déficit moderados de cinc, que puede afectar a la hormona del crecimiento y dar lugar a una disminución del crecimiento. El déficit de cinc también puede afectar a la hormona tiroidea. El cinc se encuentra en el marisco, la carne, aves, cereales, judías y frutos secos.

Hambre psicológica

Los nutrientes y calorías no son los únicos alimentos necesarios para un crecimiento adecuado. También es necesario satisfacer las necesidades psicológicas del niño. En ocasiones los niños que disponen de comida en abundancia, no se desarrollan debido al desamparo o a los malos tratos psicológicos.

Vitaminas

Si pregunta a cinco pediatras diferentes si su hijo necesita un suplemento de multivitaminas-minerales, probablemente obtendrá cinco respuestas distintas. En un mundo ideal, su hijo seguiría la pirámide de alimentos cada día y por consiguiente no necesitaría vitaminas o minerales adicionales. Pero si su hijo pasa por períodos en los que se muestra remilgado con la comida, puede administrarle un suplemento de multivitaminas y minerales, aunque recuerde que no debe ser una excusa para que su hijo se alimente mal, aunque las vitaminas pueden ayudar a compensar los déficit nutricionales, no contienen los cientos de nutrientes saludables presentes en los alimentos.

¿Cuáles son los mejores suplementos?

El déficit de hierro (anemia) es un problema persistente en todo el mundo. Los niños tienen más probabilidades de no ingerir cantidades suficientes de minerales como el hierro, cinc y calcio en la dieta. Por consiguiente, si administra un suplemento a su hijo, asegúrese de que contiene estos minerales.

Suplementos individuales

En la mayoría de los casos, no es necesario administrar al niño suplementos de vitaminas, minerales o plantas medicinales. Los suplementos individuales pueden competir con otros nutrientes por la absorción por lo que pueden causar desequilibrios de nutrientes. Además los niños, con un menor peso y superficie corporal que los adultos, son más propensos a la toxicidad de las vitaminas. A continuación se describen algunas excepciones.

- Calcio. El calcio es vital para el desarrollo de unos huesos resistentes. Si su hijo no consume las cantidades suficientes de leche o productos lácteos, hable con su pediatra que le indicará si debe administrarle un suplemento de calcio.
- Hierro. Si su hijo está anémico, probablemente el pediatra le prescribirá un suplemento de hierro.
- Flúor. Si en el contenido del agua que utiliza para beber no es suficiente el flúor, probablemente el pediatra de su hijo le aconsejará un suplemento de flúor.
- Vitamina B_{12} y vitamina D. Los niños que siguen dietas vegetarianas pueden necesitar suplementos de estas vitaminas como consecuencia de evitar todos los productos animales.

Nota: Los bebés alimentados al pecho también pueden necesitar suplementos de vitaminas. (Véase capítulo nueve para más información.)

Plantas medicinales

Algunas plantas medicinales parecen muy prometedoras para mejorar y reforzar el sistema inmunitario y para tratar algunas enfermedades pero es preciso que tenga en cuenta que las plantas medicinales son medicamentos y no sustancias que pueden curarnos por arte de magia. Muchos fármacos derivan de las plantas pero siguen siendo fármacos y producen efectos farmacológicos en nuestro cuerpo. Si se utilizan sin las debidas precauciones las plantas medicinales pueden ser perjudiciales. Por ejemplo, un remedio natural para los resfriados y la gripe como la corteza de sauce contiene ácido salicílico, el mismo ingrediente activo de la aspirina, que no es aconsejable administrar a los niños debido al riesgo de un síndrome de Reye.

Por otra parte, las plantas medicinales no siempre contienen las cantidades estandarizadas de los ingredientes activos, y pueden contener impurezas. También es importante recordar que la mayoría de las plantas medicinales no se han estudiado específicamente en los niños.

No administre plantas medicinales a su hijo a menos que se lo haya aconsejado su pediatra.

Hiperactividad

¿Influye de algún modo el azúcar?

En primer lugar abordemos los efectos conocidos del azúcar sobre la salud:

- El azúcar puede causar caries. Con independencia de la cantidad de azúcar que contenga un alimento, todos los alimentos con hidratos de carbono fermentables desempeñan un papel considerable en la aparición de la caries dental. (Véase capítulo 7 para más información sobre la salud dental.)

> **El resfriado común y los primeros meses de vida**
>
> Los bebés y niños en edad preescolar padecen entre siete y ocho resfriados al año. Los científicos han identificado como mínimo doscientos virus del resfriado y un niño necesita mucho tiempo para desarrollar una inmunidad frente a todos estos virus.
>
> Las tasas del resfriado se triplican en invierno, cuando pasamos más tiempo dentro de casa respirando aire más «viciado». Fumar en el hogar puede aumentar la propensión de un niño a los resfriados al igual que su propensión a las infecciones del oído (otitis), de los senos (sinusitis), crup, pitos y asma. Los pediatras recomiendan no llevar a la guardería a un bebé hasta que haya cumplido un año, ya que el niño se expone a un menor número de virus y otros irritantes respiratorios en su casa que en una guardería con otros niños.
>
> Para el resfriado común no se dispone de tratamiento específico y no existe ningún modo de prevenirlo aparte de evitar el humo de los cigarrillos y los gérmenes. Para mantener un sistema inmunitario saludable con el objetivo de poder luchar contra los resfriados y las enfermedades, es necesario dormir un número adecuado de horas, seguir una dieta saludable que incluya fruta y verdura, lavarse las manos a menudo y beber agua en abundancia. Los antioxidantes que se encuentran en la fruta, verduras, y el yogur parecen reforzar el sistema inmunitario, una razón de más para incluirlos en su dieta.

- El azúcar no es un factor de riesgo independiente para la diabetes o para un deterioro de la tolerancia a la glucosa.
- El azúcar es un alimento «de más» que puede reemplazar alimentos más nutritivos (p. ej., con frecuencia las bebidas carbónicas y los zumos industriales reemplazan la leche), lo que puede dar lugar a diversos problemas de salud.

Creencias falsas con respecto al azúcar

La mayoría de los padres consideran que el azúcar puede influir en la hiperactividad de sus hijos. Pero los padres no son los únicos que consideran que el azúcar aumenta los niveles de energía de sus hijos. En un estudio de profesores del Canadá, el 80 % de profesores creían que el consumo de azúcar contribuye a una mayor actividad en niños normales y a problemas conductuales en niños hiperactivos. Un 55 % de maestros sugerían a los padres que limitaran el consumo de azúcar de sus hijos. Los estudios de maestros norteamericanos produjeron resultados similares. Existe la opinión extendida de que el azúcar causa hiperactividad en los niños.

Sin embargo, esta relación no se ha demostrado nunca científicamente. En estudios a doble ciego, controlados con placebo, no se ha demostrado que el consumo de azúcar, dulces o chocolate de lugar a una alteración de la conducta en niños con un trastorno por déficit de atención con hiperactividad. En otro estudio que examinó los efectos del azúcar sobre la conducta de los niños o su rendimiento cognitivo no se observó que el azúcar produjera efectos conductuales o cognitivos. Por consiguiente, el tratamiento basado en una modificación de la dieta no parece apropiado para niños con problemas conductuales.

Sin embargo, es tan hiperactivo...

Muchos padres siguen insistiendo en que sus hijos se muestran hiperactivos, por ejemplo, después de una fiesta de cumpleaños o de comer muchos dulces. Mi opinión es que hay varias explicaciones posibles de la conducta del niño:

- Es posible que los padres esperen que el niño se muestre hiperactivo después de consumir grandes cantidades de dulces. Su percepción puede estar influida por sus creencias. En un estudio, un grupo de madres que consideraban que sus hijos eran sensibles al azúcar mencionaron que sus hijos eran significativamente más hiperactivos cuando sabían que sus hijos habían consumido dulces. Pero, en realidad, los niños habían recibido una bebida que contenía un edulcorante artificial.
- El entorno en el cual su hijo consume dulces es propicio para una mayor actividad. Por ejemplo, en una fiesta con muchos niños, es muy probable que su hijo se muestre hiperactivo pero el azúcar no es necesariamente el responsable.
- Se ha demostrado que el consumo de cualquier tipo de hidrato de carbono con el estómago vacío produce un aumento de la actividad. Así pues, si su hijo toma una bebida azucarada al despertarse por la mañana, es muy probable que manifieste una conducta hiperactiva.
- Los alimentos dulces que su hijo consume con regularidad también pueden contener cafeína, que asimismo es un estimulante.
- Por último, su hijo puede formar parte del reducido grupo de niños que reaccionan de una manera especial al azúcar.

Dieta y conducta

A continuación se describen algunos factores dietéticos que pueden guardar relación con la hiperactividad.

Cafeína

Muchos padres no tienen en cuenta el contenido de cafeína de las bebidas y alimentos que sus hijos consumen y la cafeína puede ser la causa del aumento de actividad de su hijo, en especial si este no está acostumbrado a consumirla. La cafeína forma parte de numerosas bebidas, helados y postres con sabor a café o a chocolate. Por fortuna, la leche con cacao y las bebidas a base de cacao, dos de las bebidas favoritas de los niños, contienen muy pocas cantidades de cafeína.

Plomo y otros metales pesados

Diversos estudios han relacionado el aumento de las concentraciones de plomo, arsénico, mercurio, cadmio, y aluminio en el cabello con la hiperactividad, la alteración de las relaciones con los compañeros y la falta de madurez. La investigación adicional ha evidenciado una relación entre el aumento de los niveles de plomo en el cabello y el trastorno por déficit de atención con hiperactividad diagnosticado por un médico.

Anemia (déficit de hierro)

Si un niño padece anemia, puede manifestar síntomas de hiperactividad o un trastorno por déficit de atención, así como irritabilidad, falta de concentración y un mal rendimiento escolar. Dado que diversos déficit de nutrientes pueden actuar a la vez afectando a la conducta, es importante que el pediatra examine detenidamente a su hijo antes de que usted diagnostique por su cuenta un problema conductual.

Colorantes, aromatizantes artificiales y conservantes: la dieta Feingold

Veinte años atrás, un pediatra especialista en alergia llamado Benjamin Feingold sugirió que la eliminación de los colorantes, aromatizantes artificiales y conservantes y otros aditivos de los alimentos de la dieta contribuiría a prevenir y a controlar la conducta hiperactiva. Muchos estudios científicos bien controlados demostraron que la mayor parte de los casos de hiperactividad no guardaban relación con los aditivos de los alimentos de la dieta. En 1982, un comité de expertos llegó a la conclusión de que no se disponía de pruebas científicas para respaldar la afirmación de que los aditivos son la causa de la hiperactividad.

Más recientemente, se ha estudiado el efecto del aspartamo, un edulcorante artificial, para determinar si afecta a los niños con un trastorno por déficit de atención. En el estudio se llegó a la conclusión de que incluso con una cantidad diez veces superior a la consumida habitualmente, el aspartamo carecía de efecto sobre la cognición o la conducta de niños con un déficit de atención.

Es posible que un reducido número de niños (de un 5 a un 10 %) puedan beneficiarse de una dieta sin aditivos. Los niños en edad preescolar parecen ser más sensibles a los aditivos que los niños más mayores. Sin embargo, tenga en cuenta que durante la realización de algunos estudios los niños que recibieron un aditivo específico o un placebo se comportaron del mismo modo. Esto sugiere que cualquier cambio en la conducta del niño probablemente se relacionó con la atención que se estaba prestando a los niños.

▼

Sustitutos de los alimentos

El consumo de sustitutos del azúcar ha aumentado, aunque también se ha incrementado el consumo de azúcar. Y el problema de la obesidad en los países occidentales sigue siendo cada vez más importante. Si la gente utiliza sustitutos del azúcar para reducir el consumo de azúcar y perder peso, ¿por qué no son eficaces? No merece la pena que los niños se acostumbren a consumir edulcorantes artificiales. Es mejor que disfruten de los alimentos naturales en cantidades moderadas.

¿Son seguros estos sustitutos? Todos los sustitutos del azúcar y de las grasas se han examinado en relación con sus posibles efectos secundarios. A continuación se describen los principales sustitutos de los alimentos que puede encontrar comercializados:

- *Sacarina*. Este sustituto del azúcar se ha asociado con el cáncer en animales de laboratorio que lo recibieron en dosis muy altas. Sin embargo, este efecto no se ha observado en el ser humano.
- *Aspartamo*. Este sustituto del azúcar no parece producir efectos secundarios y su sabor es muy

parecido al del azúcar. Sin embargo, algunos individuos pueden presentar algunas reacciones como dolor de cabeza o mareo. El aspartamo está contraindicado en personas con una enfermedad genética denominada fenilcetonuria.

- *Aceite de parafina.* El aceite de parafina, que se utiliza como sustituto del aceite, ha sido motivo de controversia entre los expertos. Cuando se consume aceite de parafina con una comida que contiene carotenoides, el aceite de parafina impide la absorción de estos nutrientes. Recuerde que los carotenoides pueden contribuir a prevenir las dolencias cardíacas y el cáncer. Por ejemplo, si en una comida incluye un plato de zanahoria rallada aliñada con este aceite, los carotenoides de la comida, es decir, el betacaroteno de las zanahorias, no serán absorbidos por su organismo. Y esto puede representar un problema si se consume con regularidad aceite de parafina. Por otra parte, en un estudio se mencionó que cuando los niños recibieron un sustituto de las grasas para un 10 % del consumo total de grasas, los niños adaptaron sus dietas en consecuencia y consumieron aproximadamente el mismo número de calorías al día que normalmente habrían consumido. Además, el aceite de parafina no resiste la cocción y puede causar diarreas.

Contenido de cafeína de algunas bebidas y postres		
Bebidas o postre	**Tamaño de la ración (g)**	**Tamaño de la ración (g)**
Cafés		
Café	24	135
Café instantáneo	24	95
Cappuccino	24	45-50
Café descafeinado	24	5
Té		
Té negro, en hojas o en bolsa	24	50
Nestea	480	34
Té verde	24	30
Bebidas con cola	360	41-47
Pepsi	360	37
Bebidas con cola sin cafeína	360	0
Helado de capuccino	1 vasito	8
Copa de café con leche	1 copa	5
Cacao	24	5

A menos que su hijo tenga problemas de sobrepeso o sea diabético, no existe ninguna razón para que consuma edulcorantes no nutritivos de manera habitual. Incluso si tiene problemas de sobrepeso, es mucho más probable que una golosina de vez en cuando satisfaga su necesidad de algo dulce que dosis diarias de edulcorantes artificiales. Y debido a los problemas del aceite de parafina, es mejor limitar el consumo de grasas de otra forma.

CAPÍTULO CINCO

Alergias e intolerancias alimentarias

En este capítulo encontrará:
- *Tratamiento de las alergias alimentarias en la escuela*
- *La compra en caso de alergias alimentarias*
- *La compra en caso de alergia a la leche*
- *La compra en caso de alergia a los huevos*
- *Intolerancias alimentarias*
- *Tratamiento de la intolerancia a la lactosa*

Este capítulo responde a preguntas como:
- *¿Cuáles son los síntomas de la alergia alimentaria?*
- *Mi hijo de cuatro años es alérgico al trigo ¿Cómo puedo ayudar a sus maestros a afrontar la situación?*
- *¿Qué es la anafilaxia?*
- *¿Cuáles son los ingredientes que indican que un producto alimentario contiene leche?*
- *Mi hijo padece intolerancia a la lactosa. ¿Cómo saber si consume suficiente calcio?*
- *¿Qué sustitutos del huevo puedo utilizar?*

Desde finales de la década de los noventa, se ha producido un aumento espectacular de las alergias en todo el mundo. Una alergia es una enfermedad en la cual el sistema inmunitario de una persona considera una sustancia que habitualmente es inocua como un «invasor» peligroso y responde a la misma con la producción de anticuerpos que originan reacciones desagradables como el asma, los eccemas y la fiebre del heno. En la actualidad se sabe que las alergias alimentarias, que antiguamente se consideraban una enfermedad diferente, se relacionan con el eccema (una enfermedad inflamatoria de la piel) y con el asma. Para los niños con un riesgo elevado de alergias, las medidas preventivas dietéticas son muy importantes.

Las alergias alimentarias se producen aproximadamente en el 4 a 6 % de bebés y el 1 a 2 % de niños pequeños. Algunas alergias alimentarias se superan con la edad, mientras que las alergias a los cacahuetes, a otros frutos secos y al marisco probablemente persisten durante toda la vida.

Las alergias tienen tendencia a presentar un carácter familiar. El niño cuyos padres padecen alergias tiene una probabilidad de un 40 a un 70 % de padecerlas. Una importante medida en la prevención de las alergias en los niños con un riesgo alto es evitar la introducción de alimentos potencialmente alergénicos como la leche, huevos, trigo, cacahuetes, soja y otros frutos secos hasta que el niño cumpla como mínimo un año. Las alergias a los cacahuetes parecen estar aumentando, posiblemente debido a un incremento de la popularidad de los cacahuetes.

Los niños con eccema, alergia a los huevos o una historia familiar de alergias tienen más probabilidades de desarrollar una alergia a los cacahuetes. Los cacahuetes pueden causar reacciones graves como la anafilaxia más probablemente que otros alimentos. También pueden causar una reacción con un contacto mínimo, es decir la ingestión de una pequeña cantidad.

La anafilaxia es una reacción alérgica súbita, grave, y que potencialmente es una amenaza para la vida. Puede estar causada por alergias alimentarias, picaduras de insecto o medicamentos. A pesar de que cualquier alimento puede causar potencialmente una anafilaxia, los cacahuetes, otros frutos secos, el marisco, pescado y huevos son los alimentos responsables más a menudo de una reacción grave. Los síntomas pueden incluir la aparición de ronchas, inflamación (en especial, de los labios y de la cara), dificultades para respirar (ya sea debido a la inflamación de la garganta o a una reacción asmática), vómitos, diarrea, calambres y una disminución de la presión arterial. Los síntomas pueden desarrollarse a los cinco-quince minutos y habitualmente se presentan en un plazo de una hora. La anafilaxia debe tratarse inmediatamente con adrenalina, ya que de lo contrario puede ser fatal.

En general, los síntomas de las alergias alimentarias incluyen vómitos, diarrea, calambres, ronchas, inflamación, eccema y sensación de picor o hinchazón de los labios, la lengua o la boca; una sensación de tirantez en la garganta; dificultades para respirar; y la aparición de pitos en el pecho. Los síntomas alérgicos pueden iniciarse de un minuto a una hora después de la ingestión del alimento. Si sospecha que su hijo sufre una alergia alimentaria, consulte con un alergólogo para el diagnóstico. Los autodiagnósticos pueden dar lugar a restricciones innecesarias de alimentos en la dieta que en algunos casos pueden ser peligrosas. Las pruebas del pinchazo cutáneo suelen ser el primer método para la detección de la alergia, pero la única forma de establecer el diagnóstico final es una prueba de provocación controlada con el alimento sospechoso.

Para prevenir o posponer las alergias alimentarias en los niños es aconsejable tomar las siguientes medidas:

Lactancia natural exclusivamente durante el primer año de vida del bebé, ya que es la mejor forma de posponer o prevenir las alergias alimentarias, así como la aparición de eccema y de asma. Si no puede dar el pecho a su hijo, considere una fórmula infantil hidrolizada para bebés con riesgo elevado de alergias.

Si usted o su cónyuge padecen alergias alimentarias, es aconsejable que considere el seguimiento de una dieta sin huevos o leche mientras esté dando el pecho a su hijo. No se ha demostrado que este tipo de dieta confiera un beneficio durante el embarazo. (Véase el capítulo nueve para más información sobre lactancia natural.)

Posponga la introducción de alimentos sólidos durante seis meses y espere más tiempo para introducir otros alimentos considerados muy alergénicos:

- Leche y soja: al año de edad.
- Huevos: a los dos años.
- Cacahuetes, otros frutos secos, pescado y marisco: entre los tres y cuatro años.

De acuerdo con un estudio, la incidencia de síntomas alérgicos como las crisis de asma, dermatitis y la presencia de pitos puede aumentar por los siguientes factores:

- Alimentación con fórmula para bebé durante la primera semana de vida.
- Destete temprano (menos de cuatro meses).
- Alimentación con buey cuando el niño tiene menos de seis meses.
- Introducción de la leche de vaca cuando el niño tiene menos de seis meses.
- Cuando los padres fuman en presencia del bebé.
- Asistencia a la guardería con menos de dos años.

Si el pediatra de su hijo establece un diagnóstico de alergia, es conveniente que tome las siguientes precauciones:

- Eduque a su hijo según sea apropiado para su edad. Una pulsera en la que se advierta de su dolencia puede ser útil para recordar a las personas que cuidan de su hijo que éste padece una alergia alimentaria grave.
- Informe a cualquier persona que pueda estar en contacto con su hijo de su alergia alimentaria incluyendo a familiares, amigos, vecinos y cuidadores, así como directores de la guardería y maestros.
- Si su hijo padece una alergia alimentaria grave, asegúrese de que en la escuela disponen del antídoto adecuado si su hijo presenta una reacción.

Tratamiento de las alergias alimentarias en la escuela

Cuando su hijo pasa la mayor parte del tiempo en la escuela, es vital que los maestros, el director de la escuela y sus compañeros de clase conozcan su dolencia. Informe exhaustivamente a la dirección de la escuela de los alimentos que el niño no puede ingerir, a riesgo de agravar sus síntomas.

La compra en caso de alergias alimentarias

Si algún miembro de su familia padece una alergia alimentaria, siempre debe conocer los ingredientes de los productos alimentarios que compra. Como en ocasiones los fabricantes cambian los ingredientes, lea cuidadosamente la etiqueta cada vez que compre un determinado producto.

La compra en caso de alergia a la leche

La leche y los productos lácteos son ingredientes muy frecuentes. A continuación, se proporciona una lista parcial de ingredientes que es necesario evitar para una dieta sin leche:

> **Consejos generales para la familia con alergias alimentarias**
>
> - Evite comprar los alimentos a granel; en ocasiones se produce una contaminación cruzada con otros alimentos.
> - Lea con atención las etiquetas de los alimentos.
> - Evite comer fuera. Comer fuera de casa es un riesgo para la persona con una alergia alimentaria grave, en especial con una alergia a los frutos secos.
> - Recuerde que los medicamentos y las vitaminas contienen edulcorantes, colorantes y aromatizantes.
> - Consulte a un especialista sobre cómo evitar y encontrar los sustitutos apropiados de los alimentos alergénicos.

- Mantequilla.
- Suero de leche.
- Caseína.
- Caseinatos (mencionados como caseinato de amoníaco, calcio, magnesio, potasio o sodio).
- Queso.
- Queso fresco.
- Crema.
- Hidrolizados (citados como caseína, proteína de leche, proteína, suero de leche o hidrolizado de proteína de suero de leche).
- Lactalbúmina, fosfato de lactalbúmina.
- Lactoglobulina.
- Lactosa.
- Lactulosa.
- Leche (derivados, polvo, proteína, sólidos, malteada, condensada, evaporada, entera, semidesnatada, desnatada y leche de cabra).
- Pudding.
- Caseína del cuajo.
- Crema ácida.
- Yogur.

Los siguientes productos alimentarios también pueden indicar la presencia de leche:

- Chocolate.
- Aromatizantes, incluyendo el caramelo, crema de coco, azúcar moreno, mantequilla y aromatizantes naturales.
- Salchichas.
- Margarina.

La compra en caso de alergia a los huevos

Si su hijo es alérgico a los huevos, ya sea a la clara o a la yema, debe evitar por completo los huevos. Los huevos son un alimento utilizado en muchos productos alimentarios, de modo que es preciso que lea con atención las etiquetas. A continuación encontrará una lista parcial de los ingredientes que debe evitar para una dieta sin huevos:

- Albúmina.
- Huevo (clara, yema, hidrolizado, sólidos en polvo).
- Globulina.
- Livetina.
- Lisozima (usada en Europa).
- Mayonesa.

- Merengue.
- Ovoalbúmina.
- Ovomucina.
- Ovomucoide.
- Ovovitelina.

Sustitutos de los huevos

Para preparar pasteles, galletas y bollos puede confeccionar sus propios sustitutos de los huevos. Las recetas descritas a continuación equivalen a un huevo entero:

1 ½ cucharadas de agua
1 ½ cucharadas de aceite
1 cucharada de levadura en polvo

1 cucharada de levadura en polvo
1 cucharada de agua
1 cucharada de vinagre

1 cucharada de levadura, disuelta en ¼ taza de agua caliente

Para otras recetas en las que los huevos se utilizan como sustancia para cuajar la masa antes que como agente para hacer subir la masa, utilice la siguiente receta:

Levadura: una taza (aproximadamente cinco huevos).

Mezcle un paquete de gelatina sin sabor con una taza de agua caliente. Utilice tres cucharadas de esta mezcla por cada huevo.

Intolerancias alimentarias

Una intolerancia alimentaria es una forma diferente de alergia alimentaria., aunque algunos síntomas pueden ser muy parecidos, como las molestias intestinales, las intolerancias alimentarias no se relacionan con el sistema inmunitario. Una persona puede no tolerar un alimento por diversas razones:

Pueden padecer un problema intestinal que mimetice los síntomas de la alergia alimentaria.

Su cuerpo puede no producir las cantidades suficientes de lactasa, la enzima necesaria para digerir la lactosa, el azúcar natural presente en la leche. El déficit de lactasa puede causar diarrea, hinchazón abdominal y la presencia de gases intestinales.

Algunas personas reaccionan a determinados aditivos alimentarios como los sulfitos.

Dado que los síntomas de una intolerancia alimentaria pueden ser idénticos a los de la alergia alimentaria, es importante que consulte con un alergólogo que establecerá el diagnóstico.

Tratamiento de la intolerancia a la lactosa

Si alguien de su familia padece un intolerancia a la lactosa, ha de saber que es una enfermedad muy frecuente. Se calcula que de un 80 a un 90 % de norteamericanos de origen asiático, un 75 % de afroamericanos, un 50 % de americanos de origen hispánico y un 20 % de americanos de origen europeo padecen una intolerancia a la lactosa.

Puesto que la leche es la fuente principal de calcio en la dieta de un niño, debe procurar que la dieta de su hijo contenga calcio procedente de otras fuentes.

Algunos consejos:

- Muchas personas con intolerancia a la lactosa pueden beber pequeñas cantidades de leche (una taza o menos), en especial con las comidas.
- Muchas personas pueden tolerar la leche con chocolate o la leche entera porque la presencia de grasa y de cacao retrasa la digestión y reduce los síntomas de intolerancia a la lactosa.
- Los productos lácteos con una cantidad reducida de lactosa incluyen el yogur, los quesos curados como el manchego, gruyère o cheddar y el helado.
- Puede encontrar leche con una cantidad reducida de lactosa, en la que se extrae parte de la lactosa de la leche. Por otra parte, en la farmacia puede adquirir un preparado en gotas a base de lactasa que desdoblan la lactosa de la leche.
- Por otra parte puede comprar zumos de naranja enriquecidos que contienen más calcio que la leche.
- Otras personas son sensibles a la lactosa que se encuentra en pequeñas cantidades en otros productos, por lo que deben leer con atención las etiquetas y evitar los alimentos con un contenido de lactosa.
- Para una lista de alimentos ricos en calcio diferentes a la leche, véase p. 71.

CAPÍTULO SEIS

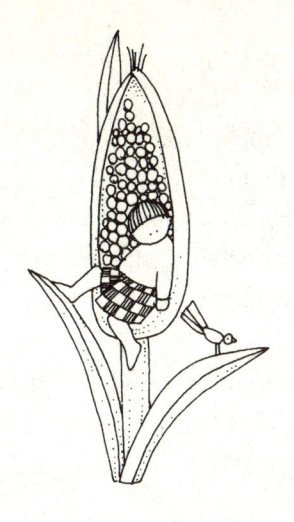

La dieta vegetariana

En este capítulo encontrará:
- *Bebés*
- *Niños pequeños*
- *Crecimiento*
- *Nutrientes importantes*
- *Suplementos de vitaminas*
- *Proteínas*
- *Grasas*
- *Consejos útiles para niños vegetarianos*
- *Planes de dieta para niños que siguen dietas vegetarianas estrictas*

Este capítulo responde a preguntas como:
- *Además de la carne, ¿cuáles son las otras fuentes de proteínas?*
- *¿Cuáles son las fuentes de vitamina B_{12} para una dieta vegetariana?*
- *¿Cuál es la fuente más rica en hierro, el tofu o la leche de soja?*
- *¿Cuáles son los alimentos ricos en calcio?*

Una dieta sin carne puede ser saludable para bebés y niños pequeños si, como ocurre con la mayor parte de las dietas razonables, es equilibrada y variada.

La mayoría de los padres no escogen una dieta vegetariana para sus hijos sino que son sus propios hijos quienes muestran una preferencia por los alimentos de origen vegetal. A muchos niños pequeños no les gusta la textura de las proteínas animales y rechazan la carne, con gran consternación por parte de sus padres. Los adolescentes suelen rechazar la carne más por razones sociales y medioambientales que por razones de salud.

La dieta vegetariana es origen de muchos mitos. Por ejemplo:

Mito: Los vegetarianos no consumen una cantidad adecuada de proteínas.
Realidad: En realidad los vegetarianos consumen las cantidades adecuadas de proteínas para una buena salud; muchas personas que no son vegetarianas consumen *un número excesivo* de proteínas.

Mito: Los vegetarianos tienen más probabilidades de padecer una anemia por déficit de hierro (anemia ferropénica) que las personas que consumen carne.
Realidad: Aunque el hierro que se encuentra en los alimentos vegetales no se absorbe tan bien como el hierro que se encuentra en los alimentos de origen animal, no es probable que los vegetarianos sufran de anemia.

> **Dietas vegetarianas**
>
> - **«Casi» vegetariana:** incluye algunas proteínas animales como el queso, la leche y algún tipo de carne.
> - **Dieta lactoovovegetariana:** incluye la leche y los huevos pero no otras proteínas animales.
> - **Dieta vegetariana estricta:** no permite ningún producto animal, incluyendo la leche y los huevos.
> - **Dieta macrobiótica:** la dieta macrobiótica, que forma parte de la filosofía oriental, se basa principalmente en granos, legumbres, vegetales orgánicos y vegetales marinos como las algas. Las dietas macrobióticas estrictas pueden asociarse con déficit de nutrientes y limitan la dieta a los granos y a las legumbres.

Mito: Los vegetarianos están menos sanos que las personas que siguen una dieta normal.

Realidad: A mucha gente le gustaría gozar de la buena salud que tienen los vegetarianos, ya que en general padecen menos problemas del corazón, menos hipertensión arterial, diabetes tipo 2 y osteoporosis que las personas que consumen carne.

Bebés

Los padres que escogen una dieta vegetariana para su bebé no encontrarán diferencias con la dieta de un bebé que come carne:

- El bebé vegetariano recibe leche materna o una leche para bebé.
- Los cereales, fruta y verduras se introducen en el momento apropiado.
- En lugar de añadir carne a la dieta a los ocho o diez meses, el bebé vegetariano comerá legumbres como fuente suplementaria de proteínas.
- Los bebés destetados antes del año deben recibir una leche para bebé, a base de leche de vaca o de leche de soja.

Al igual que los bebés que comen carne, la leche materna o la fórmula para bebé sigue siendo la parte principal de la dieta de un bebé vegetariano; los otros alimentos suministran proteínas, calorías y nutrientes suplementarios.

Niños pequeños

Los niños pequeños siguen una dieta que contiene legumbres, tofu, queso, y verduras en lugar de la carne, y los padres deben prestar atención para satisfacer las necesidades de hierro y de calcio a esta edad. Cuando tiene entre uno y dos años, es conveniente que el niño tome leche de soja o leche de vaca entera, enriquecida en hierro.

Crecimiento

De acuerdo con la American Academy of Pediatrics, el crecimiento de los niños vegetarianos es similar al de los niños que comen carne siempre que se planifiquen menús adecuados. Sin embargo, en algunos niños que siguen dietas macrobióticas que pueden ser demasiado bajas en grasa, calorías, cinc, calcio, vitamina B_{12} y riboflavina se ha observado un déficit del crecimiento. Los padres que escogen una dieta macrobiótica para sus hijos deben prestar atención para que ésta sea adecuada desde un punto de vista nutricional.

Plan de alimentación para bebés vegetarianos, de cuatro a doce meses

Leche

4 a 7 meses*	Leche materna o fórmula infantil a base de soja
6 a 8 meses	Leche materna o fórmula infantil a base de soja
7 a 10 meses	Leche materna o fórmula infantil a base de soja
10 a 12 meses	Leche materna o fórmula infantil a base de soja (700 a 1.000 g)

Cereales y pan

4 a 7 meses*	Iniciar las papillas de cereales enriquecidas en hierro mezcladas con leche
6 a 8 meses	Continuar con los cereales; añadir otros cereales y pan
7 a 10 meses	Continuar con los cereales; otros cereales y pan
10 a 12 meses	Papillas de cereales hasta los dieciocho meses, un total de cuatro raciones al día (una ración = ½ rebanada de pan o 2 a 4 cucharadas de papilla de cereales)

Fruta y verdura

4 a 7 meses*	No
6 a 8 meses	Empezar con zumo de fruta (60 a 120 g), como fuente de vitamina C; empezar con las papillas de fruta y verdura
7 a 10 meses	120 g de zumo; fruta y verdura cortada pequeña
10 a 12 meses	El bebé aprende a masticar; se darán alimentos sólidos; cuatro raciones al día (una ración = 1 a 6 cucharadas de fruta y verduras, 120 g de zumo)

Legumbres

4 a 7 meses*	No
6 a 8 meses	No
7 a 10 meses	Introducir gradualmente el tofu; iniciar los purés de legumbres; el queso de soja y el yogur de soja
10 a 12 meses	Dos raciones diarias, de 15 g cada una

* Puede producirse una superposición de edades debido al ritmo variable del desarrollo.
Fuente: Reed Mangels, reimpreso con permiso del Vegetarian Resource Group.

Nutrientes importantes

Hierro

El déficit de hierro (anemia ferropénica) es el problema nutricional más frecuente de todos los niños, con independencia de que tomen carne o no, y es más probable entre el año y los dos años de edad. La anemia ferropénica no es más frecuente en los niños vegetarianos. Sin embargo, los padres deben asegurarse de que su hijo consume alimentos ricos en hierro. Estos alimentos incluyen cereales enriquecidos en hierro y alimentos ricos en hierro como el tofu, las judías y otras legumbres (especialmente los brotes de soja), los cereales de salvado, las algas, etcétera.

El consumo excesivo de leche puede aumentar el riesgo de déficit de hierro porque la leche no contiene hierro y puede reemplazar otros alimentos ricos en este mineral. Tres tazas de leche al día satisfacen las necesidades de calcio y proteínas de los niños.

Absorción del hierro

Muchos alimentos vegetales son ricos en hierro, pero el hierro no es absorbido por el organismo con la misma facilidad que el hierro contenido en la carne. La absorción del hierro puede variar notablemente en una comida, dependiendo de los alimentos que se consumen a la vez (véase tabla).

Para aumentar la absorción de hierro
- Consumir alimentos ricos en vitamina C, como cítricos y otras frutas y verduras con las

Alimentos vegetarianos ricos en hierro

La cantidad diaria recomendada para el hierro en niños de seis meses a diez años es de 10 mg.

Alimento	Cantidad	Hierro (en mg)
Vegetales marinos (algas)	½ taza	18,1-42,0
Tofu	½ taza	6,6
Copos de avena instantáneos	1 sobre	6,3
Crema de trigo	½ taza	5,5
Brotes de soja	½ taza	4,4
Garbanzos	½ taza	3,4
Judías	½ taza	1,8
Leche de soja	1 taza	1,8
Anacardos	2 cucharadas	1,0
Pan integral	1 rebanada	0,9
Pan blanco	1 rebanada	0,7

Las hamburguesas vegetales a base de soja también son una buena fuente de hierro.

comidas. Ingerir 150 g de zumo de naranja puede aumentar la absorción de hierro en unas cinco veces. Los alimentos ricos en vitamina C incluyen los cítricos, el melón, mango, piña, fresas, frambuesas, moras, tomate, col, brócoli, coliflor, pimientos, espinacas y patatas.

- Utilice para cocinar una batería de acero inoxidable o de hierro colado. El hierro de las cacerolas puede filtrarse en los alimentos, en especial cuando está cocinando alimentos ácidos como la salsa de tomate.

Vitamina B_{12}

Las personas que siguen dietas lactoovovegetarianas consumen cantidades adecuadas de vitamina B_{12}, ya que se encuentra en la leche y en los productos lácteos. Sin embargo, los niños que siguen dietas vegetarianas estrictas necesitan otras fuentes de vitamina B_{12}, ya que se encuentra sobre todo en productos de origen animal. Las fuentes vegetarianas de vitamina B_{12} son la leche de soja enriquecida, y los cereales enriquecidos para el desayuno.

Calcio

Aunque los niños que siguen una dieta lactoovovegetariana satisfacen sus necesidades de calcio, los niños que siguen una dieta vegetariana estricta necesitan alimentos enriquecidos en calcio para satisfacer una ingesta adecuada de calcio, ya que no beben leche (véase tabla).

Vitamina D

La vitamina D se produce en la piel con la exposición a la radiación solar. Los niños vegetarianos que viven en climas soleados y se exponen a la radiación solar (como mínimo de veinte a treinta minutos al día, dos a tres veces

Fuentes vegetarianas de calcio

La cantidad diaria recomendada de calcio para niños de seis meses a diez años es de 10 mg.

Alimento	Ración	Calcio (en mg)
Tofu	60 g	125-380
Zumo de naranja enriquecido en calcio	1 taza	350
Leche	1 taza	300
Leche enriquecida en calcio	1 taza	450
Leche de soja	1 taza	300
Queso de soja	30 g	20-300 (depende de la marca)
Queso tipo cheddar o manchego	30 g	204
Verdura de hoja verde	½ taza	175
Semillas de sésamo	1 cucharada	85

por semana) reciben las cantidades adecuadas de vitamina D. La principal fuente dietética es la leche, y los niños que beben leche satisfacen sus necesidades de esta vitamina.

Sin embargo, los niños que viven en climas septentrionales pueden no exponerse a cantidades adecuadas de radiación solar por lo que deben satisfacer sus necesidades de vitamina D a partir de otra fuente. Otros factores que requieren otra fuente de esta vitamina son la piel oscura, los filtros solares y la polución atmosférica que puede bloquear la luz ultravioleta necesaria para la producción de unas cantidades suficientes de vitamina D. Las fuentes vegetarianas de vitamina D son la leche y los cereales enriquecidos.

Cinc

El cinc es un importante mineral para el crecimiento y desarrollo y para muchas otras funciones corporales. El cinc, al igual que el hierro, puede representar un problema para los vegetarianos debido a la mala absorción. Es necesario que la dieta de los niños vegetarianos contenga alimentos ricos en cinc (véase tabla).

▼

Suplementos de vitaminas

Los consejos generales con respecto a los suplementos de vitaminas descritos en el capítulo cuatro también se aplican a los niños vegetarianos. Sin embargo, los niños que siguen dietas vegetarianas estrictas que no consumen alimentos enriquecidos también pueden necesitar suplementos de vitamina B_{12}, calcio y (si no se exponen a una adecuada radiación solar), vitamina D. Es aconsejable que consulte a su pediatra.

Alimentos vegetarianos ricos en cinc

La cantidad diaria recomendada para el cinc en niños de uno a diez años es de 10 mg.

Alimento	Cantidad	Cinc (en mg)
Cereales con salvado	1 taza	5,0
Germen de trigo	2 cucharaditas	2,3
Garbanzos	½ taza	1,3
Lentejas	½ taza	1,2
Alubias	½ taza	1,0
Tofu o brotes de soja	½ taza	1,0
Maíz	½ taza	0,9

Fuente: American Dietetic Association: Dietas vegetarianas.

Proteínas

El consumo de proteínas de la mayor parte de los niños vegetarianos satisface o supera las recomendaciones. Sin embargo, dado que los niños tienen unas necesidades ligeramente mayores de los aminoácidos llamados esenciales, las combinaciones de proteínas pueden ser de utilidad para satisfacer las necesidades de proteínas de bebés y niños pequeños. Ejemplos de combinaciones de proteínas incluyen los cereales con legumbres y la soja con cereales.

A continuación se ofrece una lista de muestra de alimentos vegetarianos que contienen 5 g de las proteínas diarias necesarias para un niño de tres años:

- 1/3 taza de judías u otras legumbres
- 1 taza de arroz integral
- 1 1/4 cucharada de mantequilla de cacahuete
- 30 g de tofu
- 20 g de queso
- 1/2 taza de yogur de soja
- 2 rebanadas de pan
- 2/3 taza de leche

Grasas

Durante la infancia la grasa es necesaria para el desarrollo y el crecimiento especialmente en los primeros meses de la vida, cuando el consumo de grasa debe ser de un 40 a un 50 % de las calorías totales. Después de los dos años, se recomienda un 30 % o menos de calorías procedentes de las grasas.

Las dietas que no incluyen pescado o huevos carecen de dos importantes ácidos grasos omega-3 llamados ácido eicosapentaenico (EPA) y docosahexaenoico (DHA). El ácido linolénico de fuentes vegetales puede convertirse en DHA, aunque el proceso puede ser poco eficiente. Las fuentes de ácido linolénico incluyen las semillas de lino, avellanas, aceite de avellana, aceite de colza, aceite de linaza, guisantes, leche, queso, y yogur. El aceite de oliva contiene más de un 70 % de ácido oleico y un 8 % de ácido linoleico.

Los niños vegetarianos tienen una ventaja sobre los niños que comen carne, ya que consumen menos grasas saturadas y colesterol. Sin embargo, dado que los niños pequeños y niños en edad preescolar en ocasiones no satisfacen sus necesidades calóricas, puede ser necesario añadir grasa a su dieta en forma de aceite vegetal como el aceite de oliva.

Consejos útiles para niños vegetarianos

- Los frutos secos y las semillas (cereales) suministran oligoelementos como el cinc, selenio (sobre todo el trigo) y el cobre, así como grasas y calorías. Es conveniente que los niños vegetarianos de más de tres años tomen estos alimentos a diario. Es aconsejable que triture finamente los frutos secos y los mezcle, por ejemplo, con

yogur o compota de manzana, con la finalidad de evitar la posibilidad de asfixia.
- La levadura es una buena fuente de vitamina B$_{12}$ y puede mezclarse con diferentes platos de verdura o de pasta, añadirse a las judías o a muchos otros platos. Puede encontrarla en tiendas de dietética especializadas.
- Es importante que todos los niños, incluyendo los vegetarianos, tomen tentempiés saludables.
- A los niños en edad escolar les gusta comer con los dedos. Son ejemplos de tentempiés saludables los bocadillos de mantequilla de cacahuete mezclada con plátano, huevo duro con lechuga o queso con unas finas rodajas de tomate.

? Preguntas que quizá se plantee

P: Mi hijo Sean tiene seis años y se niega a comer carne. Tampoco le gustan las alubias (excepto si se las preparo fritas) y en general ninguna verdura. ¿Existe alguna solución?

R: A muchos niños no les gusta la consistencia de la carne de ternera, cordero y buey. Sin embargo, pueden considerar apetitoso un plato de pescado, pavo o pollo, simplemente frito o empanado. Además, puede incluir huevos en su dieta que también suministran proteínas de buena calidad. Otro tentempié saludable puede ser un bocadillo de atún. También puede probar los numerosos platos congelados ya preparados como el pollo rebozado y las hamburguesas vegetales. Asegúrese de que en la dieta de su hijo incluye fruta y leche en abundancia y, de lo contrario, consulte a su pediatra que probablemente le prescribirá un suplemento diario de multivitaminas y minerales.

P: ¿Son siempre saludables las dietas vegetarianas?

R: El hecho de que una dieta sea saludable depende de las elecciones de los alimentos. Cuando las dietas vegetarianas empezaron a hacerse populares en la década de los sesenta y de los setenta, se caracterizaban por una gran cantidad de productos lácteos enteros que hacían que la dieta fuera rica en grasas saturadas. Hoy en día nuestros conocimientos sobre cómo seguir una dieta baja en grasas y vegetariana han mejorado considerablemente. Si la dieta vegetariana es muy restrictiva por cualquier razón, puede ser desequilibrada y no satisfacer las necesidades diarias de nutrientes.

P: Mi hijo de nueve años no quiere comer carne ni pollo. ¿Cómo puedo preparar la comida para mi hijo sin tener que cocinar dos platos diferentes cada noche?

R: No sería mala idea que toda la familia tomara algunas comidas sin carne. Y si en su familia existen algunos carnívoros terminantes, acuérdese de evitar llamar a estos almuerzos o cenas, comidas sin carne. He aquí algunos ejemplos:

- Pizzas sin carne (o sólo con un poco de carne en un lado).

- Espaguetis con salsa de carne (reemplace la carne por proteína de soja o proteína vegetal en polvo que puede encontrar en tiendas de dietética especializadas, o simplemente espolvoréelos con queso).
- Pasta primavera: pasta con verdura o legumbres (guisantes, tomate, maíz, brotes de soja, zanahorias, etc.), con o sin salsa.

Para las noches en las que el resto de la familia come un plato de carne, su hijo puede tomar una hamburguesa vegetal, una sopa de legumbres o una ensalada de legumbres.

Planes de dieta para niños que siguen dietas vegetarianas estrictas

En la tabla de la página 76 encontrará algunos planes de comidas que pueden serle útiles para planificar una dieta vegetariana saludable.

Comidas sanas, niños sanos

Niños pequeños y niños en edad preescolar (uno a cuatro años)

Grupo de alimento	Número de raciones
Cereales	6 o más (1 ración equivale a ½ o 1 rebanada de pan, o ½ taza de cereales o pasta cocida, o ½ a 1 taza de cereales listos para comer)
Legumbres, frutos secos	2 o más (1 ración equivale a ½ taza de alubias cocidas o tofu, 90 g de carne o 1 a 2 cucharadas de frutos secos
Leche de soja enriquecida	3 (1 ración equivale a 1 taza de leche de soja enriquecida, fórmula para bebé o leche materna)
Verduras	2 o más (1 ración equivale a ½ taza de verdura cocida o ½ a 1 taza de hortalizas crudas)
Fruta	3 o más (1 ración equivale a ½ taza de fruta en conserva, ½ taza de zumo de fruta o 1 fruta de tamaño mediano)
Grasas	3 (1 ración equivale a 1 cucharadita de margarina o de aceite)

Niños en edad escolar

Grupo de alimento	Número de raciones
Cereales	6 o más para los niños de 4 a 6 años; 7 o más para los niños de 7 a 12 años (1 ración equivale a 1 rebanada de pan; ½ taza de cereales, o pasta cocida o 1 taza de cereales listos para comer)
Legumbres, frutos secos y semillas	1 ½ a 3 para niños de 4 a 6 años; 3 o más para niños de 7 a 12 años (1 ración equivale a ½ taza de judías cocidas; 1 hamburguesa vegetal de 90 g o 2 cucharadas de frutos secos o semillas)
Leche de soja enriquecida	3 (1 ración equivale a 1 taza de leche de soja enriquecida)
Verduras	1 a 1 ½ para niños de 4 a 6 años; 4 o más para niños de 7 a 12 años (1 ración equivale a ½ taza de verduras cocidas o 1 taza de hortalizas crudas)
Fruta	2 a 4 para niños de 4 a 6 años; 3 o más para niños de 7 a 12 años (1 ración equivale a ½ taza de fruta en conserva, ¾ taza de zumo de fruta o 1 fruta de tamaño mediano)
Grasas	4 para niños de 4 a 6 años; 5 raciones para niños de 7 a 12 años (1 ración equivale a 1 cucharadita de margarina o de aceite)

Nota: Los tamaños de las raciones varían según la edad del niño.

Fuente: Reed Mangels, reimpreso con permiso de Vegetarian Resource Group (VRG), PO Box 1463, Dept IN, Baltimore, MD 21203 (410) 366-VEGE.

CAPÍTULO SIETE

Salud dental

En este capítulo encontrará:
- *Caries*
- *Ingesta adecuada de flúor*
- *El factor alimentario*
- *Alimentos protectores*
- *La salud dental en pocas palabras*
- *Tentempiés saludables para los dientes*
- *Una charla con el doctor Clark Gregor*

Este capítulo responde a preguntas como:
- *¿Qué desencadena el proceso de la caries?*
- *¿Cuándo empieza a necesitar flúor un niño?*
- *¿Cuál es la fuente de flúor más importante, el agua de bebida o la pasta de dientes?*
- *Los dientes de mi hijo se han oscurecido; ¿cuál es la causa?*
- *¿Qué significa la caries provocada por el biberón?*
- *¿Qué puedo hacer cuando mi hijo no puede cepillarse los dientes después de comer?*
- *¿Cómo puedo ayudar a mi hijo para que no tenga miedo de ir al dentista?*

Cuando a un niño le sale el primer diente, habitualmente es un momento típico para hacerle una fotografía que se guardará en un álbum y es un importante hito que la mayoría de los padres anotan orgullosos en el libro de su bebé. Sin embargo, los padres deberían prestar aún más atención al segundo, al décimo o undécimo diente, ya que unos cuidados adecuados de la boca durante la erupción de los dientes pueden conferir un beneficio de por vida en la dentadura de su hijo. Una buena higiene oral (el cepillado de los dientes a diario) debe iniciarse con la erupción del primer diente de leche y, naturalmente, también es importante una ingesta apropiada de flúor.

Caries

La incidencia de caries dental tiende a aumentar a medida que el niño se hace mayor. En un estudio reciente se puso de manifiesto que un 74 % de niños no padecían caries a los cinco años, pero cuando estos mismos niños llegaron a la adolescencia sólo un 33 % no padecían caries. La caries es la desintegración del esmalte y la dentina dental. Un diente está formado por una parte no calcificada, la pulpa, y dos partes calcificadas, la dentina y el esmalte. El esmalte es la estructura más rica en calcio del cuerpo humano. Al principio, se forma la llamada placa dental, que esta compuesta de bacterias, proteínas e hidratos de carbono y que recubre la superficie de los dientes. La placa no es eliminada por acción de los músculos de la boca ni por la saliva. Cuando el proceso de la caries alcanza la dentina, el diente se vuelve sensible a los cambios de temperatura originados por los alimentos.

Formación de caries =
= hidrato de carbono fermentable* +
+ diente propenso + bacterias + tiempo

* Un hidrato de carbono fermentable es un azúcar o glúcido o un almidón que puede ser degradado por las bacterias de la boca.

Para que se produzca la caries, son necesarias varias circunstancias. Cuando en la superficie de un diente se produce la interacción de las bacterias y los hidratos de carbono fermentables, las bacterias producen ácidos. Cuando el nivel de acidez (pH) alcanza 5,5 o valores inferiores, se empieza a producir la degradación o desmineralización del esmalte dental. Durante esta degradación, se pierden los minerales y se forma una pequeña cavidad o caries en el interior del diente.

Prevención de la caries = buena higiene oral +
+ consumo adecuado de flúor +
+ una dieta saludable

Una buena higiene oral (que se describe en profundidad en la última sección de este capítulo) es un factor muy importante en la prevención de la caries. El descubrimiento de que el flúor es vital para la salud dental ha dado lugar a la mejora más importante de la salud dental en los últimos treinta años. El flúor, cuando está presente en la circulación corporal mientras se están formando los dientes, hace que los dientes sean más duros y más resistentes a la caries.

Ingesta adecuada de flúor

Los dientes son menos propensos a la caries si durante su desarrollo se ingieren cantidades óptimas de flúor. Para que el consumo de flúor sea adecuado, este mineral debe estar presente en el suministro de agua de cada localidad. En algunas áreas, el flúor está presente de modo natural en el suministro de agua pública; en otras áreas, se añade flúor al suministro de agua. El flúor tópico, que se encuentra en la pasta de dientes, también confiere protección a los dientes. Sin embargo, dado que la pasta de dientes comercializada para niños (con sabores como el de la goma de mascar y a frutas) suele ser muy «apetitosa» y se corre el peligro de que el niño se la pueda tragar porque le gusta su sabor, lo que a la larga puede dar lugar a niveles sanguíneos excesivos de flúor, es necesario que los padres supervisen a su hijo cuando ya se cepille los dientes sin ayuda para que no se trague el dentífrico, ya que un exceso de flúor puede ser tóxico. Si su hijo no puede escupir la pasta sin tragársela (antes de los cuatro a cinco años), es aconsejable que utilice una pasta dentífrica sin flúor. Sin embargo, no se preocupe por el flúor que se encuentra en el agua de bebida, ya que es mucho más importante para los dientes que el flúor tópico contenido en un dentífrico.

En diversos estudios se ha demostrado que se obtienen beneficios máximos cuando se consume agua con un contenido de flúor de un ppm desde el momento del nacimiento hasta que la dentición permanente ha completado su erupción (lo que ocurre entre los once y los trece años).

La ingestión de un exceso de flúor antes de la erupción de los dientes, mientras se está formando el esmalte, puede causar un moteado *permanente* de los dientes.

¿Qué ocurre si el agua no tiene suficiente flúor?

Si el agua de bebida no contiene la cantidad suficiente de flúor, consulte a su médico o dentista que probablemente prescribirá suplementos de flúor a su hijo.

Otros niños que pueden necesitar suplementos de flúor son:

- Bebés que son alimentados al pecho.
- Bebés que reciben fórmulas infantiles listas para consumir.
- Bebés que reciben fórmulas mezcladas con agua que no contiene flúor (como algunas aguas embotelladas).

En el gráfico siguiente de la American Dental Association y la American Academy of Pediatric Dentistry se indican las dosis de flúor suplementarias recomendadas.

Tenga en cuenta que un exceso de flúor (en cantidades superiores a 2 ppm) puede modificar el color y la forma de los dientes. Si en el agua de bebida de la localidad donde vive hay un exceso de flúor, consulte a su dentista.

Recuerde que el principal elemento de la dieta con capacidad para prevenir la caries dental es el flúor del agua de bebida. Su efecto protector se debe a tres mecanismos:

1. Formación de fluoroapatita en el esmalte dental (que es un cristal más resistente que la hidroxiapatita).
2. Inhibición de la acción de las bacterias.
3. Inhibición del crecimiento y el metabolismo de las bacterias acidógenas.

La medida profiláctica más importante para reducir las tasas de caries dental es asegurar un contenido adecuado de flúor en el agua de bebida. La Organización Mundial de la Salud

---

Aporte diario recomendado de flúor según la concentración en el agua local

Concentración de flúor en el agua de bebida (en ppm*)	6 meses a 3 años (mg/día)	3 a 6 años (mg/día)	6 a 16 años (mg/día)
< 0,30	0,25	0,50	1,00
0,30-0,60	0	0,25	0,50
> 0,60	0	0	0

Fuente: Journal of the American Dental Association, 1994.
* ppm = partes por millón.

(OMS) recomienda una concentración de 0,7 a 1,2 mg/l de agua.

El factor alimentario

¿Qué es mejor para los dientes, las patatas fritas o las pasas? En realidad, ninguno de los dos alimentos. Las patatas fritas son ricas en almidón que fomenta la caries dental tanto o más que algunos alimentos dulces que permanecen más tiempo adheridos a los dientes. Recuerde que los hidratos de carbono fermentables son los alimentos que pueden ser degradados por las bacterias (la llamada fermentación bacteriana) en la boca. Tanto los azúcares simples, como la sucrosa, glucosa y fructosa, como los almidones, que se encuentran en el pan y la pasta, son fermentables. La fermentación de los hidratos de carbono inicia el proceso de la caries dental. Otros factores que contribuyen a la caries dental son los siguientes:

- La frecuencia con la que los dientes se exponen a los hidratos de carbono fermentables.
- El tiempo en que estos alimentos permanecen en la boca.
- El grado de adherencia de estos alimentos a los dientes.
- El tiempo transcurrido entre la comida y el cepillado de los dientes (es aconsejable que el cepillado de los dientes se lleve a cabo como máximo transcurridos treinta minutos de la comida).
- El consumo de alimentos dulces solos (p. ej., entre comidas) o con una comida; y el consumo de alimentos por la noche, cuando la cantidad de saliva que contribuye a eliminar los azúcares es menor.
- Los tipos de hidratos de carbono y la frecuencia de la ingesta son más importantes que las cantidades que se consumen. Los alimentos pegajosos que se adhieren a los dientes son más perjudiciales que los no pegajosos.

> **La caries dental producida por el bibéron**
>
> Está causada por acostar al bebé con un biberón lleno de líquido que contiene hidratos de carbono, incluyendo la leche materna, fórmula para bebé, leches, zumos y bebidas carbonatadas. Evite acostar al niño con un biberón y no permita nunca que su hijo se duerma con un biberón en la boca. ¡Los incisivos pueden desarrollar caries a una edad tan temprana como los doce meses de vida!

Alimentos protectores

Algunos alimentos parecen tener un efecto protector por lo que respecta a la caries dental. El queso, tanto natural como procesado, y la leche parecen conferir una protección a los dientes. De hecho, en un estudio reciente la leche pareció más protectora en los niños que consumían las mayores cantidades de alimentos con hidratos de carbono. Se considera que la leche y el queso contribuyen a prevenir la caries de dos formas: afectando al proceso de la caries y añadiendo minerales al esmalte del diente cariado.

La salud dental en pocas palabras

Preste atención a estos consejos para reducir el riesgo de caries de su hijo:

- Asegúrese de que su hijo ingiere cantidades adecuadas de flúor, ya sea a través del agua de bebida o de suplementos.
- Desde los primeros meses de vida es aconsejable limpiar las encías del bebé con una gasa húmeda, sin emplear pasta. Cuando al bebé le empiecen a salir los dientes hay que utilizar un cepillo de tamaño adecuado y limpiarle los dientes al menos una vez al día para eliminar la placa.
- Cuando pueda hacerlo solo, su hijo debe acostumbrarse a cepillarse los dientes, preferiblemente después de cada comida pero especialmente por la noche antes de acostarse.
- Son aconsejables revisiones dentales y limpiezas de boca al menos dos veces al año, empezando a los dos años de edad. (Algunos dentistas recomiendan esperar hasta los tres años.)
- Cuando su hijo come fuera o por cualquier circunstancia su hijo no pueda cepillarse los dientes después de comer, es aconsejable que tome alimentos saludables para los dientes (véase la lista).
- Cuando su hijo come fuera o por cualquier razón no puede cepillarse los dientes, es aconsejable una comida a base de leche, queso, yogur, para prevenir la caries. Después su hijo puede masticar goma de mascar que contribuye a prevenir la caries como la que contiene xilitol, sorbitol, sacarina, aspartamo o clorhexidina.
- Limite la cantidad y frecuencia de bebidas dulces y otros alimentos que estimulan la formación de la placa dental y la caries.
- Asegúrese de que su hijo sigue una dieta equilibrada y saludable que es la mejor garantía de que sus dientes y encías estarán sanos.

Tentempiés saludables para los dientes

Esta lista se ha modificado de *Nutrition in Infancy and Childhood*, sexta edición, de Cristine M. Trahms y Peggy L. Pipes.

Alimentos protectores
- Atún.
- Frutos secos.
- Huevos duros.
- Leche.
- Mantequilla de cacahuete.
- Pavo y otros alimentos ricos en proteínas.
- Queso, tanto natural como procesado.
- Yogur natural, sin azúcar.
- Zanahorias.

Otros alimentos saludables para los dientes
- Aguacate.
- Apio.
- Brócoli.
- Col.

- Coliflor.
- Pepino.
- Pimientos.
- Rábano.
- Tomates.
- Zumo de tomate o zumo de vegetales.

Tentempiés que contienen hidratos de carbono fermentables
Recuerde que los hidratos de carbono de estos productos pueden provocar caries.
- Galletas.
- Fruta (fresca y en almíbar).
- Palomitas de maíz.
- Zumos de fruta.
- Pan de varios cereales, pan blanco y galletas saladas.

Los alimentos menos saludables para los dientes
Asegúrese de que su hijo se cepilla los dientes después de consumirlos.
- Pan.
- Dulces.
- Galletas, magdalenas y bizcochos.
- Galletas saladas.
- Donuts y toda la bollería industrial.
- Patatas fritas.
- Alimentos ricos en azúcar.
- Bebidas dulces.

Los mejores tentempiés
Estos tentempiés incluyen alimentos protectores para los dientes.
- Mantequilla de cacahuete.
- Queso natural o procesado y galletas integrales.
- Yogures con frutas (sin azúcar).
- Un vaso de leche y palomitas de maíz.
- Bocadillo de pavo o de jamón de York.

▼

Una charla con el doctor Clark Gregor

P: *¿Cuál cree que es el principal problema de la salud dental de los niños?*

R: Niños de uno a dos años. Todavía veo a niños con caries producidas por el biberón. En general estas caries están causadas porque los padres permiten que el bebé se duerma con el biberón que contiene fórmula para bebé, zumo de fruta o leche. No es aconsejable que permita que su hijo se duerma con el biberón. Si desea acostar a su hijo con un biberón, llénelo solamente de agua.

Niños de tres a cinco años. Durante estas edades, veo caries en las superficies de masticación de los dientes. Aunque en este caso son útiles una selección de alimentos y la ingesta de flúor sistémico, la medida de prevención más importante de la caries es una buena higiene dental. Las caries en los dientes del bebé deben tratarse precozmente ya que, si no se tratan, estas cavidades pueden dar lugar a un intenso dolor dental (odontalgia), abscesos y a la pérdida prematura de los dientes. Si su hijo está echando los dientes prematuramente, es importante que consulte a su dentista. El tratamiento del dentista ayudará a mantener un espaciado correcto entre los dientes durante el desarrollo de la boca del bebé. Esto limitará las maloclusiones (alineaciones incorrectas de los dientes superiores e inferiores) y contribuirá a disminuir la necesidad de llevar a cabo procedimientos adicionales, como la colocación de aparatos para los dientes en el futuro.

Niños de seis a diez años. En torno a los seis años, hacen su aparición los primeros molares permanentes. Estos dientes tienen más probabilidades que los dientes restantes de desarrollar caries porque en ellos se deposita más placa dental. Por esta razón, poco después de su erupción, es aconsejable aplicar un sellante con una resina a estos dientes. Un sellante es un material parecido al plástico que cubre los surcos y las fisuras de la superficie de un diente. Cuando se aplica, no pueden formarse caries en esta parte del diente. Los sellantes pueden durar muchos años, aunque el diente sellado debe comprobarse anualmente y sustituir el sellante cuando se pierda. Muchos dentistas también aplican sellantes a los dientes de los bebés. Es una práctica aconsejable si el niño es propenso a la caries.

P: *¿Cuándo debe visitar por primera vez al dentista mi hijo?*

R: Aproximadamente a los dos años, aunque algunos dentistas consideran que la primera visita puede retrasarse hasta los tres. El factor más importante es que el niño no tenga miedo a ir al dentista. Y esto sólo se consigue llevando al niño al dentista antes de que aparezca cualquier problema.

La primera vez que veo a un niño, me aseguro de que es una experiencia positiva, lo que podría denominarse una visita «para conocer al dentista». Limito esta visita a un examen rápido y simple de la boca del niño. Nunca llevo a cabo ningún procedimiento a menos que se trate de una visita con carácter urgente. Reviso la boca del paciente y la examino en busca de cualquier deformidad del desarrollo. Acto seguido hablo con el niño de la necesidad de una higiene adecuada, con un cepillado de dientes después de las comidas y solicito una radiografía. Por lo tanto la primera visita suele ser muy breve pero muy positiva. Utilizando esta estrategia, conseguimos evitar o eliminar el miedo al dentista.

Si descubro algún problema, aconsejo una segunda visita poco después de la primera. Por ejemplo, es necesario una segunda visita al dentista si los padres notan una inflamación o enrojecimiento de las encías o si el niño ha sufrido una caída o cualquier experiencia que haya provocado un traumatismo en la boca o en la barbilla.

Casi todos los niños caen cuando intentan andar o ponerse de pie por primera vez. Es muy frecuente que un niño caiga hacia delante y se de un golpe en los labios o en los dientes con una mesita baja o el suelo. En este caso es aconsejable que los padres consulten al dentista que llevará a cabo una exploración de urgencia de la boca del niño.

P: *¿A qué edad debe empezar a cepillarse los dientes mi hijo?*

R: Dado que la caries dental no tiene límites de edad, la higiene oral debe iniciarse después de la erupción del primer diente. Para la mayoría de los niños esto ocurre en torno a los seis meses. Aunque es posible cepillar los primeros dientes del bebé, recomiendo la limpieza de estos dientes mojándolos con una gasa limpia y húmeda. Es aconsejable hacerlo dos veces al día. El niño empezará a utilizar el cepillo tan pronto como pueda mantener la boca abierta. El empleo correcto de un cepillo dental de cerdas *suaves* elimina de forma adecuada la placa de todas las regiones excepto entre los dientes y los surcos y fisuras del esmalte.

P: *¿Y el hilo o seda dental?*

R: El niño debe pasarse hilo dental entre los dientes tan pronto como tenga dos o más dientes en la boca. El hilo dental sirve para prevenir la caries y la gingivitis (la inflamación de las encías) en los puntos que no puede alcanzar el cepillo de dientes. Puesto que el cepillo de dientes no puede alcanzar la superficie entre los dientes que están muy juntos o debajo de las encías, ni los surcos y fisuras profundos del esmalte, es necesario limpiar estas áreas con hilo o seda dental. Al principio, cuando su hijo sea todavía muy pequeño, pueden hacerlo los padres y a partir de los ocho años puede hacerlo él solo. Es aconsejable que su hijo se limpie con el hilo dental antes de acostarse y después de cepillarse los dientes.

P: *¿Cuándo considera que un niño debe empezar a cepillarse los dientes por sí solo?*

R: A medida que el niño se hace mayor, habitualmente deseará cepillarse los dientes sin ayuda. En este momento, es importante que los padres dejen que su hijo asuma un papel activo en el cuidado de su boca. Recomiendo que después de las comidas el padre o la madre aplique la pasta de dientes en el cepillo del diente y observe cómo se cepilla los dientes su hijo, asegurándose de que invierte la cantidad de tiempo suficiente para cepillarse *todos* los dientes.

Cuando el niño tiene ocho o nueve años, ya no necesita supervisión. No obstante, de vez en cuando es aconsejable que los padres lo observen mientras se cepilla los dientes para asegurarse de que su hijo invierte el tiempo suficiente para limpiar cada una de las superficies dentales.

P: *¿Debe utilizar un dentífrico con flúor mi hijo?*

R: Aunque es importante que su hijo ingiera una cantidad adecuada de flúor desde los seis meses, también es esencial asegurarse de que la ingesta de flúor no es excesiva. No es aconsejable que su hijo utilice pasta dentífrica fluorada hasta que tenga la edad suficiente para escupirla. Existen numerosas pastas dentífricas no fluoradas en el mercado. Una vez que el niño sea lo suficientemente mayor como para escupir la pasta, puede empezar a utilizar un dentífrico fluorado. El niño debe cepillarse los dientes como mínimo dos veces al día, después de desayunar y antes de acostarse. Por otra parte, un niño debe invertir más tiempo que un adulto en el cepillado de los dientes: aproximadamente dos minutos. Inmediatamente después de cepillarse, el niño debe enjuagarse la boca sin tragarse el dentífrico.

Salud dental

P: *¿Es peligroso el consumo de un exceso de flúor?*

R: Es importante que todos los niños ingieran las cantidades adecuadas de flúor en la dieta con la finalidad de desarrollar unos dientes resistentes a la caries, aunque el flúor debe proceder del agua de bebida o de suplementos a base de flúor, de modo que el niño ingiera la cantidad correcta de flúor. Si un niño ingiere cantidades excesivas de flúor, puede desarrollar manchas y malformaciones de los dientes. Por esta razón, un niño pequeño no debe utilizar pasta de dientes fluorada, ya que se corre el riesgo de que se la trague.

Su dentista determinará si su hijo necesita suplementos de flúor.

P: *¿Deben evitar los dulces los niños?*

R: Los dulces consumidos entre comidas muy a menudo tienen un efecto perjudicial sobre los dientes y las encías. Recuerde que muchos alimentos contienen hidratos de carbono fermentables en forma de azúcares o almidón. Los niños habitualmente no se cepillan los dientes después de tomar un tentempié o la merienda, y esto puede dar lugar a la formación de placa dental. Aunque no es necesario evitar por completo los dulces, es preferible que limite el consumo de dulces entre comidas. Si en ocasiones su hijo come dulces entre comidas, asegúrese de que se cepilla los dientes después de comer o como mínimo se enjuaga la boca con agua. Aunque no es tan eficaz como el cepillado de dientes y el hilo dental, el enjuague contribuirá a eliminar buena parte del depósito de azúcar de los dientes.

Consejos para deshabituar al niño del chupete

- En primer lugar, es necesario que evite una dependencia excesiva del chupete. Aunque el chupete puede consolar a su hijo durante los primeros meses de vida, trate de ayudarle a encontrar alguna forma de consolarse sin él.
- Si su hijo está «enganchado» al chupete, trate de reducir las ocasiones en que le permite tenerlo, por ejemplo, sólo a la hora de acostarse.

P: *He oído decir que las gomas de mascar sin azúcar pueden contribuir a prevenir la caries si se mastican entre comidas. ¿Cuál es su opinión?*

R: Las gomas de mascar sin azúcar son aconsejables entre comidas, ya que estimulan la producción de saliva, que puede servir para limpiar los dientes y neutralizar los ácidos causados por la placa. Las mejores gomas de mascar para luchar contra la placa dental contienen xilitol como edulcorante. Las gomas de mascar con xilitol parecen contribuir a reducir las tasas de caries más que cualquier otra goma de mascar.

P: *¿Qué más debemos conocer los padres sobre el desarrollo dental de nuestros hijos?*

R: Los chupetes y la succión del pulgar pueden causar problemas del desarrollo en los huesos de los niños. Recomiendo eliminar el chupete a los dieciocho meses. Posiblemente su hijo llorará durante una o dos noches, pero éste es un pequeno precio a pagar para mejorar la forma en que se desarrolla la mandíbula de su hijo.

Casi todos los niños se han succionado el pulgar en un momento u otro. Habitualmente es una conducta autolimitada cuando el niño se da cuenta de que otros niños de su edad no se succionan el pulgar. La mayoría de los niños dejan de hacerlo en torno a los cuatro años, cuando inician la etapa preescolar, debido a la presión de sus compañeros. Si la succión del pulgar continúa después de los cinco años, es aconsejable que consulte a su dentista, y de preferencia a un dentista pediátrico.

Otra consideración importante es que muchas enfermedades pueden aparecer en la boca y en las mandíbulas en la infancia. Aunque es verdad que la mayoría de estas enfermedades son muy poco frecuentes, también es cierto que algunas dolencias pueden tener consecuencias devastadoras. La mejor forma de descubrir un problema es visitar al dentista con regularidad.

CAPÍTULO OCHO

Higiene y seguridad de los alimentos

En este capítulo encontrará:
- *Higiene de los alimentos en pocas palabras*
- *Plaguicidas*
- *Alimentos de alto riesgo para los niños*
- *Enfermedades transmitidas por los alimentos*
- *Compra y almacenamiento de los alimentos*
- *Preparación de la comida*
- *Temperaturas de cocción*
- *Cocinar en microondas*
- *La cocción del marisco*
- *Huevos*
- *Cocinar sin peligro con la olla a presión*
- *Temperaturas para servir los alimentos*
- *Limpieza*
- *Seguridad de las tablas de cortar*
- *Unas palabras sobre las bacterias*
- *Asar los alimentos de forma segura*
- *Comer al aire libre*
- *Lo que debe saber sobre el plomo*
- *Otras sustancias químicas en los alimentos*

Aunque la provisión de alimentos en los países occidentales es muy fiable, como consumidores debemos asumir la responsabilidad para contribuir a garantizar una alimentación sin riesgos para nuestras familias. Y si tenemos hijos, es especialmente importante considerar los riesgos que pueden comportar los alimentos:

Cuanto más pequeño es el niño, menos desarrollado está su sistema inmunitario y mayor puede ser su reacción a las bacterias y virus transmitidos por los alimentos.

Los niños consumen más calorías de alimentos por kilo de peso corporal que los adultos. Los niños también consumen menos tipos de alimentos en un mayor volumen; por consiguiente, el riesgo de exposición a los plaguicidas a través de la dieta es mayor.

Debido a su menor peso corporal y a sus períodos de crecimiento rápido (los famosos estirones), los niños son más sensibles a las sustancias químicas en el medio ambiente, como el plomo y las sustancias que pueden alterar el sistema endocrino.

Higiene de los alimentos en pocas palabras

- Siga los consejos sobre higiene y seguridad de los alimentos que encontrará en este capítulo. Es especialmente importante que cocine los alimentos perecederos como la carne a una temperatura correcta y almacene los alimentos a una temperatura adecuada.

- Compruebe si en su casa es probable la presencia de plomo. El plomo se encuentra en las tuberías y soldaduras de las viviendas antiguas, en la pintura de plomo y en los utensilios de cerámica con esmaltes de plomo. Además, preste atención a las latas de conserva con soldaduras de plomo y al vino embotellado con tapones recubiertos de plomo. Recuerde que la contaminación aumenta cuando el alimento tiene una reacción ácida que facilita la disolución del metal. La intoxicación crónica por plomo en niños puede provocar alteraciones de la conducta y del rendimiento escolar.
- Asegúrese de que su hijo sigue una dieta variada, y consume abundante fruta y verdura. Es vital.
- Los alimentos que parecen contribuir a una mayor exposición a insecticidas para los niños son las manzanas, peras, melocotones, uva, naranjas, guisantes, patatas, y tomates. Siempre que le sea posible, compre productos procedentes de la agricultura biológica.
- Sea cuidadoso con la utilización de plásticos cuando cocine y almacene alimentos; algunas sustancias químicas de los plásticos pueden filtrarse en los alimentos. Asegúrese de que los envases que utiliza para el microondas son seguros para este modo de cocción. Para cubrir los alimentos en el microondas, utilice papel de cera o parafinado.
- Para almacenar o tapar alimentos ricos en grasas evite los envoltorios de plástico que contienen PVC, o cloruro de polivinilo.

Plaguicidas

En 1997, en Estados Unidos se detectó que varias marcas de alimentos infantiles contenían plaguicidas, a pesar de que los niveles eran inferiores a los estándares establecidos por el gobierno.

Los niños pueden ser más o menos sensibles a los plaguicidas que los adultos, lo que depende del plaguicida al que se han expuesto. Los niños consumen más calorías de alimento por unidad de peso corporal y mucha mayor cantidad de determinados alimentos, en especial alimentos procesados, que los adultos. Por desgracia, la información sobre los residuos de plaguicidas y sobre los efectos del procesamiento sobre la concentración de residuos es insuficiente por lo que se refiere a los alimentos consumidos por bebés y niños pequeños. Por desgracia, los plaguicidas son una realidad en nuestra sociedad. A continuación se ofrecen algunos consejos para evitar la exposición a los plaguicidas de los alimentos:

1. *Compre una gran variedad de fruta y verdura.* Esto limitará la exposición a los residuos en tipos específicos de un producto. NO REDUZCA el consumo de fruta y verdura de su familia por miedo a los pesticidas. El riesgo de enfermedades crónicas debido a un bajo consumo de estos alimentos es mucho mayor que el riesgo de los residuos de pesticidas sustanciales en los alimentos.

2. *Lave bien o pele los alimentos antes de su consumo.* Pelar las manzanas, melocotones y peras en especial puede reducir considerablemente los residuos de pesticidas. Lave los alimentos bajo el

chorro del agua y deseche las hojas externas de la lechuga y la col.

3. *Si es posible, cultive su propia fruta y verdura.* Esto no sólo protegerá a su familia de los pesticidas (por supuesto si no los usa) sino que brindará la oportunidad a su familia de consumir los alimentos más frescos y más nutrientes disponibles. Además el cultivo de un huerto constituye una agradable actividad familiar y le brindará la oportunidad de hablar sobre diversos aspectos de la nutrición con sus hijos.

4. *Compre productos orgánicos y alimentos procesados fabricados a partir de ingredientes orgánicos.*

5. *Compre los alimentos de temporada.* Por ejemplo, comprar un melón en pleno enero, significa que este melón debe haber sido importado, habitualmente de México o de Sudamérica y para el largo viaje que deben emprender estos alimentos, en general se les aplican grandes cantidades de plaguicidas para mantener los productos libres de insectos hasta que llegan a las tiendas de ultramarinos locales.

6. *Compre alimentos orgánicos para su bebé.*

7. *Tenga en cuenta que otros alimentos también contienen residuos de plaguicidas.* Por ejemplo, la carne de pollo, de ternera y el pescado, en especial las partes grasas, que además contienen otras sustancias químicas, por lo cual representa otra razón para no comer la grasa visible de la carne.

8. *Averigüe qué alimentos son los que contienen más plaguicidas.* (Véase la tabla.)

Los nueve alimentos más contaminados consumidos en abundancia por los niños

Los productos citados a continuación se mencionan en orden decreciente del alimento con más contaminación al alimento con menos contaminación.

Alimento	Alternativas con menor número de plaguicidas y con un contenido similar de nutrientes
Manzanas	Zumo de manzana o casi cualquier otra fruta (excepto las citadas a la izquierda)
	Plátanos, kiwi o casi cualquier otra fruta (excepto las citadas a la izquierda)
Peras	Melocotón en conserva o nectarinas, mandarinas, naranjas, sandía o cantalupo
Melocotones	Arándanos, plátanos, melón o casi cualquier otra fruta (excepto las citadas a la izquierda)
Uva	
Naranjas	Cantalupo, sandía, arándanos, frambuesas
Guisantes	Alubias, brócoli, lechuga
Judías verdes	Alubias, tirabeques, espárragos
	Nota: En conserva y congelados contienen más plaguicidas que frescos
Patatas	Maíz, brócoli, col
Tomates	Melón, col, kiwi, mango

Alimentos de alto riesgo para los niños

Recientemente la Unión de Consumidores Norteamericana, una organización sin fines de lucro que publica una *revista de información al consumidor*, ha llevado a cabo un estudio sobre los datos de residuos de plaguicidas. En este estudio se han examinado específicamente los patrones de ingesta de los niños, es decir, la cantidad y los tipos de alimentos que habitualmente ingieren los niños, para determinar los alimentos que contribuyen con más plaguicidas a una dieta media de un niño.

La Unión de Consumidores ha identificado nueve alimentos de alto consumo entre los niños con las mayores probabilidades de contribuir a la exposición a plaguicidas en este grupo de edad. Se citan en la tabla previa (en orden decreciente de la cantidad de plaguicidas) junto con alternativas de alimentos que contienen un menor número de plaguicidas pero con un contenido similar en nutrientes. Recuerde que no necesariamente ha de eliminar estos alimentos del menú de su hijo; sólo debe reducir los residuos de plaguicidas pelando la fruta o verdura o lavándola con una solución de jabón muy diluida.

No todo son malas noticias

Sin embargo, disponemos de un buen número de alimentos saludables cuyo contenido en residuos de plaguicidas es muy bajo (véase tabla). La Unión de Consumidores llegó a la conclusión de que las zanahorias, maíz, leche, y los diferentes tipos de carne, es decir los alimentos favoritos de los niños, contienen un menor número de residuos procedentes de los plaguicidas. Otros alimentos con un bajo contenido de plaguicidas son el zumo de naranja de lata y el bróculi y los melocotones en conserva.

Preguntas que quizá se plantee

P: *¿Y los alimentos que consumen los adultos?*

R: Cuando la Unión de Consumidores examinó simplemente la cantidad y tipos de plaguicidas utilizados, los peores productos fueron los melocotones frescos (tanto norteamericanos como importados); la col cultivada en Estados Unidos; las manzanas tanto nacionales como importadas, uva, espinacas y peras y las alubias cultivadas en Estados Unidos.

P: *¿Contienen los alimentos procesados menos plaguicidas que los frescos?*

R: En general sí. Las puntuaciones de toxicidad para el zumo de manzana, zumo de naranja y los melocotones en conserva son mucho más bajas que para las de la fruta fresca. Las espinacas en conserva o el maíz congelado y los guisantes en lata o congelados también obtienen puntuaciones bajas de toxicidad. Sin embargo, las alubias congeladas tienen una puntuación de toxicidad mayor que las alubias frescas.

Los doce alimentos menos contaminados
Citados en orden ascendente de menor a mayor contaminación
Aguacate
Maíz
Cebollas
Boniatos
Coliflor
Coles de Bruselas
Uva norteamericana
Plátanos
Ciruelas
Cebollas tiernas
Sandía
Bróculi
Fuente: Reimpresa con permiso del Environmental Working Group.

P: *Los alimentos orgánicos son muy caros; ¿es su compra la única forma de reducir la exposición a los plaguicidas?*

R: No, el lavado, pelado y la eliminación de las hojas externas reduce considerablemente los residuos de plaguicidas. También puede comprar los productos etiquetados como «sin residuos detectables» (o SRN). Estos alimentos no son orgánicos pero se cultivan de tal forma que no quedan residuos.

Enfermedades transmitidas por los alimentos

En Estados Unidos, por ejemplo, de acuerdo con las estimaciones del gobierno fallecen cada año unos nueve mil norteamericanos, tanto jóvenes como de edad avanzada, debido a las enfermedades transmitidas por los alimentos y muchos más millones contraen enfermedades. En nuestro país puede calcularse que cada año unas cuarenta mil personas padecen las consecuencias de una intoxicación alimentaria. ¿Es su cocina segura por lo que respecta a las bacterias y virus? Estos minúsculos microorganismos que no podemos ver pueden causar importantes trastornos de la salud, de modo que la prevención es la clave para protegernos frente a las enfermedades transmitidas por los alimentos como la salmonelosis, las infecciones por *Escherichia coli* y otros microbios. Para valorar el grado de higiene de su cocina conteste a las preguntas de la página siguiente.

Muchas enfermedades transmitidas por los alimentos se deben a las influencias del ser humano. Si tiene usted hijos, unos buenos hábitos de higiene alimentaria son todavía más importantes porque un niño tiene un sistemas inmunitario más inmaduro y tiene más posibilidades de verse afectado con más gravedad por una intoxicación alimentaria. Aunque los adultos pueden experimentar una enfermedad de carácter leve, en los niños este tipo de enfermedades puede ocasionar incluso la muerte. Por ejemplo, el Departamento de Agricultura Norteamericano calcula que entre trescientos

Preguntas sobre higiene y seguridad alimentaria

Conteste sí o no a las siguientes preguntas. Adjudíquese un punto por cada respuesta afirmativa.

1. ¿Compra los alimentos refrigerados y congelados en último lugar en la tienda de ultramarinos o supermercado, se dirige a su casa de inmediato y los guarda en primer lugar?
2. ¿Descongela las carnes congeladas en el frigorífico o en el microondas y no sobre la encimera?
3. ¿Guarda siempre los productos lácteos o ricos en proteínas en el frigorífico y no los deja nunca fuera del mismo durante más de treinta minutos?
4. ¿Mantiene siempre la temperatura del frigorífico entre 4 y 8 °C y los alimentos calientes, perecederos, a temperaturas superiores a 60 °C?
5. ¿Utiliza diferentes tablas para cortar la carne cruda, el marisco y las aves?
6. ¿Se lavan siempre las manos con agua y jabón todos los miembros de la familia antes de comer?
7. ¿Se lava usted siempre las manos después de cada visita al baño, después de ayudar a su hijo en el baño, después de cambiar un pañal, y después de sonar a su hijo o sonarse usted?
8. Cuando da de comer a su bebé, ¿le da la comida a partir de un plato y no directamente del tarro?
9. ¿Desecha la leche para bebé después de cuarenta y ocho horas de no usarla?
10. ¿Utiliza un termómetro de alimentos para asegurarse de que la carne, pescado y aves se han cocido a la temperatura correcta?
11. ¿Utiliza papel de cocina para secar el jugo que suelta el marisco, las aves y la carne cruda?
12. ¿Lava con regularidad los estropajos o paños de cocina que utiliza para limpiar la encimera?

¿Cuál es su puntuación?

Diez-doce: excelente, tiene usted una cocina muy limpia.
Seis-nueve: buena, pero podría estar algo más limpia.
Menos de seis: necesita una limpieza a fondo y unas mejores normas de higiene.

---

cincuenta mil y dos millones y medio de norteamericanos contraen enfermedades (y de ellos, trescientos cincuenta a dos mil quinientos fallecen) cada año después de ingerir carne de pollo y de ternera contaminada por salmonela (aproximadamente el 1 % de todo el ganado también está infectado).

Estas estimaciones son muy amplias porque la mayoría de los casos de intoxicaciones alimentarias nunca se declaran a las autoridades sanitarias, a pesar de que la mayoría son de declaración obligatoria.

Las principales intoxicaciones alimentarias son las debidas a los estafilococos, una bacteria que produce una toxina que es la responsable de la intoxicación, a la salmonela, la más popular, y a *Clostridium botulinum*, que produce una toxina causante de las intoxicaciones.

Siga los siguientes consejos para que toda su familia goce de buena salud:

Compra y almacenamiento de los alimentos

Atención a la temperatura

- Para reducir el tiempo que los alimentos perecederos fríos y congelados permanecen a temperatura ambiente, cómprelos en último lugar.
- Si ha de utilizar marisco, carne o pollo en un plazo de dos días, almacénelos en la parte más fría del frigorífico, que suele ser la situada inmediatamente encima de los cajones de verdura. De lo contrario, congélelos.
- Mantenga la temperatura de su frigorífico entre 3 y 4 °C y la de su congelador a –17 °C. Compre un termómetro para el frigorífico y el congelador y controle con regularidad las temperaturas de ambos electrodomésticos.
- Limpie con regularidad el interior de su frigorífico utilizando una solución de lejía muy diluida.
- Ponga en el frigorífico los alimentos que ha cocinado al cabo de dos horas (o una hora cuando hace calor). Cuando tenga que refrigerar grandes cantidades de comida, divídalas en pequeños contenedores para que se enfríen más rápidamente. Las sobras de la comida sólo pueden conservarse unos tres días.
- Si compra marisco fresco, como langosta, cangrejo, ostras, almejas y mejillones, deseche los que tengan el caparazón agrietado o roto.

En caso de duda, ¡a la basura!

Recuerde que en caso de duda, es mejor desechar un alimento que intoxicarse.

En la siguiente tabla se proporcionan los límites de tiempo para el almacenamiento seguro de la mayoría de los alimentos en el frigorífico y en el congelador. Sin embargo, ¿qué hay que hacer con un alimento que usted ha olvidado por completo y ha permanecido mucho tiempo en el frigorífico?

- Nunca pruebe un alimento que tiene un aspecto u olor extraño para comprobar si todavía es apto para el consumo. Es preferible tirarlo.
- ¿Está enmohecido? El moho solamente es la punta del iceberg. Los tóxicos que pueden formar los mohos se encuentran debajo de la superficie del alimento. En ocasiones tratamos de «salvar» el queso o el embutido enmohecido al igual que la fruta y verdura cortando la parte llena de moho. Sin embargo, es preferible desechar un alimento que se ha enmohecido, ya que el moho (un hongo) prolifera destruyendo el alimento y abriendo una puerta de entrada a las bacterias.

Preparación de la comida

- Antes y después de manipular cualquier alimento crudo, es indispensable que se lave las manos cuidadosamente con agua y jabón.
- Descongele siempre el marisco, la carne y las aves en el frigorífico.
- Utilice siempre el frigorífico para descongelar los alimentos. Para mantener la calidad de los alimentos, déjelos en el frigorífico durante toda la noche. Para descongelar los alimentos

¿Cuánto tiempo se conserva?

Producto	Frigorífico (4 °C)	Congelador (−17 °C)
Huevos		
Frescos, con cáscara	3 semanas	No congelar
Duros	1 semana	No se congelan bien
Yemas y claras crudas	2 a 4 días	1 año
Alimentos al vacío (p. ej., jamón de York)	2 semanas, sin abrir	No se congelan bien
Jamón en conserva	6 a 9 meses	No congelar
Lonchas de jamón en dulce	3 o 4 días	1 o 2 meses
Platos preparados: Cerdo relleno y cordero, pechuga de pollo	3 a 5 días	6 a 9 meses
Huevos rellenos, ensaladas de atún, pollo y macarrones ya preparados	3 a 5 días	No se congelan bien
Panceta	7 días	1 mes
Salchichas crudas de cerdo, ternera, pollo	1 o 2 días	1 o 2 meses
Costillas de cordero	3 a 5 días	6 a 9 meses
Chuletas de cerdo	3 a 5 días	4 a 6 meses
Carne picada de pavo, cerdo, y cordero (y mezclas)	1 o 2 días	3 o 4 meses
Hamburguesas y carne estofada	1 o 2 días	3 o 4 meses
Perritos calientes		
Sin abrir	1 semana	
Abiertos	2 semanas	
Carne asada, buey	3 a 5 días	6 a 12 meses
Carne asada, cordero	3 a 5 días	6 a 9 meses
Carne asada, cerdo y ternera	3 a 5 días	4 a 6 meses
Bistecs, buey	3 a 5 días	6 a 12 meses
Lengua, seso, riñones, hígado, corazón	1 o 2 días	3 o 4 meses
Aves (pollo o pavo)		
Entero	1 o 2 días	1 año
A cuartos	1 o 2 días	9 meses
Guisos de carne	3 o 4 días	2 o 3 meses
Guisos de pollo	3 o 4 días	4 a 6 meses
Pollo frito	3 o 4 días	4 meses
Salsa y caldo de carne	1 o 2 días	2 o 3 meses
Trozos de carne con salsa	1 o 2 días	6 meses
Otros		
Mayonesa, comercial (refrigerada después de abrirla)	2 meses	No congelarla

Fuente: Partnership for Food Safety Education.

más rápidamente, extráigalos de su envase original, introdúzcalos en una bolsa de plástico y sumérjala en agua caliente, cambiando el agua cada treinta minutos. Los alimentos congelados se descongelan a una velocidad de aproximadamente 400 g por 30 minutos.
- Descongele los alimentos frescos en el microondas sólo cuando los vaya a cocinar inmediatamente.
- Para descongelar los alimentos en el microondas, ponga el alimento en el plato giratorio para garantizar una descongelación uniforme, ajuste intervalos de tiempo de tres a cinco minutos a potencia baja (ciento cincuenta vatios). Deje reposar cinco minutos el alimento dentro del horno y, así sucesivamente hasta su total descongelación. De este modo, evitará que empiecen a cocerse los extremos del alimento.
- Para los platos precocinados:
  – Descongele durante tres a cinco minutos a potencia baja para iniciar la descongelación. Deje reposar durante cinco minutos y luego, caliente el tiempo necesario a potencia máxima (setecientos vatios). Acto seguido, deje reposar el plato para que el calor se reparta uniformemente antes de servir.
  – Con una mayor cantidad o peso, precisará más tiempo para descongelar los alimentos.
  – Separe los pedazos de carne y de ave tan pronto como estén lo suficientemente blandos.
  – Mientras esté descongelando cubra los alimentos con papel de estaño para facilitar una distribución uniforme del calor.
- Si ha de marinar algún alimento, hágalo en el frigorífico y no sobre la encimera. Después de utilizarla, deseche la marinada porque contiene jugos crudos que pueden albergar bacterias. Si desea utilizar la marinada como salsa, reserve una parte antes de añadir el alimento crudo o haga hervir la marinada.
- Preste atención a la contaminación cruzada. No deje que los alimentos cocidos estén en contacto con productos crudos. Utilice tablas de cortar separadas y utensilios diferentes o entre usos lávelos con agua muy caliente.

Temperaturas de cocción

Advertencia: si la carne de ternera y buey y la de ave se manipulan incorrectamente cuando están crudas, su consumo puede ser peligroso incluso después de una cocción correcta.

El buey debe cocinarse a una temperatura interna de 70 °C. En opinión del Departamento de Agricultura Norteamericano, es muy importante utilizar un termómetro para comprobar la cocción de la carne. Los resultados de las investigaciones indican que la carne puede dorarse prematuramente antes de haber alcanzado una temperatura interna segura. Por esta razón, el color exclusivo de la carne no se considera un indicador fidedigno de una cocción adecuada de la misma. Si come fuera, jamás pida carne muy poco cocida.

Cocinar en microondas

¿Qué sería de nosotros sin nuestros microondas para descongelar y cocinar? Si utiliza un microondas, es preciso que conozca algunas de sus peculiaridades:

- Nunca cocine parcialmente los alimentos en el microondas a menos que planifique consumirlo todo de inmediato. La cocción parcial permite el crecimiento de las bacterias perjudiciales. Cuando descongele carne, preste mucha atención porque es muy fácil que la carne empiece a cocerse, una vez esté completamente descongelada.
- Cuando descongele carne en el microondas y los pedazos no sean iguales, ponga los más gruesos en la periferia del plato del microondas y los más finos en el centro.
- Asegúrese de que los alimentos se cuecen o descongelan de manera uniforme cubriendo los alimentos con un plástico o papel de estraza y utilizando el plato giratorio. Cuando descongele trozos diferentes de alimentos como pollo o bistecs, interrumpa la descongelación tan pronto como estén lo suficientemente blandos.
- Cuando recaliente sobras de alimentos, cuézalas con el microondas hasta que estén muy calientes.
- Habitualmente las recetas para el microondas recomiendan tiempos «fijos». Es importante seguir estas recomendaciones porque el alimento continúa cociendo durante el tiempo fijo. Después de haber completado el tiempo, con un termómetro de carne compruebe la temperatura del alimento en varios puntos para asegurarse de que ha alcanzando la temperatura de cocción adecuada.

Temperaturas internas sin riesgos

- Aves enteras y muslos de pollo y pavo: 82 °C
- Pechugas de pollo: 77 °C
- Pollo o pavo picado: 74 °C
- Buey estofado: 74 °C
- Cerdo: 71 °C
- La mayor parte del marisco: 74 °C durante 15 segundos

▼

La cocción del marisco

Algunos pescados y la mayor parte de los mariscos son de pequeño tamaño y puede ser difícil comprobar su temperatura cuando se están cocinando. Utilice los siguientes consejos para asegurarse de que el marisco está cocido:

- Para el pescado, pinche la carne con la punta de un cuchillo afilado. La carne del pescado debe tener un aspecto blanco y nunca sonrosado y al pincharla debe deshacerse ligeramente. Después de cocer el pescado con el microondas, déjelo reposar de tres a cuatro minutos dentro del horno.
- Para las gambas, langosta y vieiras, compruebe el color. Las gambas y la langosta se vuelven rojas y su carne, de un color opaco nacarado. Las vieiras una vez cocidas tienen un color blanco lechoso u opaco.
- Para las almejas, mejillones y ostras, ábralas por el punto en el cual se abre su caparazón. Esto significa que están cocidos. Deseche los que permanezcan cerrados porque significa que ya no estaban vivos antes de la cocción.

Huevos

- Antes de cocinar los huevos es preciso que lave bien la cáscara donde en general se alojan las bacterias.
- Cueza los huevos hasta que tanto la clara como la yema estén bien cuajados.
- No consuma huevos crudos o sirva alimentos con huevos crudos.
- Cueza los platos que contengan huevos hasta una temperatura interna de 71 °C.

Cocinar sin peligro con la olla a presión

- Lávese las manos antes y durante toda la preparación de la comida. La olla a presión ha de estar bien limpia al igual que los utensilios y las tablas de cortar los alimentos.
- Conserve refrigerados los alimentos perecederos hasta el momento de su preparación. La olla a presión puede requerir cierto tiempo para alcanzar una temperatura segura, que destruya las bacterias. La refrigeración constante garantiza que las bacterias, que se multiplican rápidamente a temperatura ambiente, no podrán proliferar durante los primeros momentos de la cocción.
- Descongele completamente la carne de ternera y pollo y córtela en trozos más pequeños para garantizar una cocción completa. No utilice la olla a presión para piezas de gran tamaño como un pollo entero o un redondo de ternera.
- Llene la olla a presión no más de dos tercios. Si la llena por encima de este punto, el calor puede no penetrar en todas las partes de los alimentos.
- No caliente alimentos cocidos o recaliente sobras en la olla a presión. La manipulación repetida puede introducir bacterias en los alimentos cocidos y la olla a presión no alcanza una temperatura alta con la suficiente rapidez como para impedir que estas bacterias se multipliquen.
- Cubra siempre los trozos de carne o pollo con líquidos. Los líquidos, además de mantener la carne y el pollo húmedo y tierno, son un buen conductor del calor.
- Destape la olla sólo cuando sea necesario para remover, ya que cada vez que destapa la olla a presión se escapan cantidades significativas de calor.

Fuente: Modificada de Slow Cooker Safety Fact Sheet, desarrollada por Susan Brewer, Extension Specialist Food and Nutrition, con el University of Illinois Cooperative Extension Service.

Temperaturas para servir los alimentos

- No deje los alimentos cocidos fuera del frigorífico durante más de dos horas.
- Si tiene que dejar fuera del frigorífico los alimentos durante un tiempo más prolongado, asegúrese de que mantiene los alimentos calientes a 60 °C o a una mayor temperatura y los alimentos fríos a 5 °C o menos.

Limpieza

Utilice papel de cocina o servilletas de papel para limpiar el jugo de la carne de pollo, ternera, cerdo y marisco y después limpie la superficie con un detergente antibacteriano o una solución de lejía.

Asegúrese de que todo lo que utiliza en la cocina está limpio. ¿Cuál es el objeto más sucio de su hogar? Probablemente el estropajo que utiliza para limpiar la cocina. En un estudio de la Universidad de Phoenix en Tucson se puso de manifiesto que dos tercios de los mil estropajos de cocina examinados en diversos puntos de Estados Unidos contenían bacterias como *Salmonella*, *E. coli*, *Campylobacter*, *Clostridium perfringens*, y *Staphylococcus*, que son las principales causas de las enfermedades transmitidas por los alimentos. Las personas a las que les gusta tener una cocina como los chorros del oro en realidad pueden empeorar el problema diseminando las bacterias presentes en un estropajo si utilizan el mismo para la limpieza de toda la cocina.

En otro estudio de la Universidad de Phoenix se puso de relieve que los lugares con el mayor número de bacterias eran el fregadero y el estropajo utilizado para la cocina. Chuck Gerba indicó que en algunos casos la taza del WC contenía menos bacterias que el fregadero de una cocina.

? Preguntas que quizá se plantee

P: ¿Y los estropajos antibacterias?

R: La investigación ha demostrado que los productos antibacterianos contenidos en estos estropajos reducen las bacterias *en el estropajo* en un 99,9 %. El doctor Michael Doyle, que formó parte del comité de la EPA que revisó estos estropajos, indica lo siguiente: «Las personas pueden tener una falsa sensación de seguridad de que si utilizan un estropajo antibacteriano, destruirán los microorganismos que entran en contacto con el mismo, pero no es así».

P: ¿Y los estropajos habituales? ¿Existe alguna forma de limpiarlos?

R: Antes se había recomendado limpiar los estropajos en el microondas o incluso en el lavavajillas. De acuerdo con Michael Doyle, «si calienta un estropajo húmedo en el microondas durante sesenta segundos, esto destruirá la mayor parte de las bacterias presentes, pero, con el tiempo, el estropajo se deteriora. El lavavajillas tiene que alcanzar los 75 °C para desinfectar un estropajo y aun así yo tampoco estaría muy seguro de que no contuviera gérmenes. Si desea seguir unas normas de higiene rigurosas, simplemente no utilice el estropajo para limpiar los jugos que suelta la carne cruda y en lugar de ello utilice papel de cocina. Si utiliza estropajos para la limpieza de la cocina, cámbielos a menudo (aproximadamente una

Higiene y seguridad de los alimentos

Las mejores soluciones de limpieza

Si desea una buena limpieza de su hogar, necesita una solución que sea antibacteriana. Sin embargo, no está claro que los detergentes antibacterianos, tan en boga, sean los más adecuados para nuestras manos, platos y encimeras. Stuart Levy, MD, del Tufts University Center for Adaptation Genetics and Drug Resistance, sugiere que los productos antibacterianos pueden contribuir a la resistencia a los antibióticos. En otras palabras, en lugar de destruir los gérmenes que hay en su encimera, los nuevos detergentes antibacterianos pueden afectar de tal modo a los gérmenes que den lugar a mutaciones volviéndose resistentes a los productos antibacterianos. Es preferible reservar los productos antimicrobianos para los momentos en que verdaderamente se necesitan, por ejemplo, cuando una persona más propensa a las enfermedades come en su casa[a].

La mejor solución para desinfectar puede ser la más simple y la de menor coste, es decir, una solución preparada a partir de la lejía. Conserve esta solución en una botella debidamente etiquetada y a prueba de niños. Los Centers for Disease Control recomiendan las siguientes recetas como soluciones desinfectantes:

- Solución desinfectante a base de lejía: 1 cucharada de lejía por litro de agua fría (para utilizar en el baño, en el área donde cambia los pañales de su hijo, etc.).
- Solución desinfectante más débil: 1 cucharada de lejía por 4 litros de agua fría (para la limpieza de los juguetes, de utensilios, etc.).

Fuente: ABC's of Safe and Healthy Child Care, CDC.

[a] Levy, S.B. Antimicrobial Resistance: bacteria on the defense, British Medical Journal, 1998; 317:612-613 (5 de septiembre) (Tufts University Health and Nutrition Letter, octubre de 1998, 16:8 (1-5)).

---

vez a la semana). Desinfecte los estropajos introduciéndolos durante toda una noche en una solución de agua y lejía (1 cucharadita de lejía por litro de agua).

Seguridad de las tablas de cortar

La Mead and Poultry Hotline recomienda que los consumidores utilicen superficies de plástico o de vidrio para cortar la carne cruda y el pollo crudo. Sin embargo, también son aceptables las tablas de cortar que son de madera si se utilizan exclusivamente para cortar la carne cruda. Con independencia de la que utilice, asegúrese de usar una tabla diferente para cortar otros alimentos, como hortalizas y pan, y preste atención a las siguientes medidas de seguridad:

- Lave las tablas de cortar con agua caliente, jabón, y utilice un cepillo para eliminar las partículas de alimentos.
- Desinfecte las tablas de cortar tanto de madera como de plástico ya sea introduciéndolas en el lavavajillas o lavándolas con una solución de 1 cucharadita de lejía por litro de agua. Moje cuidadosamente la superficie de la tabla con la solución y déjela actuar durante varios minutos, después enjuáguela y déjela secar al aire o séquela con papel de cocina.
- Reemplace las tablas de cortar cuando estén muy estropeadas. Incluso las tablas de cortar de plástico se estropean con el tiempo. Una vez que las tablas de cortar estén excesiva-

mente gastadas o desarrollen surcos difíciles de limpiar, deben ser desechadas.

Unas palabras sobre las bacterias

Recuerde que en condiciones de calor y humedad suficientes las bacterias penetran en los alimentos y si estos alimentos son ingeridos, las bacterias seguirán reproduciéndose en su organismo. Normalmente las bacterias se reproducen más fácilmente y mejor en los huevos, carne, leche, y pescado, ya que la mayoría de las bacterias prefieren los alimentos que no son ácidos. La mayor parte de las bacterias necesitan humedad para reproducirse, y los platos que usted prepara suelen tener la humedad suficiente. Por esta razón, cuanto menos tiempo transcurre entre la preparación del plato y su consumo, mucho mejor.

- Los alimentos perecederos deben conservarse en recipientes poco hondos y cubiertos.
- La toxina del estafilococo se encuentra en productos alimentarios que después no se cuecen o son calentados insuficientemente como pasteles, flanes, natillas, ensaladas y aliños para ensalada y emparedados.
- La salmonela se transmite a través de alimentos crudos como huevos (sobre todo si están agrietados), la carne y productos cárnicos, aves (sobre todo pollo y pavo a la parrilla). Las salmonelosis en general se deben a la cocción incompleta de los alimentos, por lo que es muy importante que con un termómetro compruebe la temperatura al cocer los alimentos, en especial la carne de ave.
- Otra importante intoxicación alimentaria es el botulismo, causado por *Clostridium perfringens*, que produce una toxina causante de la enfermedad. La toxina se produce en alimentos elaborados inadecuadamente (p. ej., durante la preparación de conservas), en especial los alimentos con un bajo contenido ácido. La toxina se destruye por ebullición, pero la refrigeración corriente a unos 4 °C no evita la producción de toxina. Por esta razón, cuando utilice alimentos en conserva, es preciso que los haga hervir durante tres minutos, revolviéndolos cuidadosamente antes de servirlos. Las latas o tapas abolladas pueden ser debidas a este microorganismo y su contenido no se debe consumir ni siquiera probar.

Asar los alimentos de forma segura

Las delicias del verano... Las comidas al aire libre y el sublime olor de la carne que se asa en la barbacoa. Sin embargo, justo en el momento en que usted piensa que la vida es maravillosa, toda su familia puede estar corriendo un gran riesgo. Siga los consejos ofrecidos a continuación para asegurarse de que las comidas al aire libre de su familia no se arruinarán por una enfermedad transmitida por los alimentos:

- Descongele por completo la carne o el pollo antes de asarla para garantizar una cocción uniforme y completa.

- Si desea marinar la carne, pescado o pollo, hágalo en el frigorífico. No utilice la marinada que ha sobrado a menos que la hierva primero para destruir cualquier bacteria.
- No precocine la carne a menos que planifique asarla de inmediato. Para algunos alimentos como el pollo troceado, el precocinado en el microondas disminuye el tiempo de cocción. Sin embargo, si la carne es precocinada y refrigerada, cualquier bacteria que está todavía presente puede proliferar hasta niveles peligrosos.
- No considere que una carne está cocida solamente por su aspecto. El tiempo de cocción depende de muchos factores: del tipo de carne, de su tamaño y forma, del calor, de la temperatura del carbón o de la parrilla y del tiempo que hace. Dado que la carne asada frecuentemente se dora rápidamente, es importante que compruebe la temperatura interna para asegurarse de que ha alcanzado una temperatura segura:
  – Pollo entero: 82 °C.
  – Pechuga de pollo: 77 °C.
  – Hamburguesas: 72 °C.
  – Todo el cerdo: 71 °C.
  – Filete, costilla o asado de buey o ternera: 74 °C.
- Cuando recaliente alimentos y perritos calientes, ase los alimentos hasta 74 °C o hasta que estén muy calientes.
- Para mantener caliente la carne a la parrilla, póngala en la parte lateral de la misma y no directamente sobre el carbón. En casa, puede mantener la carne caliente en el horno encendido previamente a una temperatura de 90 °C o en un calientaplatos. Los alimentos cocinados deben mantenerse a una temperatura de 60 °C o incluso más calientes para impedir el crecimiento de las bacterias.
- Si compra comida para llevar (como pollo frito o carne para asar) que después calentará en la parrilla, pero no la comerá hasta al cabo de dos horas de picnic, cómprela con antelación y consérvela refrigerada antes de ponerla en la parrilla.
- Cuando saque la comida de la parrilla, no la ponga nunca en la misma fuente que contenía la carne cruda.
- Si hace una barbacoa fuera de casa, llévese trapos de cocina, toallitas húmedas y esponjas jabonosas para limpiar todas las superficies que usará. Asegúrese de llevarse suficientes utensilios y fuentes diferentes para manipular por separado la carne cruda y los alimentos cocidos.
- En verano (con temperaturas superiores a 30 °C) no deje nunca la comida al aire libre durante más de una hora.
- En su casa, almacene los restos de la comida en el frigorífico o en el congelador al cabo de dos horas de haber sacado los alimentos de la parrilla.
- Si las sobras de comida han permanecido fuera de la parrilla menos de una hora, puede transportarlos a su casa en una nevera portátil llena de hielo. Deseche cualquier sobra de comida que ha permanecido al aire libre más de dos horas (o una hora cuando hace calor y la temperatura es superior a 30 °C).

¿Comporta riesgo de cáncer asar los alimentos a la parrilla?

Algunos estudios han sugerido un riesgo de cáncer que podría estar relacionado con el consumo

Tiempos aproximados para asar los alimentos a la parrilla

Los tiempos de cocción varían según la temperatura del carbón, la distancia entre el alimento y el carbón, etcétera. Dado que la carne a menudo se dora rápidamente, utilice un termómetro para asegurarse de que los alimentos que asa a la barbacoa han alcanzado una temperatura interna segura.

Alimento	Tamaño	Tiempo de asado a la parilla	Temperatura interna (en °C)
Buey			
Bistecs	2 cm de grosor	3 o 4 minutos por lado	Al punto-poco hechos, 74 °C
Hamburguesas	1,5 cm de grosor	3 minutos por lado	Al punto, 71 °C
Brochetas	Cubos de 1 cm	3 o 4 minutos por lado	Entre 71 °C y 74 °C
Chuleta	1 ración	10 minutos por lado	Al punto, 74 °C
Cordero			
Costillas	1 cm de grosor	5 minutos por lado	Al punto, entre 71 °C y 74 °C
Carne picada	120 g, 1,5 cm de grosor	3 minutos por lado	Al punto, 74 °C
Cerdo			
Chuleta	2 cm de grosor	3 o 4 minutos por lado	Al punto, 74 °C
	4 cm de grosor	7 u 8 minutos por lado	Al punto, 74 °C
Solomillo	200 a 600 g	De 15 a 25 minutos en total	Al punto, 74 °C
Ternera			
Chuleta	2,5 cm de grosor	5 a 7 minutos por lado	Al punto, entre 71 °C y 74 °C
Pollo			
Pechuga con hueso	180 a 240 g	10 a 15 minutos por lado	77 °C
Pechuga deshuesada	120 g	6 a 8 minutos por lado	77 °C
Jamoncitos de pollo	120 a 240 g	10 a 15 minutos por lado	82 °C o hasta que estén tiernos y los jugos sean de color claro
Muslos de pollo	120 g		82 °C o hasta que estén tiernos y los jugos sean de color claro

Fuente: Food Safety and Inspection Service, USDA, Consumer Education and Information, mayo de 1997, «Grilling and Smoking food Safety».

de alimentos cocidos por técnicas de cocción con calor muy elevado como asar la carne a la parrilla, las frituras y en general todos los alimentos asados en la barbacoa. Según los hallazgos de las investigaciones actuales, el consumo de cantidades moderadas de carne, pescado y aves asados a la parrilla que se han cocido sin carbonizarse hasta alcanzar una temperatura adecuada no supone ningún problema. Para evitar que la carne se carbonice, previamente cuézala en el microondas para que se haga parcialmente y después póngala inmediatamente en la parrilla. Además, elimine la grasa visible que puede caer sobre las brasas y causar una llamarada.

Comer al aire libre

Planifíquelo de antemano
- Si tiene que viajar durante más de treinta minutos, transporte los alimentos perecederos en una nevera con hielo o en bolsas especiales de alimentos congelados y después envuelva la bolsa en papel de aluminio. También pueden actuar como bolsas de hielo las latas de fruta y las latas de compota de manzana congeladas.
- Transporte las bebidas en una nevera diferente para no abrir con demasiada frecuencia la nevera que contiene los alimentos perecederos.
- Prepare los bocadillos de antemano, envuélvalos individualmente e introdúzcalos en bolsas diferentes. Se conservan mejor los emparedados simples a base de queso, de carne y jamón. No congele productos como la mayonesa, la lechuga, y los tomates. Introdúzcalos en recipientes diferentes y añádalos a los bocadillos cuando llegue la hora de comer.
- Transporte la carne y el pollo crudos en recipientes diferentes de los alimentos cocidos y de los alimentos que se comerán crudos como la fruta y las hortalizas.
- Llévese alimentos sin riesgos como la fruta fresca o en conserva, hortalizas crudas, galletas saladas y galletas dulces.
- Acuérdese de llevar también una cantidad suficiente de agua embotellada, ya que siempre hay que suponer que el agua de un río no es apta para el consumo.
- Guarde la nevera en el interior del automóvil antes que en el maletero que puede estar más caliente.

En el lugar de la comida campestre
- Mantenga la nevera en un lugar donde haya sombra.
- Cubra la nevera con una manta, toalla o lona preferentemente de color claro.
- En la playa, entierre parcialmente la nevera en la arena, cúbrala con una toalla y protéjala del sol con una sombrilla.
- Para limpiarse las manos utilice toallitas desechables.

Lo que debe saber sobre el plomo

A pesar de que no consumimos plomo de una manera consciente, lo ingerimos de manera habitual a partir del agua de beber o del plomo utilizado para fabricar los utensilios de cocina. Entre las fuentes de dosis elevadas de plomo se incluyen la ingestión de briznas de pintura con pigmento de plomo, la contaminación de comidas y bebidas ácidas (fruta, zumos de fruta, bebidas a base de cola, tomates, zumo de tomate, vino, sidra) por almacenamiento en loza de cerámica inadecuadamente vidriada con plomo, quemar madera pintada con plomo en las chimeneas caseras, la ingestión de remedios populares que contienen compuestos de plomo, objetos como la loza de cerámica vidriada con plomo, y la inhalación de los humos de gasolina con plomo. Las mujeres embarazadas y los niños corren un mayor riesgo de experimentar problemas ocasionados por la exposición al plomo debido a una mayor absorción. En las mujeres embarazadas la exposición al plomo puede provocar un aumento de las tasas de aborto y en los niños efectos como discapacidades del aprendizaje, lesiones cerebrales, hiperactividad, hipertensión arterial y enfermedades del riñón.

No obstante, con la eliminación del plomo en la gasolina, envases de alimentos y pinturas, los principales productos que depositan plomo en el entorno de los niños, empieza a disminuir el riesgo de exposición al plomo y los niveles detectados en sangre se reducen.

Otras sustancias químicas en los alimentos

¿Está incorporando a sus alimentos una pizca de plástico?

Los investigadores han descubierto que algunos plásticos contienen aditivos químicos que pueden pasar a los alimentos durante el almacenamiento y la cocción.

Estas sustancias químicas podrían actuar como «disruptores endocrinos». Los disruptores endocrinos pueden filtrarse a los alimentos cuando éstos entran en contacto con algunos plásticos o envoltorios de plástico y los recipientes de poliestireno. Dado que los aditivos en general pueden disolverse en la grasa, tienden a desplazarse más libremente por los alimentos ricos en grasas.

Los investigadores no están todavía seguros de los efectos de los disruptores endocrinos en el ser humano, aunque sospechan que podrían afectar el desarrollo del sistema reproductor; las funciones del tiroides, la función inmunitaria y la cognición y el riesgo de cáncer de mama y de testículos. Además, los científicos temen que los disruptores endocrinos puedan producir sus efectos más perjudiciales durante los períodos de crecimiento rápido: el período prenatal, los primeros meses de vida, la primera infancia, y la pubertad.

Los disruptores endocrinos pueden producir una amplia variedad de efectos sobre el crecimiento y el desarrollo, según indica Deborah Wallace PhD, que forma parte de la Unión de Consumidores que recientemente estudió la presencia de disruptores endocrinos en los envoltorios y recipientes de plástico. Los niños pequeños son más vulnerables que los adultos a los efectos de estos disruptores endocrinos porque todavía están creciendo y se encuentran en pleno desarrollo. Sus tejidos son sensibles a las señales hormonales durante los cambios del desarrollo. «Algunos disruptores endocrinos mimetizan las hormonas, produciendo falsos signos fisiológicos, mientras que otros pueden impedir la acción de las hormonas naturales. Incluso dosis muy bajas de disruptores endocrinos en períodos especialmente vulnerables del desarrollo pueden dar lugar a anomalías. En los niños expuestos a los disruptores endocrinos medioambientales se han evidenciado problemas como una disminución del cociente intelectual, trastornos por déficit de atención y anomalías del sistema inmunitario», según explica Deborah Wallace, que también es una investigadora del Columbia University Center for Children's Environmental Health.

Las pruebas en animales han demostrado que los disruptores endocrinos medioambientales pueden ser responsables de las alteraciones de los sistemas reproductores de los animales, y alteraciones de las patas de las ranas. En la actualidad numerosas organizaciones están evaluando los efectos de estos disruptores endocrinos para determinar las medidas que se pueden tomar. Aunque la investigación en esta área todavía está empezando, puede tomar algunas medidas para limitar la exposición de su familia a los potenciales disruptores endocrinos de los alimentos:

- *Compra:* Los quesos en lonjas en envoltorios individuales son una buena elección. En el caso de otros quesos es preferible su compra al corte y si se venden envueltos en plástico, es aconsejable retirar el envoltorio antes de introducirlos en el frigorífico. Es preferible retirar de su envase los alimentos que se venden en bandejas de plástico o de porexpán.
- *Conservación:* No conserve los alimentos ricos en grasa como quesos, embutidos, pasteles y carne en un envoltorio de plástico. Es mejor almacenarlos en bolsas o en recipientes de vidrio o de plástico especial para el microondas. Los recipientes de plástico fabricados con polietileno y polipropileno se consideran libres de potenciales disruptores endocrinos.
- *Para cocinar:* Utilice papel parafinado o un envoltorio plástico a base de polietileno para tapar los alimentos que cuece en el microondas, dejando dos centímetros y medio entre el alimento y el envoltorio. Para cocinar o recalentar la comida en el microondas utilice recipientes de vidrio, vitrocerámica, porcelana al fuego o barro cocido esmaltado.

Otras sustancias químicas medioambientales en los alimentos

Como se ha mencionado previamente, los niños son más sensibles a los efectos de las sustancias químicas debido a su menor superficie corporal y a su rápido crecimiento. Además de los consejos mencionados previamente, los consejos ofrecidos a continuación completan este capítulo:

- Evitar el pescado procedente de aguas contaminadas. Si es usted aficionado a la pesca, siga las recomendaciones de su localidad con respecto a la contaminación de ríos, lagos, etcétera.
- Evite el consumo de la grasa visible de la carne, ya que las sustancias químicas tienden a acumularse en la misma.
- Y por último, siga una dieta lo más variada posible.

Segunda parte

La alimentación de su hijo

CAPÍTULO NUEVE

Lactancia natural y alimentación con biberón

En este capítulo encontrará:
- *Reflejo perioral y reflejo de succión*
- *Signos de que el bebé está saciado*
- *Otros detalles sobre la alimentación del bebé*
- *El crecimiento del bebé*
- *Alimentación al pecho*
- *Alimentación con biberón*
- *Crecimiento y desarrollo de su hijo en relación con la alimentación*
- *Dormir toda la noche de un tirón*

Este capítulo responde a preguntas como:
- *¿Cómo puedo saber si mi bebé tiene hambre antes de que llore?*
- *¿Cuántas veces al día tengo que dar de comer a mi hijo?*
- *¿Qué fórmula para bebé debo utilizar?*
- *Mi bebé sufre cólicos, y estoy agotada. ¿Qué puedo hacer?*
- *¿Cuánto tiempo puedo conservar la leche materna en el frigorífico?*
- *¿Cuáles son los signos de la alergia a la leche de vaca?*
- *¿Cuándo debo empezar la introducción de los cereales?*

Este capítulo se dedica a los bebés nacidos con un peso normal y que gozan de buena salud. Si su bebé ha nacido prematuramente o tiene algún problema médico, su médico o pediatra puede proporcionarle unas directrices algo diferentes para su caso.

¡Felicidades!, son ustedes los padres de un nuevo niño. Durante las primeras semanas, seguramente en más de una ocasión desearán que su bebé hubiera llegado con instrucciones de su alimentación bajo el brazo. Este capítulo les ayudará a comprender los aspectos más importantes de la alimentación de su bebé.

Durante la primera semana más o menos, el bebé puede llorar, en ocasiones durante horas y horas. Recuerde que el llanto es la única forma que tiene su hijo de comunicar sus necesidades. En general, el llanto de un bebé significa una o más de las siguientes cosas:

- Desea que le acunen.
- Está cansado.
- Está aburrido.
- Necesita que le cambien el pañal.
- Está sobreestimulado.
- Siente dolor o está enfermo.
- Tiene hambre, y probablemente hace rato que tiene hambre.

A medida que pasa el tiempo, los padres llegan a convertirse en unos verdaderos expertos por lo que se refiere al llanto de

109

su hijo y a lo que significa. Los padres no deben dar por sentado que cuando su hijo llora siempre tiene hambre, ya que esta suposición puede hacerlos propensos a sobrealimentar a su hijo, lo que no le hará ningún bien y puede fomentar más tarde la obesidad. El llanto es un signo tardío de hambre. Es preciso que alimente a su hijo antes de que éste llore. Los siguientes signos son indicaciones precoces de hambre:

- Movimientos de los ojos.
- Movimientos de los labios y abertura y cierre de la boca.
- Acción mano a boca.
- Reflejo perioral.

Reflejo perioral y reflejo de succión

Los bebés nacen con el denominado reflejo perioral o del hociqueo. Cuando se da un golpecito en la mejilla o en los labios del bebé, el bebé se gira hacia el objeto que lo ha tocado, de modo que su boca se pone en contacto con el mismo. Si el estímulo es una fuente de alimento, ya sea el pecho materno o un biberón, y el niño está hambriento, se cogerá al pecho o a la tetina del biberón y empezará a succionar. Si su bebé no está hambriento no manifestará el reflejo del hociqueo ni el de succión.

Signos de que el bebé está saciado

Los bebés tienen formas diferentes de expresar a su madre que ya no tienen hambre. Pueden soltar el pezón o empezar a jugar con él o simplemente morderlo. O pueden ir succionando gradualmente menos cantidad de leche o quedarse dormidos. Es misión de la madre sintonizar con las sensaciones de su hijo para descubrir cuándo está saciado.

Con independencia de que alimente a su bebé al pecho o con biberón, ha de saber que su bebé es el «patrón» de sus hábitos alimentarios. Por difícil que sea de aceptar, a la larga le hará la vida mucho más fácil. Su bebé es responsable de su alimentación porque es el único que sabe si tiene hambre. Puesto que todos los bebés son diferentes, necesitan ser alimentados a intervalos diferentes, que pueden cambiar de un día a otro.

Por ejemplo, consideremos el caso de un bebé que siempre se muestra activo o «agitado». Este tipo de bebé puede necesitar ser alimentado cada hora o cada hora y media, mientras que un bebé más tranquilo puede ser alimentado cada tres horas y media. Ninguna de las dos pautas de alimentación es correcta o incorrecta. El momento adecuado es el momento en que su bebé necesita comer.

En general los bebés que son alimentados al pecho comen más a menudo que los bebés alimentados al biberón porque la leche materna es más baja en grasas. Durante un período de varias semanas, treinta minutos después de haberle dado el pecho, mi hijo Robert deseaba comer nuevamente. Debo admitir que para mí era frustrante tener que pasarme el día alimentándolo, pero me adapté a sus necesidades y esta maratón de alimentación en realidad no duró mucho. Y hasta la fecha, Robert, que en la actualidad tiene cuatro años, es definitivamente el patrón de su alimentación. A veces desea repetir de un plato pero, cuando está lleno, deja de comer.

Es importante que se deje llevar por la corriente y alimente a su hijo cuando «se lo pida» e interrumpa la alimentación cuando su bebé exprese que está saciado. De ningún modo trate de que su bebé ingiera un número de gramos determinados o coma durante un número específico de minutos. Obligar a un bebé a comer cuando ha dejado de tener hambre puede interferir en su propia regulación del apetito. Los niños nacen con una capacidad para comer cuando sienten hambre y dejar de hacerlo cuando se sienten saciados. Sin embargo, muchos adultos no comen porque tengan apetito, ya que se les ha «enseñado» a pasar por alto sus propias sensaciones de hambre y saciedad. Esto puede deberse a que los padres o personas que cuidaban de ellos les obligaban a acabarse todo lo que tenían en el plato. Unos buenos hábitos de alimentación se inician en la primera infancia.

Nota: Si su bebé se deja guiar por su propio apetito pero no parece comer bien, es preciso que consulte a su pediatra.

Otros detalles sobre la alimentación del bebé

El eructo

Con independencia de que alimente a su hijo al pecho o con biberón, conviene que el bebé eructe durante la toma de alimento, sobre todo si es un bebé muy tragón. La frecuencia de los eructos depende de la cantidad de aire que ingiere el bebé y de si es un niño que tiene tendencia a acumular gases. En general, los niños que son alimentados al peso eructan después de haber terminado la tetada de un pecho. Es conveniente que los bebés alimentados con fórmulas infantiles o leche materna en biberón eructen después de aproximadamente cada 30 g de leche. A medida que el bebé crece y su sistema gastrointestinal madura, el eructo se reducirá gradualmente.

Para conseguir que su bebé eructe, manténgalo con la cabeza apoyada sobre su hombro y hágale un masaje circular, suave en la espalda o déle golpecitos en los hombros hasta que el bebé expulse el aire. También puede tumbarlo baca abajo sobre su regazo al mismo tiempo que le sostiene la cabeza y frota suavemente su espalda.

El destete

La mayoría de los médicos y pediatras recomiendan el destete de un bebé al año de edad. Este consejo, al igual que la mayor parte de los consejos referentes a los bebés, puede no surtir efecto para todos los bebés. En ocasiones el mejor momento para el destete es de los nueve a los once meses. Si su bebé deja de tomar el pecho antes de los nueve meses, es preferible que a partir de esta fecha lo alimente con biberón. Si interrumpe la lactancia natural después de los nueve meses, puede probar dándole de beber la leche en una taza o vasito. Si su bebé la rechaza o parece tener dificultades para beber de la taza, es preferible reanudar el biberón.

Las bocanadas y pequeños vómitos

Todos los bebés expulsan un poco de leche de vez en cuando. En ocasiones los bebés parecen expulsar todo el biberón. Las pequeñas regurgitaciones de leche tienen diversas causas: es posible que el bebé haya tragado demasiado aire, y cuando lo expulsa, también expulsa la leche; o quizás ha bebido más de lo que deseaba. No obstante, las expulsiones de leche muy frecuentes, los vómitos denominados en proyectil o los cólicos continuos pueden ser un signo de un problema médico o de alergia y es preciso que consulte a su pediatra.

▼

El crecimiento del bebé

En el capítulo cuatro se ha descrito de una manera general el crecimiento del bebé. Sin embargo, algunos aspectos se aplican solamente a los primeros meses de vida.

- Durante los primeros días después de nacer, el bebé perderá un 10 % de su peso al nacer, pero debe recuperar el peso en la visita al pediatra efectuada a las dos semanas.

- Después de las dos semanas de vida, se considera que un aumento normal de peso normal fluctúa entre 120 y 210 g por semana.
- Los bebés crecen muy rápidamente durante el primer año, con un depósito de una gran cantidad de grasa corporal. Además, los bebés desarrollan un abdomen prominente. Esto es normal y no debe ser causa de preocupación ni de restricción de la ingesta de alimentos del bebé.
- Los gráficos de crecimiento son útiles pero en ocasiones se abusa de los mismos. El gráfico de crecimiento ayuda al pediatra a detectar si en el bebé se está produciendo alguna tendencia negativa en su crecimiento. Por ejemplo, si su hijo ha crecido hasta el percentil 15 durante meses y después su desarrollo parece disminuir hasta el percentil 10, es necesaria una evaluación por parte del pediatra. Un gráfico de crecimiento nunca debe utilizarse como una especie de hoja de objetivos en la que su bebé debe acomodarse a una curva de crecimiento al azar, como el percentil 15.
- Los bebés alimentados al pecho son más delgados que los bebés alimentados con biberón. Los bebés alimentados al pecho parecen crecer menos rápidamente que los bebés alimentados con biberón hasta los dieciocho meses. Esto no ha de suponer una causa de preocupación o un motivo para administrar suplementos de la alimentación a base de fórmula infantil o la introducción precoz de los alimentos sólidos. Esta diferencia en la composición corporal puede ser un beneficio a largo plazo, quizá con una menor posibilidad de padecer obesidad cuando el bebé sea adulto.

- Con la introducción precoz de los alimentos sólidos (antes de los cuatro meses) no logrará que su hijo duerma toda la noche de un tirón y puede causarle alergias alimentarias a largo plazo o problemas respiratorios como el asma.

En el resto de este capítulo se prestará atención a los dos modos de alimentación del bebé: la lactancia materna y la alimentación con biberón, así como a los factores que se aplican a ambos métodos.

Alimentación al pecho

La leche materna es la mejor fuente de nutrición para su bebé. Es el modelo a partir del cual se fabrican las leches para bebé o fórmulas infantiles. La leche materna es un «líquido de vida» que contiene sustancias activas muy importantes para la salud actual y futura de su bebé. A diferencia de la leche pasteurizada que beben los adultos y que se utiliza en la fabricación de las fórmulas artificiales para bebé, la leche materna cambia constantemente para satisfacer las necesidades del bebé. Incluso durante una tetada, la composición de la leche es distinta entre la fase inicial y final de la misma. La leche que se secreta al principio (la leche inicial) es baja en grasa y la leche secretada al final (la leche tardía) es más rica en grasas, lo que contribuye a la sensación de saciedad de su hijo. Naturalmente, la lactancia materna también brinda una maravillosa oportunidad de estrechar los lazos de afecto entre madre e hijo.

A corto plazo, los bebés alimentados al pecho son más sanos que los alimentados con fórmula para bebé. Por ejemplo, en diversos estudios se ha demostrado que los bebés alimentados al pecho padecen un menor número de infecciones del oído, infecciones respiratorias, infecciones de las vías urinarias y gastroenteritis. Desde un punto de vista del desarrollo, diversas pruebas demuestran que los niños que fueron alimentados al pecho obtienen mayores puntuaciones del cociente intelectual que los que fueron alimentados con biberón. Se cree que esto se debe a las grasas contenidas en la leche materna que no se añaden a las fórmulas infantiles fabricadas en la mayoría de los países occidentales. Estas grasas son esenciales para el cerebro en desarrollo. Puesto que el tejido cerebral continúa desarrollándose durante los primeros dos años de vida, este nutriente podría desempeñar un importante papel en el desarrollo cognitivo del bebé. Los beneficios sanitarios a largo plazo que confiere la alimentación al pecho continúan a medida que su bebé crece convirtiéndose en un niño y después en un adulto. La alimentación al pecho podría relacionarse con una disminución del riesgo de padecer la enfermedad de Crohn, diabetes insulinodependiente y cáncer linfático.

La alimentación al pecho también confiere beneficios para la salud de la madre: una disminución del riesgo de osteoporosis, de cáncer de mama premenopáusico y de cáncer de otros órganos reproductores. Los beneficios económicos incluyen por supuesto la no necesidad de comprar leche, menos absentismo laboral debido a enfermedades del bebé y un menor número de gastos de asistencia sanitaria, como visitas al médico y prescripciones de medicamentos.

Éxito de la lactancia materna

El éxito de la lactancia materna depende de la madre y del apoyo que tenga ésta de todo su entorno. La alimentación al pecho debe iniciarse en la primera hora después del parto, si su hijo está alerta. Para empezar usted puede necesitar ayuda. Solicite consejos a un médico o enfermera en el hospital.

Aunque la alimentación al pecho es un hecho natural, es útil conocer algunos factores básicos antes de empezar.

La ayuda de los demás

Aunque se sienta preparada para empezar a alimentar a su hijo, es conveniente que hable de la lactancia materna con alguna persona experta. Si se siente apoyada es mucho más probable que la alimentación al pecho sea un éxito. Durante el embarazo conviene que hable de la alimentación al pecho con su pareja, que pida consejos a su médico y al futuro pediatra de su hijo. Además puede leer el abundante material publicado sobre lactancia materna.

En el hospital, manifieste con claridad que desea dar el pecho a su bebé y que no desea que el personal hospitalario le administre biberones. Si su médico considera la necesidad de suplementos, hable con un experto en lactación para desarrollar un plan de alimentación sin tener que usar el biberón.

Cómo debe poner el bebé al pecho: no dude en pedir ayuda

Probablemente el factor más importante para una lactancia materna satisfactoria es una colocación correcta de su bebé de modo que su hijo pueda cogerse al pecho. Si los nervios presentes en el pezón (localizados debajo de la areola) no están lo suficientemente estimulados, y no se comprimen los conductos galactóforos, es posible que la madre no produzca la cantidad suficiente de leche. Por otra parte, una ligera diferencia en la posición de su bebé puede suponer una diferencia considerable en el dolor que siente en el pezón. Lo sé muy bien porque lo he sufrido. El dolor que experimenté no se debía a la lactancia en sí sino a la mala posición de mi bebé.

Una vez se ha establecido la lactación, a lo largo del día puede ir cambiando de posición para alimentar a su bebé; por ejemplo, puede administrarle la primera tetada mientras está acostada, la siguiente en una mecedora y la siguiente en el sofá, utilizando almohadas.

Colocación del bebé

Para que cualquier posición funcione mejor, acerque la cabeza y la boca del bebé al pezón (al contrario de acercar el pecho y el pezón al bebé). Asegúrese de que la boca de su hijo abarca la mayor parte posible de la areola (es decir, la piel más oscura alrededor del pezón). El cuerpo del bebé debe estar frente al de su madre, y siempre que resulte posible los brazos del bebé deberían colocarse alrededor del pecho de la madre y no entre el bebé y el pecho. Si da el pecho a su bebé sin vestirlo, solamente con el pañal contribuirá a que su hijo se mantenga alerta y también le ayudará a usted a comprobar su posición. Puede colocar a su bebé de varias formas:

La posición de acunamiento o de Madonna

Es la posición más frecuente para la alimentación al pecho.

- En primer lugar, la madre debe sentirse cómoda. Siéntese en una silla cómoda (utilice una banqueta para los pies si es usted baja) o acomódese en la cama con varias almohadas.
- Apoye la cabeza del bebé en su antebrazo, haciendo frente directamente al pecho. El cuerpo del bebé debe estar frente al suyo. No deje nunca que la cabeza y el cuerpo de su bebé miren hacia arriba, ya que al niño le resultaría más difícil tragar. La espalda de su bebé debe estar apoyada por su brazo y con su mano debe sostenerle las nalgas. Sostenga al bebé a nivel del pecho y no lo incline hacia delante.
- Mueva a su hijo y no su pecho para obtener un buen alineamiento. Es posible que tenga que utilizar una almohada en su regazo que le ayudará a apoyar al bebé.
- Con el pezón hágale cosquillas en los labios, y espere que abra la boca. (Un truco: si usted abre la boca, es posible que el bebé intente imitarla y también la abra.)
- Cuando tenga la boca abierta, tire rápidamente del bebé hasta su pecho de modo que la barbilla toque el pecho en primer lugar.
- El labio inferior debe estar tan alejado como sea posible de la base del pezón y ha de poder ver una parte de la areola sobre el labio superior. Si el niño no está bien colocado, retírelo y vuelva a empezar.
- Es muy importante que las encías del bebé se encuentren más o menos a un centímetro por detrás de la unión del pezón y la areola para que la lactancia sea cómoda. Vaya alternando la posición para evitar la tensión sobre la areola si los labios de su hijo ejercen presión en una sola zona.
- Si le han hecho una cesárea, puede dar el pecho a su hijo en esta posición pero acostada en la cama y utilizando varias almohadas. Para proteger la herida, y los puntos de sutura, utilice una almohada aplicada en su regazo y acueste a su hijo sobre la misma.

Posición de cuna transversa

En esta posición el bebé se mantiene en el regazo, al igual que en la posición de cuna, pero en el brazo contrario al del pecho utilizado en la tetada.

- Coloque el cuerpo de su bebé a lo largo de su antebrazo, siempre girado hacia usted y con la cabeza y el cuello apoyados por su mano más que en la flexura del codo. Por ejemplo, cuando la cabeza del bebé está delante de su pecho derecho, su brazo y mano izquierdos están apoyando su cabeza.
- Utilice la otra mano para apoyar el pecho y ayudar a la posición y contribuir a que su bebé se coja al pecho. Algunas madres consideran más difícil mantener al bebé lo suficientemente cerca del pecho en esta postura.
- Con independencia de la postura que utilice, recuerde siempre que el bebé debe cogerse al pecho correctamente. Su barbilla debe estar muy cerca, y una parte de la areola debe poder verse por encima de su labio superior.

Posición de abrazo estrecho o postura del futbolista

Algunas madres que han dado a luz por cesárea prefieren esta posición. Es una buena postura para bebés prematuros, para madres con una subida de la leche muy activa (el reflejo de eyección de la leche) y para ayudar a un bebé soñoliento a estar más alerta, así como para alentar al bebé a abrir más la boca. También es una buena postura para dar el pecho simultáneamente a gemelos.

- Sosteniendo el cuello y la cabeza del bebé en la palma de la mano, coja el cuerpo del bebé bajo su brazo de modo que tanto el cuerpo como las piernas permanezcan tendidos lateralmente y hacia atrás. Los pies del bebé deben estar muy cerca de su espalda.
- Haga cosquillas en sus labios y tan pronto como el bebé abra la boca, tire de él hasta el pecho, asegurándose de que la barbilla toca el pecho en primer lugar.

Dar el pecho acostada en la cama

Muchas madres que han dado a luz por cesárea se sienten más cómodas, o consideran más sencillo dar el pecho acostadas en la cama. Sin embargo, para evitar la posibilidad de asfixia, esta postura a menudo se reserva para los bebés que tienen un mejor control de la cabeza y del cuello.

- Túmbese de lado y acuéstese con el bebé delante del pecho.
- Siga los mismos pasos que con la postura anterior, pero coloque al bebé de lado y frente a usted. Puede colocar una almohada detrás del bebé para ayudarle a mantener la posición. Puede apoyar la cabeza del bebé en su brazo o en la cama, lo que le resulte más cómodo.
- Apoye su cuerpo en varias almohadas, lo que también contribuirá a que se sienta más cómoda.

Frecuencia de las tetadas o de las tomas de biberones

La pregunta que una madre siempre se plantea es: ¿cuántas veces al día tengo que dar el pecho o el biberón a mi hijo? No hay una sola respuesta para esta pregunta. En mi opinión, la respuesta debe ser «siempre que el bebé lo desee».

Durante las primeras semanas, el bebé deseará ser alimentado muy a menudo. Esto también contribuye a establecer la lactación. Cuanto más a menudo mama, más abundante será la producción de leche. Cuando el bebé tiene entre siete y diez días de vida, podrá observar que mama más a menudo pero que sus pechos están blandos. Esto es normal y no constituye un signo de que su producción de leche se esté agotando. Siempre que su bebé manifieste signos de una ingesta adecuada (véase más adelante) y esté ganando peso, puede estar tranquila de que está ingiriendo la cantidad de leche suficiente.

Signos de que el bebé está bebiendo la cantidad suficiente de leche

- Mama o toma el biberón como mínimo entre ocho y doce veces en un período de veinticuatro horas.
- Moja seis o más pañales al día.
- Hace como mínimo cuatro deposiciones al día.

- Después de los cinco días de vida, aumenta entre 20 y 30 g al día.
- No ha perdido más del 7 % de su peso al nacer.
- Si su aumento de peso es más lento, pero el bebé manifiesta una actividad y excreción (pipí y caca) adecuadas, es posible que la técnica de lactancia precise una adaptación, pero *no* suplementos.

Si su bebé no muestra uno o más de los signos citados previamente, póngase en contacto con el pediatra.

Escuche a su bebé mientras se alimenta

Apague la radio o el televisor y escuche la melódica succión y deglución de su hijo mientras lo alimenta. Si puede oír cómo su bebé traga la leche, éste es un signo de que está tomando la cantidad suficiente de leche. Antes de la subida de la leche, debe ser capaz de oír una deglución audible, un ruido de *caj-caj*, aproximadamente cada cinco a siete veces cuando succiona. Después de la subida de la leche, debe oír cómo su hijo traga aproximadamente cada una a tres succiones.

Calostro: la primera leche «mágica»

Los primeros días después de haber dado a luz a su hijo, sus pechos producen un tipo especial de leche que se denomina calostro. Es más líquida que la leche y de color amarillento. El calostro se produce específicamente durante el último trimestre del embarazo y los primeros días de vida del bebe y, a continuación, entre el día diez y el día catorce cambia de características y se denomina «leche madura». El calostro contiene importantes anticuerpos o inmunoglobulinas que ayudan a su bebé a luchar contra las enfermedades.

Problemas

A continuación se mencionan algunos problemas que pueden surgir durante la lactancia, aunque no necesariamente los experimentará.

Sensibilidad del pezón

Aunque puede necesitar cierto tiempo para acostumbrarse a la lactancia, y puede notar una sensación de malestar en los pezones, no debe sentir dolor, ni notar grietas o hemorragias. Esta sensación de malestar se debe a la presión ejercida por los labios de su hijo pero suele remitir al cabo de una a dos semanas.

Grietas del pezón

Si observa la presencia de grietas, siente mucho dolor o sus pezones sangran, preste atención a la posición de su bebé cuando lo amamanta o cómo su bebé se coge al pezón.

- Su bebé tiene que estar frente a usted y su boca tiene que estar bien abierta cuando se coge al pezón. Su lengua debe cubrir la línea de la encía inferior para proteger el pecho de la madre de una posible abrasión.
- La mayor parte de la areola debe estar dentro de la boca del bebé. Los labios y la lengua deben estar lo suficientemente altos en la areola para comprimir los reservorios de leche

que estimulan la subida de la misma. Recuerde que la secreción de leche es un reflejo que requiere entre tres y cinco minutos para iniciarse.

Algunos consejos para facilitar la lactancia

- Dé el pecho a su hijo más a menudo pero durante períodos más breves de tiempo (p. ej., unos diez minutos) de modo que su hijo sienta hambre y succione más enérgicamente.
- Si nota que un pezón es más doloroso que el otro, inicie la tetada con el pezón menos doloroso. Cuando su bebé mame del segundo pecho, lo hará menos enérgicamente.
- Cambie de postura en cada tetada.
- Después de amamantar a su hijo séquese bien la leche y deje secar los pezones al aire. No utilice jabón porque fomenta la sequedad cutánea. Puede utilizar lanolina pura al cien por cien que contribuye a prevenir la sequedad de los pezones, las abrasiones menores y las grietas. También puede consultar a su médico que le prescribirá una crema apropiada.
- No utilice jabón o alcohol para limpiarse los pechos, ya que pueden causar una mayor sequedad e irritación. No se frote el área del pezón y la areola, ya que esto puede aumentar la irritación.
- Utilice protectores para el pecho para impedir que el sujetador o la ropa roce los pezones.

Obstrucción de los conductos galactóforos

Sus pechos tienen una red de conductos, los llamados conductos galactóforos, similares a la red de tubos en un acondicionador de aire que transportan el aire frío a todas las habitaciones

---

Dieta durante la alimentación al pecho

Durante la lactancia materna necesita comer más que cuando estaba embarazada. La mayoría de las mujeres que dan el pecho necesitan entre 2.000 y 2.400 calorías al día, lo que depende de su grado de actividad. Es necesario que siga una dieta muy variada, incluyendo todos los grupos de alimentos. La siguiente lista suma 2.400 calorías. Recuerde que puede necesitar algo menos:

12 raciones de féculas, legumbres o de cereales (pasta, sémola, lentejas, garbanzos, patatas, arroz)

4 raciones de fruta

4 raciones de verdura

210 g de proteínas

4 o 5 raciones de productos lácteos o de alimentos ricos en calcio

5 raciones de grasa

Fuente: Bridget Swinney, Eating Expectantly. Minnetonka: Meadowbrook Press, 1996.

---

de una casa. Si un conducto se obstruye, circula una mayor cantidad de aire por los otros conductos y aumenta la temperatura de la habitación donde el conducto está obstruido. Si por alguna razón, no puede vaciar por completo el pecho, la leche puede acumularse formándose inflamaciones dolorosas que obstruyen los conductos. Si se descubre a tiempo, este proceso puede remediarse fácilmente. Aplíquese calor húmedo y hagáse masajes en el pecho antes de amamantar al niño, lo que facilitará el drenaje de los conductos; asegúrese de darle el pecho en diferentes posturas, vaciando bien los pechos.

Infección de los conductos galactóforos obstruidos (mastitis)

Cuando los conductos obstruidos se infectan, puede producirse una enfermedad denominada mastitis. La mastitis produce síntomas parecidos a los de la gripe, con dolor intenso y fiebre superior a 39,5 °C. La madre puede experimentar dolor en uno o ambos pechos, y asimismo el pecho aparece enrojecido y se percibe una inflamación. Las compresas calientes y una lactancia frecuente en diferentes posturas pueden ser de ayuda. Su médico puede prescribirle un antibiótico, habitualmente uno que no se elimine a través de la leche. Continúe amamantando al bebé, haga reposo y beba líquidos en abundancia. Su infección mamaria pronto se resolverá.

Calambres

Los calambres (o retortijones) son normales a medida que se expulsan los productos del embarazo. Además, debido a las hormonas liberadas durante la lactancia, los primeros días de amamantar a su hijo puede experimentar una cierta sensación de calambres. Cuantos más hijos haya tenido, más intensos serán los calambres. Aunque puede no considerarlos beneficiosos, en realidad lo son, ya que estos calambres contribuyen a que el útero recupere su estado previo al embarazo.

Ingurgitación

Con la subida de la leche, los pechos pueden inflamarse o ingurgitarse. Si ha dado el pecho muy a menudo al bebé, es posible que no note dicha ingurgitación. Si la observa, una lactancia frecuente contribuirá a resolver el problema; si a pesar de todo empeora, la extracción de la leche con un sacaleches o una bomba entre tetadas y la aplicación de compresas calientes aliviarán la ingurgitación. Una ducha de agua bien caliente antes de amamantar al niño le ayudará a aliviar el dolor, al igual que la aplicación de compresas frías después de darle el pecho.

Algunas enfermeras también recomiendan la aplicación de hojas de col para el alivio del dolor y la sensación de ardor que provoca la ingurgitación de los pechos. Sólo necesitará las hojas más externas de la col que habitualmente se desechan. Lávelas bien, póngalas en remojo con agua fría y después escurra bien el agua. Aplíquese las hojas en el pecho durante varios minutos.

La confusión con el pezón

Una tetina o un chupete de goma es muy diferente de un pezón humano, y los bebés lo succionan de manera muy distinta. Sin embargo, un bebé puede sentirse confundido si utiliza una tetina o un chupete de goma demasiado temprano durante el período de la lactancia, por lo que después tendrá más dificultades para darle el pecho. Siempre que pueda, evite la utilización del chupete, ya que además de la posibilidad de interferir en la lactancia, en un estudio el uso del chupete se ha relacionado con una disminución del cociente intelectual. De todos modos, si su hijo empieza a chuparse el dedo, es aconsejable que trate de sustituir este hábito por el empleo de un chupete que es más fácil de retirar. El chupete *nunca* debe colgar del cuello del niño por el riesgo de estrangulamiento. Si durante las primeras semanas debe administrar a su bebé suplementos de fórmula infantil o agua, adminístreselos con un cuentagotas, o con un sistema que consiste en un pequeño biberón de plástico provisto de un tubo fino alrededor del cuello de la madre. El biberón se llena con fórmula, agua o leche materna (si está disponible). El sistema de tubos conduce el suplemento desde el biberón hasta el área del pezón-areola de la madre. Cuando el bebé mama, el sistema de tubos se localiza sobre el pezón y permite que la alimentación suplementaria llegue al recién nacido. Esto contribuye a continuar con el adiestramiento del bebé, sostenido en los brazos de su madre en una posición como la del amamantamiento al mismo tiempo que estimula la glándula mamaria para la producción de leche.

Reanudación de la actividad laboral

Para muchas mujeres la decisión de volver al trabajo después de haber tenido un hijo es el factor más importante en la elección de si desean amamantarlo o no. No obstante, las empresas y medios laborales apoyan cada vez más la lactancia materna. Diversos estudios han demostrado que la lactancia materna no sólo contribuye a la felicidad y productividad de las trabajadoras sino que también mejora el balance final:

- Las madres que amamantan a sus hijos solicitan menos días de permiso por enfermedades de sus hijos porque los bebés alimentados al pecho contraen menos enfermedades que los bebés alimentados con biberón.
- Una madre que trabaja puede encontrar más fácil la transición hasta la reanudación de la actividad laboral, ya que sabe que, mientras trabaja, su cuerpo está produciendo leche que es saludable para su bebé.

Para adaptar la lactancia a su horario de trabajo, debe planificarlo de antemano, incluso antes de que su bebé nazca. A continuación se ofrecen algunos consejos:

Durante el embarazo

Hable con su superior sobre el permiso de maternidad y la fecha de reanudación de su actividad laboral. Si es posible trabaje con un permiso de maternidad ampliado, con un horario a tiempo parcial o con un horario flexible. Su bebé, su salud y su trabajo se beneficiarán de la lactancia. Las madres que amamantan a sus hijos faltan menos días al trabajo porque sus hijos están más sanos. Sus superiores han de comprender que la lactancia no les robará tiempo del trabajo. De hecho, si utiliza un sacaleches o bomba manual o eléctrica, puede vaciar la leche de ambos pechos en un período de diez a quince minutos. Si utiliza el sacaleches tres veces al día, puede hacerlo en cuarenta y cinco minutos o menos. Es necesario que encuentre un lugar adecuado para la extracción de la leche en su lugar de trabajo. Algunas grandes compañías disponen de una habitación reservada para ello, pero también puede improvisar y utilizar una sala de descanso. El departamento de recursos humanos puede ayudarla. Si utiliza una bomba eléctrica, asegúrese de que en la habitación que planifica realizar la extracción de la leche está disponible un enchufe.

Antes de reanudar la actividad laboral

Una semana o dos antes de reanudar la actividad laboral, debe empezar a extraerse la leche en su casa. La extracción de la leche después de haber dado el pecho a su bebé le ayudará a mantener la producción de leche y a acostumbrarse a extraerla. Cuando su hijo tenga entre cuatro y cinco semanas, también debe empezar a administrarle biberones.

El regreso al trabajo
Volver al trabajo a mitad de la semana facilita la transición. Dé el pecho a su hijo una vez antes de irse al trabajo por la mañana, de nuevo cuando regrese a casa del trabajo, y por último antes de acostarse.

Cuando se extraiga la leche en el lugar de trabajo, trate de relajarse y pensar en su bebé y de este modo la extracción será más sencilla.

Durante el fin de semana amamante exclusivamente a su bebé para mantener la producción de leche.

Los cólicos

La sola mención de la palabra cólico nos hace pensar en historias de terror. Los cólicos o el llanto persistente y no explicado de un bebé someten a un estrés considerable a toda la familia. Suele producirse aproximadamente en un 10 a un 30 % de bebés. Los cólicos en general se inician entre los tres días y las tres semanas después del nacimiento. Como norma general, este tipo de llanto dura más de tres horas y se produce más de tres días a la semana.

Los cólicos a menudo se presentan por la noche y suelen desaparecer a los cuatro meses de edad. Las causas de los cólicos pueden incluir una intolerancia o alergia a las proteínas de la leche de vaca, una intolerancia a la lactosa, hiperperistaltismo intestinal, una inmadurez neurohormonal, la ansiedad materna, y el estrés de la familia. Dado que estas dos últimas causas también se producen debido a los cólicos, puede crearse un círculo vicioso.

Medidas útiles para un bebé con cólico
Dado que las causas exactas de los cólicos son desconocidas, numerosos remedios pueden o no ser satisfactorios. Algunos bebés parecen encontrar alivio cuando se les acuna, cuando se anda con ellos, con el ruido continuo del televisor encendido o el ruido de un grifo abierto y una bolsa de agua caliente aplicada sobre el abdomen. Los remedios que contienen simeticona pueden ser útiles pero es aconsejable que lo consulte al pediatra. Los masajes del bebé, los dispositivos para mover la cuna y los sonidos grabados a partir del útero materno parecen tranquilizar a algunos bebés. También hay padres que llevan a dar a su hijo un paseo en coche, o utilizan otros métodos poco convencionales para aliviar el cólico de su bebé. Los momentos desesperados requieren medidas desesperadas.

Si nada de todo esto parece surtir efecto, es posible que su bebé padezca una alergia alimentaria. El bebé de unos padres alérgicos o que padecen enfermedades relacionadas con la alergia como la fiebre del heno, eccemas o asma, corre un mayor riesgo de padecer alergias alimentarias. El responsable más probable es la leche y los productos lácteos de la dieta de la madre. Trate de evitar todos los productos lácteos incluyendo la leche, crema de leche, queso, yogur, margarina, y mantequilla. Compruebe las etiquetas de los alimentos preparados para asegurarse de que no contienen ninguno de estos productos, así como caseína, caseinato, trigo, lactalbúmina, caseinato sódico, lactosa, crema, y caseinato cálcico. La proteína de la leche en la leche materna se produce en mayores cantidades a las cuatro a seis horas después de que una mujer que da el pecho a su hijo consume un producto lácteo. Si el pediatra determina que su bebé es alérgico a las proteínas de la leche de vaca, será necesario que evite los productos lácteos. Una vez que su bebé tenga unos pocos meses de vida, podrá ser capaz de tolerar algún tipo de proteína de leche de vaca de su dieta. Hable con su médico para tratar de resolver esta situación.

Si en este momento es necesario suplementar la alimentación de su bebé con una fórmula infantil, su médico probablemente le recomendará una fórmula a base de leche de soja o una fórmula hipoalergénica como las fórmulas con hidrolizado de proteínas de tipo Nutramigen, Alimentum y Neocate. Aunque las fórmulas a base de proteínas de soja sin lactosa son mucho más económicas que las fórmulas hipoalergénicas, aproximadamente un 25 % de bebés con alergia a las proteínas de la leche de vaca también son alérgicos a las proteínas de la soja.

Si la leche no es la responsable de los cólicos de su bebé, trate de revisar otros factores dietéticos. Existen otros alimentos consumidos por la madre que se asocian con los cólicos del bebé. Éstos son las verduras crucíferas, es decir, la col, brócuil y coliflor, las cebollas y el chocolate.

Trate de sustituir sus alimentos favoritos por una dieta muy básica para averiguar qué es lo que causa los cólicos de su hijo. Es posible que otras personas le sugieran que lo alimente con biberón. No obstante, si se toma la molestia de averiguar cuál es el alimento que no tolera su hijo, podrá ahorrarle muchos problemas a largo plazo con las enfermedades relacionadas con las alergias como el asma, los eccemas y la fiebre del heno en especial si su familia es propensa a las alergias. Retrasando la exposición a las proteínas de la leche de vaca a través de la lactancia natural, prevendrá estas enfermedades y al mismo tiempo conferirá a su bebé todos los beneficios de la leche materna. No abandone.

Después de probar todas las medidas posibles, de cambiar de dieta y de administrarle gotas de simeticona, muchas familias llegan a la conclusión de que el único culpable de los cólicos es la inmadurez del sistema gastrointestinal del bebé. Probablemente el bebé superará sus cólicos por sí solo al cabo de unos pocos meses.

Preguntas que quizá se plantee

P: *Las deposiciones de mi hijo tienen un aspecto muy extraño, ¿es normal?*

R: Los bebés alimentados al pecho tienen tendencia a hacer las deposiciones blandas y amarillentas, que recuerdan a la mostaza. Debo admitir que su aspecto es extraño hasta que uno se acostumbra a verlas.

P: *Mis pechos son muy pequeños; ¿tendré la cantidad suficiente de leche?*

R: El tamaño del pecho no tiene nada que ver con la producción de la leche. No tendrá ningún problema para amamantar a su hijo y ¡no se olvide de la ventaja de tener unos pechos más grandes mientras amamanta a su hijo!

P: *Tengo que volver al trabajo dentro de seis semanas. ¿Merece la pena que amamante a mi bebé durante un período tan corto de tiempo?*

R: Por supuesto. Las mujeres que dan el pecho a sus hijos, incluso durante seis semanas, les transfieren anticuerpos muy valiosos porque contribuyen a protegerlos de las enfermedades. Dado que los bebés alimentados al pecho contraen enfermedades menos a menudo, también faltará menos días al trabajo y hará menos visitas al pediatra.

Muchas mujeres continúan dando el pecho a sus hijos mientras trabajan. Algunas mujeres pueden extraerse la leche en el lugar de trabajo, mientras que otras dan el pecho a su hijo cuando regresan del trabajo y lo alimentan con biberón el resto del tiempo. Naturalmente cuanto mayor sea la cantidad de leche materna que tome su hijo, mucho mejor. Revise las diversas opciones disponibles por lo que respecta a solicitar un horario de trabajo reducido, un horario flexible, alquilar una bomba eléctrica para la extracción de la leche o buscar una guardería que esté cerca de su trabajo para poder dar el pecho a su hijo a la hora de comer.

P: *Soy poco comedora. A pesar de ello, ¿puedo dar el pecho a mi hijo?*

R: Sí, pero es preciso que tome un suplemento de vitaminas para cubrir los déficit nutricionales de su dieta y trate de mejorarla todo lo posible.

P: *¿He de administrar agua a mi bebé?*

R: No. La única razón por la cual debe administrarse agua a un bebé que es alimentado al pecho es un tiempo muy caluroso o húmedo.

Suplementos de vitaminas para el bebé

Además de los nutrientes mencionados a continuación, la leche materna proporciona a su bebé todos los nutrientes que necesita.

Vitamina D

Obtenemos la mayor parte de la vitamina D que necesitamos a partir de la radiación solar. Si su bebé pasa menos de treinta minutos al aire libre a la semana vestido exlusivamente con el pañal o menos de dos horas al aire libre pero completamente vestido o si usted vive en un clima con muy poca radiación solar en los meses de invierno, es probable que su bebé necesite un suplemento de vitamina D de 400 UI al día. Consúltelo a su pediatra.

Vitamina B_{12}

Si es usted vegetariana estricta y no toma suplementos de vitamina B_{12}, su hijo necesita unos 0,3 a 0,5 µg al día.

Flúor

Si el agua de la localidad donde usted vive no está fluorada, su bebé requerirá un suplemento de flúor de 0,25 mg diarios después de los seis meses. Consúltelo a su pediatra.

Hierro

A medida que su bebé inicie la alimentación con sólidos aproximadamente a los seis meses, debe administrarle cereales ricos en hierro y galletas que favorecen la dentición.

Suplementos de vitaminas para las madres

Las madres que amamantan a su hijo continúan produciendo leche de buena calidad durante los días en que su dieta es insuficiente. Sin embargo, tenga en cuenta que si su dieta es carencial la mayoría del tiempo, sus reservas de nutrientes serán utilizadas para la producción de una leche rica en nutrientes para su bebé. Por esta razón, hable con su médico que probablemente le aconsejará un suplemento de multivitaminas y minerales.

Extracción de la leche

Si ha reemprendido su actividad laboral o simplemente desea tener tiempo libre para usted, conviene que se extraiga la leche y la almacene para su utilización posterior. La leche puede extraerse de varias formas: manualmente, con una bomba manual o con una bomba eléctrica. Si se extrae la leche con regularidad, es preferible utilizar una doble bomba eléctrica, ya que le permitirá la extracción simultánea de ambos pechos, aproximadamente en unos veinte minutos.

Conservación de la leche materna

Conserve la leche materna en un biberón de plástico, bolsas de plástico desechables o biberones de vidrio limpios. La ventaja de los biberones de plástico es que son irrompibles. Para su esterilización son adecuados los lavavajillas que alcanzan temperaturas de 80 °C.

La leche materna puede conservarse en el frigorífico (a 3 °C) durante 24 a 48 y en el congelador hasta 3 meses. No almacene la leche materna en la puerta del frigorífico sino en la parte inferior, en el lugar más frío. Si tiene un congelador de cuatro estrellas, puede conservar la leche hasta seis meses. Sin embargo, es preferible que administre la leche a su bebé poco tiempo después de su extracción. Dado que la composición de la leche materna cambia durante la lactancia, la leche del primer mes no satisfacerá a un bebé de seis meses como la leche que usted está produciendo en ese momento. Asegúrese de colocar una etiqueta en el biberón con la fecha en la que se ha extraído la leche (o una etiqueta del tipo «utilizar en la fecha...») y con el nombre si la leche materna se administrará en una guardería.

Descongelación de la leche materna

Puede descongelar la leche materna en el frigorífico o mantener el biberón en agua templada durante diez minutos. No debe descongelarla a temperatura ambiente o en el microondas. Tampoco es recomendable hervirla. Dado que la leche materna se corta durante la congelación, antes de utilizarla, es preciso que la agite. Una vez que se ha calentado a temperatura ambiente, debe utilizarse de inmediato o desecharse.

Alimentación con biberón

¿Qué marca de leche para bebé es más aconsejable para mi hijo?

En general todas las fórmulas infantiles son muy parecidas en el sentido de que tratan de imitar la composición de la leche materna. De vez en cuando, se hace un nuevo descubrimiento con respecto a la leche materna, y las compañías que fabrican fórmulas lácteas artificiales para bebé tratan de ser las primeras en utilizarlo en sus leches. La lista que se proporciona a continuación le ayudará a orientarse entre las diferentes marcas de leches para bebé. Su médico o pediatra pueden ayudarla a decidir qué marca y tipo de leche es mejor para su hijo.

Tipos de fórmulas comerciales

- *Fórmulas con hierro.* Basadas en la leche de vaca modificada. Suministran un número de calorías equivalente a la leche materna. Si su bebé ha nacido a término y no corre ningún riesgo de alergias, es la fórmula más adecuada para él.
- *Fórmulas a base de soja.* Para los bebés con una alergia o intolerancia a las proteínas de la leche de vaca, los bebés con un déficit de lactasa y para las familias que deciden criar a sus hijos siguiendo una dieta vegetariana.
- *Fórmulas sin lactosa.* Para los bebés que pueden tolerar las proteínas de la leche pero no pueden digerir la lactosa o el azúcar de la leche.
- *Fórmulas de continuación.* Son las fórmulas para los bebés de cuatro meses que ya toman algunos alimentos sólidos. En realidad estas fórmulas no presentan ninguna ventaja sobre las fórmulas para bebé habituales.
- *Fórmulas con una cantidad baja en hierro.* No se recomiendan excepto para determinadas enfermedades muy poco frecuentes y en general las prescribe el pediatra.
- *Fórmulas especiales.* Estas fórmulas sólo se utilizan por consejo del médico.
- *Fórmulas para bebés prematuros.* Están destinadas a satisfacer las mayores necesidades nutricionales y fisiológicas de los niños nacidos antes del término y se caracterizan por un predominio de proteínas de suero de leche que se toleran mejor y con mezclas de hidratos de carbono para compensar el déficit de lactasa que suelen presentar los bebés prematuros. Las principales son Pregestimil, Alimentum, Nutramigen, Portagen, Neocare y Similac. Tanto Neocare como Similac se caracterizan por un mayor contenido en calorías.
- *Fórmulas hidrolizadas.* Estas fórmulas para bebé contienen proteínas hidrolizadas para facilitar su digestión. Ejemplos de este tipo de leches son Nutramigen, Pregestimil y Alimentum. Nutramigen puede ser una buena fórmula para alimentar a los bebés con una alergia a las proteínas de la leche o una intolerancia a la lactosa, o con un riesgo elevado de desarrollar alergias, así como para los bebés con una tendencia a presentar episodios graves de cólicos.

Tres presentaciones

Las fórmulas para bebé se comercializan en tres presentaciones: listas para tomar, concentradas y en polvo. La presentación en polvo es la de menor coste. El precio aumenta significativamente a medida que la comodidad es mayor. La opción que escoja dependerá de su presupuesto y de sus preferencias.

- Las fórmulas listas para tomar pueden ser muy cómodas cuando no se tiene acceso al agua o si el agua no es apta para beber. Naturalmente son las de mayor coste.
- Las concentradas son las más baratas y han de diluirse con agua. Sin embargo, para ello necesita agua limpia y sin peligros. Además, la cantidad que no haya utilizado debe desecharse al cabo de cuarenta y ocho horas.
- Yo prefiero la fórmula en polvo. Puede mezclar la que necesita, es decir, un biberón cada vez. Es muy práctica para las madres que dan el pecho a su bebé y suplementan la lactancia materna con fórmula. También es la mejor leche por lo que respecta a su aspecto y sabor, en lugar del color más oscuro que en ocasiones tienen las fórmulas envasadas.

Mezcla y esterilización

Lo único que necesita para preparar la fórmula para su bebé es un biberón limpio (lávelo con agua caliente y jabón o en el lavavajillas) y agua limpia. Cuando prepare la fórmula durante los primeros cuatro a seis meses de vida de su hijo, utilice agua del grifo hervida que dejará enfriar previamente, ya que a esta edad su hijo es más vulnerable a la acción de las bacterias y virus. O utilice agua embotellada, pero en este caso el bebé puede requerir suplementos de flúor.

Consejos

- Antes de preparar el biberón, lávese las manos con agua y jabón.
- Siga las instrucciones proporcionadas en el envase, esterilice los biberones y las tetinas antes de utilizarlos por primera vez.
- Es preferible que el cuello del biberón sea amplio o que no tenga cuello, lo que facilitará su labado. Después de lavar los biberones y tetinas con una escobilla, déjelos secar al aire o séquelos con un trapo limpio y guárdelos en un lugar limpio y protegidos de la luz o en una bolsa provista de cremallera.
- Prepare la fórmula según las instrucciones del envase. A algunos padres les gusta más preparar todos los biberones del día, mientras que otros prefieren preparar un biberón para cada toma.
- Si su bebé no se ha terminado el biberón, no guarde el resto de leche para la siguiente toma, ya que las bacterias de la saliva de su hijo pueden proliferar en la leche y más tarde causarle enfermedades o provocar muguet, una infección de la boca debida a un hongo.
- No deje el biberón ya preparado a temperatura ambiente durante más de una hora.
- Si no tiene lavavajillas, lave los biberones y tetinas con agua jabonosa muy caliente. Una vez a la semana puede esterilizarlos hirviéndolos. Si el agua de su localidad no está clorada, la American Academy of Pediatrics recomienda hervir los biberones, tetinas y todos los utensilios usados para preparar la leche.
- Empiece con biberones de 120 g de modo que su bebé corra menos riesgo de tragar aire. Cuando su hijo empiece a beber más cantidad de leche, puede comprar biberones de 210 g.

- Si tiene que viajar, llévese agua embotellada, biberones y fórmula en polvo. Prepare solamente la que necesite.

Errores en la preparación de la fórmula

Es preciso que siga cuidadosamente las instrucciones del envase de la fórmula para no cometer errores. He aquí los dos errores más frecuentes:

Dilución excesiva

Si usted prepara zumo de naranja a partir de un concentrado para su familia, en ocasiones añadirá una cantidad adicional de agua para «alargar» el concentrado o para que sea menos dulce. Pero no se puede hacer lo mismo con la fórmula láctea para su bebé. La dilución excesiva de la fórmula y la administración excesiva de agua a su bebé puede dar lugar a una intoxicación por agua, a una alteración o detención del desarrollo e incluso a convulsiones. Asegúrese de seguir exactamente las instrucciones especificadas para la dilución de la fórmula. Su bebé no necesita agua adicional excepto durante el tiempo caluroso o húmedo, o cuando padece diarrea o vómitos. Sin embargo, en cualquiera de ambos casos primero debe consultar a su pediatra.

Dilución insuficiente

La no adición de la cantidad suficiente de agua a la fórmula concentrada o en polvo puede ser tan peligrosa como la adición de una cantidad excesiva de agua. Esto aumenta el trabajo que deben realizar los riñones inmaduros del bebé y puede dar lugar a una deshidratación.

Fórmulas especiales

Desde el principio puede darse cuenta de que el bebé no tolera la fórmula que le administra. El llanto constante, los cólicos, una diarrea con un poco de sangre o la expulsión de un poco de leche o los vómitos manifiestos son signos que requieren una evaluación médica. El pediatra probablemente le recomendará que cambie la fórmula láctea por otra a base de proteínas de soja. Las fórmulas a base de proteínas de soja no contienen lactosa y se caracterizan por la misma combinación de nutrientes que las fórmulas fabricadas a partir de la leche de vaca. Si su bebé también tiene problemas con la leche de soja, esto significa que probablemente es alérgico a las proteínas que contienen las fórmulas a base de leche de soja y de leche de vaca. Las fórmulas a base de proteínas hidrolizadas son leches que se han alterado para que sean digeribles más fácilmente. Ejemplos de estas leches son Nutramigen, Pregestimil y Alimentum. Este tipo de leches artificiales son mucho más caras y tienen un olor y un sabor menos agradables. Sin embargo, son el tipo de leche que necesita un niño con una propensión alérgica. En realidad algunos estudios han demostrado que en las familias en las que ambos padres tienen muchos problemas relacionados con la alergia, como el asma, eccemas y alergias alimentarias, la alimentación al pecho y a continuación la instauración de una dieta hipoalergénica o la administración de una fórmula a base de proteínas hidrolizadas como Nutramigen puede prevenir el inicio de las alergias.

> **Signos de alergia a la leche de vaca**
>
> Los signos principales son los dolores espasmódicos o retortijones abdominales, la diarrea de repetición, intensa y a menudo con sangre, vómitos frecuentes, episodios persistentes de cólicos, eccema, presencia de habones o ronchas, congestión nasal persistente, bronquitis de repetición y asma.

¿Y las fórmulas de seguimiento, son aconsejables?

Las fórmulas de seguimiento en realidad no son indispensables, ya que las necesidades de nutrientes de su hijo pueden satisfacerse con la fórmula láctea habitual y, empezando a los seis meses, con la adición de cereales y otros alimentos.

Otros líquidos

Leche de cabra

En algunos círculos, se recomienda la leche de cabra para el bebé. No obstante, este tipo de leche es pobre en hierro, en ácido fólico y en vitaminas C y D. Por otra parte, los riñones del bebé tienen dificultades para tolerarla durante los primeros meses de vida. Es preciso evitarla a menos que el pediatra la recomiende específicamente.

Zumos, infusiones y otros líquidos

Aparte del agua, no debe administrar a su bebé ningún otro líquido antes de los seis meses. Incluso cuando introduzca el zumo de fruta a los seis meses, limite la cantidad a 120 g. Dado que el zumo tiene tendencia a saciar a su hijo y podría sustituir alimentos más densos en nutrientes, es preciso diluir 60 g de zumo en 60 g de agua.

A los seis meses un bebé puede empezar a utilizar un vaso o taza. Bebiendo el zumo de un vaso, su bebé tiene menos probabilidades de bebérselo todo como haría si lo bebiera del biberón. Enseñarle a beber de un vaso puede requerir cierto tiempo por lo que debe ser paciente. Y recuerde que el bebé puede necesitar de tres a cuatro años para beber de un vaso sin derramarse su contenido por encima.

Evite las infusiones. En bebés a los que se administraron infusiones a base de menta preparadas en casa se observaron algunos casos aislados de lesiones del hígado y neurológicas.

El poleo o poleo-menta (*Mentha pulegium*) que se prepara en forma de tisana y otras mentas contienen aceite de poleo, que puede ser muy peligroso para un bebé.

Las colas y otras bebidas dulces no deben formar parte de la dieta de su hijo; contienen calorías «vacías», cafeína, y otros aditivos que un bebé no necesita. El ser humano tiene una preferencia natural por lo dulce, de modo que evítelos durante el mayor tiempo posible.

¿Qué cantidad de leche debe tomar el bebé?

Su hijo debe tomar alrededor de 720 a 960 g de fórmula al día. Sin embargo, recuerde que los bebés tienen la capacidad de regular de manera natural su propia ingesta. Comen más cuando tienen hambre y menos, cuando no tienen apetito. Recuerde que el bebé es el patrón de su conducta alimentaria. La cantidad de fórmula que ingiere en cada toma será aproximadamente de 60 a 120 g durante los primeros meses. Gradualmente, tomará más cantidad con cada biberón y reducirá el número de veces que come. Entre los seis y los nueve meses de vida, cuando también tome algunos alimentos sólidos, el bebé tomará aproximadamente 180 a 240 g con cada biberón y probablemente sólo le dará cuatro biberones al día.

Crecimiento y desarrollo de su hijo en relación con la alimentación

Durante el primer año de la vida de su hijo, se producen algunos cambios sorprendentes por lo que respecta a su desarrollo motor y cognitivo. Consulte la tabla siguiente para una revisión de los logros que debe prever en su hijo.

Edad	Desarrollo	Resultado
1-3 meses	• El reflejo del hociqueo/perioral hace que el bebé gire la cabeza hacia el estímulo de modo que su boca encuentra el alimento • Succión inmadura	• El bebé encuentra el alimento aun cuando al principio no puede verlo • El bebé puede beber leche pero automáticamente escupe los sólidos
4-6 meses	• Succión madura, movimientos de un lado a otro de la lengua • Maduración de los músculos de la cabeza, cuello y hombros • Puede coger un objeto y ponérselo en la boca	• Puede tomar alimento de una cuchara • Puede sostener por sí solo el biberón • Permite una mejor colocación para su alimentación
7-9 meses	• Puede mover arriba y abajo las mandíbulas y masticar • Puede sentarse • Puede coger objetos con los dedos y trasladarlos de una mano a la otra	• Está listo para comer alimentos blandos, que se mastican • Está listo para comer con los dedos
9-12 meses	• La función de prensión de sus dedos ya es más parecida a unas pinzas y puede mover conscientemente objetos desde la mano hasta su boca	• Está listo para aprender a comer solo, lo que perfeccionará durante el segundo año de vida

Fuente: Nutrition in Infancy and Childhood, sexta edición, P. Pipes y C. Trahms (McGraw Hill, 1977).

Dormir toda la noche de un tirón

Los bebés suelen dormir toda la noche cuando tienen aproximadamente dos meses de vida. Si su bebé duerme toda la noche antes de esta fecha, asegúrese de que las tomas de alimento son suficientes (véase p. 116). Si está dándole el pecho, es importante que lo amamante por la noche durante las primeras seis a ocho semanas de vida para aumentar su producción y suministro de leche. Si el bebé duerme más de cuatro horas, es preciso que lo despierte para darle el pecho.

Si el bebé no duerme toda la noche de un tirón, puede estar pasando por uno de los períodos llamado «estirón del crecimiento», o simplemente desea su compañía en plena noche. Los bebés a menudo se acostumbran a la toma nocturna de la alimentación, incluso si no tienen hambre. Para averiguar si realmente tiene hambre, sostenga al bebé sin alimentarlo. Si lo alimenta con biberón, trate de administrarle un biberón con unos pocos gramos de agua. Los expertos en sueño tienen diversas teorías sobre lograr que un bebé duerma toda la noche de un tirón. En general, animan a los padres a enseñar a su bebé a volverse a dormir sin ayuda. Para ello, tendrá que esperar cada vez más antes de acudir a consolarlo cuando oiga que su hijo está llorando. También puede consultar algunos buenos libros sobre el sueño.

Advertencia: si le da un biberón no lo prepare a base de cereales o no le de cereales con cuchara antes de los cuatro meses, ya que esta práctica no sólo no es eficaz para lograr que el bebé vuelva a conciliar el sueño sino que puede causar alergias alimentarias y respiratorias.

CAPÍTULO DIEZ

La alimentación de su hijo

En este capítulo encontrará:
- *Introducción de alimentos sólidos*
- *¿Cuándo está preparado el bebé para los alimentos sólidos?*
- *El primer alimento: los cereales*
- *Adición de otros alimentos al menú del bebé*
- *Otros hechos básicos sobre la alimentación del bebé*
- *Resumen de la adición de sólidos a la dieta de su hijo*
- *Ejemplo de menú*
- *El poder de las proteínas*
- *Prepare en casa la comida del bebé*
- *Comer con los dedos y comer sin ayuda*
- *Supervisión cuando el bebé come sin ayuda*
- *Decir adiós al biberón*
- *Comer con toda la familia*

Este capítulo responde a preguntas como:
- *¿Cómo sé que mi hijo está preparado para tomar alimentos sólidos?*
- *¿Por qué deben introducirse las verduras antes que la fruta?*
- *¿Cuáles son los síntomas de la alergia alimentaria?*

Introducción de alimentos sólidos

La frase «introducción de alimentos sólidos» en realidad puede inducir a error. De hecho, los primeros sólidos de su bebé no son ni mucho menos sólidos, sino líquidos espesados con un poco de cereales. En cualquier caso, es la introducción de su hijo en el mundo de la alimentación del adulto. Aproximadamente cuando su hijo tenga entre cuatro y seis meses introducirá los sólidos en forma de cereales para bebé. De acuerdo con la American Academy of Pediatrics, los bebés alimentados al pecho en general no necesitan alimentos sólidos hasta los seis meses.

¿Cuándo está preparado el bebé para los alimentos sólidos?

El crecimiento y el desarrollo de su bebé no siguen una línea exacta en el tiempo y nunca debe esperar que sea así. Los alimentos suplementarios deben iniciarse cuando su hijo esté preparado desde un punto de vista del desarrollo motor y cognitivo y parezca necesitarlos. Su bebé puede estar preparado para los alimentos suplementarios cuando:

- Tiene como mínimo entre cuatro y seis meses.
- Puede mover la lengua hacia atrás y hacia delante y puede retraer el labio inferior a medida que usted retira la cuchara de su boca.

- Puede tomar alimentos blandos o en puré de una cuchara (si su bebé escupe después de varios intentos, probablemente todavía no está preparado).
- Puede sostener la cabeza.
- Parece tener hambre incluso después de ocho a diez tetadas o de 120 g de fórmula/ocho a diez biberones en un período de veinticuatro horas.

La administración de alimentos ricos en nitratos como la remolacha, las zanahorias y las espinacas antes de que el bebé cumpla cuatro meses puede provocar una methemoglobinemia, una enfermedad que altera la hemoglobina en la sangre.

El primer alimento: los cereales

Las papillas de cereales a base de arroz se recomiendan como primer alimento «sólido» porque el arroz es el menos alergénico de los cereales. A continuación se ofrecen algunos consejos para que pueda introducir a su hijo sin problemas en el mundo de la alimentación del adulto:

- Empiece con una cucharadita de papilla de cereales a base de arroz mezclada con la cantidad suficiente de leche materna o fórmula para bebé para que tenga la consistencia de una sopa clara. A medida que su bebé desarrolla un mayor control de la lengua, puede preparar unas papillas de cereales más espesas. Haga pruebas hasta encontrar la consistencia adecuada para su hijo. Si después de varios días de administrarle papillas de cereales al bebé, su hijo sigue sin tragar bien y escupe la mayor parte de la papilla, considere varias causas posibles: 1) la consistencia no es la adecuada; 2) desde un punto de vista del desarrollo, su hijo no está preparado para tomar papillas de cereales. En este caso, interrumpa las papillas de cereales y pruebe de nuevo al cabo de unas semanas o un mes.
- Dé de comer a su hijo con una cuchara de plástico para prevenir posibles lesiones de las encías.
- Administre a su hijo papilla de cereales dos veces al día: una por la mañana y otra por la noche.
- No introduzca la papilla de cereales en el biberón del bebé. La utilización de una cuchara contribuye al desarrollo de los músculos de la lengua de su bebé, lo que le ayudará a hablar con claridad más adelante. Además, de este modo el niño aprende a deglutir los alimentos que se le dan en cuchara.
- Su bebé empezará con 1 cucharada o menos de papilla de cereales mezclada con líquido en cada toma de alimento. Gradualmente tomará entre 4 y 6 cucharadas de papilla de cereales mezclada con leche materna o fórmula para bebé.

Cuidado con la miel

Debido al riesgo de botulismo, no administre miel a su bebé hasta que cumpla un año de vida.

- No añada azúcar o sal a la papilla de cereales de su bebé.
- Después de como mínimo una semana, cuando le haya quedado claro que su bebé tolera las papillas de cereales de arroz, puede probar con otras papillas a base de un solo cereal como la avena o la cebada.
- Espere a que su bebé tenga entre siete y nueve meses antes de administrar papilla de trigo, crema de trigo, papilla de cereales combinados y papillas de cereales ricos en proteínas.
- Una vez que su hijo tome con regularidad la papilla de cereales puede considerar como una opción la alimentación con papillas comerciales (potitos). Sin embargo, recuerde que los cereales secos son más económicos y se desperdician menos.

Adición de otros alimentos al menú del bebé

¿Ha visto usted alguna vez esas adorables fotografías de un bebé en las que está embadurnado de puré de zanahorias de la cabeza a los pies? Muy pronto sabrá de primera mano que estas fotografías no son simuladas. ¡Son la vida misma! Respire profundamente y relájese.

En general las verduras se introducen en primer lugar, después de los cereales y antes de la fruta. Los bebés muestran una preferencia automática por los alimentos dulces; ofreciéndole vegetales en primer lugar, le ayudará a desarrollar un gusto por las verduras y por lo salado antes de la fruta. Habitualmente un bebé acepta

Preste atención a las alergias

Para detectar las alergias alimentarias, dé a su bebé sólo una pequeña cantidad del nuevo alimento el primer día y examínele en busca de signos de alergia como una diarrea o una deposición muy blanda y la presencia de erupciones cutáneas. Espere tres días antes de introducir otro alimento nuevo, y no pruebe más de dos nuevos alimentos por semana. Esto le ayudará a estar segura de que su bebé tolera un alimento antes de pasar al siguiente. Si en su familia existen antecedentes de alergia, no introduzca la fruta cítrica o su zumo hasta que su hijo tenga un año.

bien las verduras como la calabaza, los boniatos y las zanahorias (¡porque su sabor es más dulce!). A continuación pruebe con las verduras de hoja verde como los guisantes, espinacas y judías verdes. Para tener la posibilidad de detectar una alergia, introduzca una verdura cada vez, con intervalos de tres días entre cada introducción de un alimento nuevo.

Después de que su bebé haya probado diversas verduras, puede empezar con la fruta. Es más probable que su bebé muestre una preferencia por la fruta. Introdúzcalas de la misma forma que ha introducido la verdura: una cada vez, con intervalos de tres días entre las mismas. Refrene su deseo de comprarle postres de aspecto «riquísimo» como los Petit Suisse de frutas, las compotas de manzana comerciales etcétera. Contienen aproximadamente el mismo número de calorías que la misma cantidad de fruta, pero algunas de las calorías proceden de almidones y otros hidratos de carbono añadidos, que representan calorías vacías que su hijo no necesita.

Otros hechos básicos sobre la alimentación del bebé

- No dé de comer a su hijo directamente de un tarro almacenándo el resto de papilla para la siguiente toma de alimentación; esta práctica puede causar la proliferación de bacterias en las sobras de alimento. En lugar de ello, vierta una pequeña cantidad en una taza, cúbrala y reserve el tarro, dándole de comer de la taza.
- No dé a su hijo una papilla que contenga dos o más alimentos nuevos. Si su hijo manifiesta una reacción alérgica, no sabrá qué alimento la causó. Los signos de alergia incluyen las erupciones cutáneas, diarrea, cólicos muy intensos y vómitos.
- Deje que su hijo decida cuándo no quiere comer más. Cuando su hijo está saciado, probablemente apartará la cabeza, cerrará la boca o se la tapará con la mano, sacudirá la cabeza y/o tirará la cuchara, la fuente o la taza.
- Dé a su hijo las papillas de cereales y otros sólidos, además de la leche materna o de la fórmula infantil y no en lugar de éstos. Primero déle el pecho o un biberón, y después los alimentos sólidos.
- Es preferible cocer las diferentes variedades de fruta con excepción de los mangos, plátanos y peras y melocotones muy maduros que puede triturar simplemente con un tenedor.
- Evite dar a su hijo fruta con pepitas muy pequeñas como frambuesas, fresas, fresones, y uva, a menos que tenga la paciencia de pelarlas y extraer las pepitas una vez que su hijo ya sepa masticar.

Resumen de la adición de sólidos a la dieta de su hijo

Es posible que considere que las recomendaciones siguientes son algo imprecisas. Se proporcionan unos límites amplios de edad porque el desarrollo de los bebés es muy variable de uno a otro. Aunque algunos bebés están preparados para la introducción de las papillas de cereales a los cuatro meses, en algunos casos es preferible esperar hasta los cinco o seis. Algunos bebés omiten el estadio de alimentos en puré a los seis meses y pasan directamente a tomar los alimentos que se mastican. Otros bebés en cambio necesitan mucho más tiempo antes de empezar a tomar este tipo de alimentos. Todo depende de su grado de desarrollo y de su aceptación de los nuevos alimentos y consistencias de los mismos. Lo más importante es que observe con atención a su hijo.

Cuatro a seis meses: papillas de cereales

- Introduzca en primer lugar las papillas de cereales a base de arroz.
- Empiece con 1 cucharadita de papilla de cereales mezclada con 2 o 3 cucharadas de leche materna o de fórmula para bebé. Aumente gradualmente la cantidad de papilla hasta 1 cucharada mezclada con leche materna o fórmula para bebé.
- Dé a su hijo papilla de cereales dos veces al día, en general a la hora de desayunar y a la hora de cenar o de acostarse.

- Dé el pecho a su hijo o el biberón cinco o más veces al día, entre 150 y 210 g por toma, para un total de 700 a 1.000 g al día.

Cinco a siete meses: papillas de verduras y fruta

- Añada a la dieta de su bebé verduras pasadas por el colador chino o el pasapuré. Las mejores verduras para empezar son el aguacate, las zanahorias, la calabaza y los boniatos.
- Después añada fruta pasada por el pasapuré o el chino. Las mejores frutas para empezar son el plátano, peras, melocotones y la compota de manzana.
- Empiece con 1 cucharadita y aumente hasta 1 cucharada, dos veces al día.
- Gradualmente aumente hasta 4 cucharadas al día.
- Dele el pecho o un biberón cuatro o cinco veces al día, 150 a 210 g por toma, para un total de 700 a 1.000 g al día.

Siete a diez meses: proteínas

- Añada alimentos ricos en proteínas: 4 cucharadas al día. Los mejores alimentos ricos en proteínas para empezar son la yema de huevo, el tofu, las alubias en puré (sin piel), diferentes carnes en puré (cordero, ternera, pollo o pavo), pequeñas cantidades de queso y de yogur (a menos que sea propenso a las alergias).
- Añada zumo: 90 a 120 g en una taza. Evite la fruta cítrica hasta que tenga un año.
- Añada alimentos para comer con los dedos: galletas especiales para la dentición, y otras galletas que no requieren una masticación considerable.

- Déle alimentos que se comen con cubiertos: cortados en trozos pequeños, como patatas o verduras en cuadritos, pasta (macarrones).
- Déle el pecho o un biberón de tres a cinco veces al día, 150 a 240 g por toma, para un total de 700 a 1.000 g al día.
- A esta edad, las comidas de su bebé empezarán a parecerse a la de los adultos: comidas equilibradas con pequeños tentempiés entre las mismas.

Diez a doce meses: principalmente alimentos que se comen con cubiertos

- Añada alimentos que su bebé pueda comer con los dedos y corte carne muy tierna, de preferencia de ternera, en trozos pequeños (excepto perritos calientes), verduras hervidas o cocidas al vapor cortadas pequeñas y fruta en cubos o en bastones.
- Introduzca alimentos blandos como macarrones con queso, estofados de carne muy tierna, queso o yogur.
- Puede añadir una papilla de cereales a base de trigo. Si su hijo es propenso a las alergias, espere a que tenga un año o más para introducir el trigo.
- Déle el pecho o el biberón tres veces al día, una parte en taza, para un total de 700 g al día.

Doce a dieciocho meses: su bebé come lo que come toda la familia

- Añada pescado, miel y la mayoría de los alimentos que come toda la familia. Evite los alimentos que pueden ser causa de asfixia (véase recuadro de p. 136).

135

Preste atención a la posibilidad de asfixia

La asfixia con un alimento o con otros pequeños objetos constituye un problema para los bebés y los niños pequeños hasta que alcanzan los cinco años. Preste atención a los alimentos que pueden causar asfixia. La mayor parte de las muertes por asfixia se producen en niños de menos de tres años. Los cacahuetes son el alimento que causa la mayor parte de las asfixias. A continuación se ofrecen algunos consejos:

El primer año:
- Evite la fruta o las verduras con pepitas.
- Evite los alimentos con piel.
- Evite la mantequilla de cacahuete a menos que la mezcle con una abundante cantidad de plátano triturado o de compota de manzana.
- Corte los alimentos en trocitos pequeños para evitar la asfixia.

Evite hasta como mínimo los cuatro años:
- La uva (a menos que la corte por la mitad o más pequeña).
- Los perritos calientes (a menos que los corte en trocitos pequeños; NUNCA en trozos redondos, ya que el niño se podría atragantar).
- Todos los frutos secos (excepto si los pica muy menudos).
- Palomitas de maíz.
- Otros alimentos duros o redondos como las zanahorias crudas.
- Los caramelos duros.

Y recuerde que siempre:
- Es necesario que esté presente mientras su hijo está comiendo.
- No deje que su hijo corra o ande mientras come. Debe permanecer sentado.
- La hora de la comida debe ser un momento de sosiego y tranquilidad. Las risas, gritos e incluso hablar con la boca llena puede ser causa de asfixia.

- Puede empezar a darle leche entera e iniciar la fruta cítrica y el zumo de esta fruta.
- Inicie el destete. Su hijo es cada vez más habilidoso con la cuchara.

Ejemplo de menú

A continuación se proporciona un ejemplo de lo que podría ser una dieta para un niño de seis a siete meses. Recuerde que no hay una fórmula establecida para el momento más adecuado del día para darle la fruta, la papilla de verdura y de cereales, siempre que su bebé tome todos estos alimentos varias veces al día.

Edad	Cantidad por toma	Zumos (al día)
1 o 2 semanas	55 a 85 ml (6 a 8 tomas)	–
2 a 8 semanas	85 a 140 ml (5 o 6 tomas)	30 ml
2 a 4 meses	115 a 170 ml (4 o 5 tomas)	85 a 115 ml
4 a 6 meses	140 a 200 ml	85 a 115 ml
6 a 8 meses	200 a 225 ml (3 o 4 tomas)	115 ml
8 a 12 meses	225 ml (3 o 4 tomas)	115 ml

Es preferible evitar la clara de huevo por el riesgo de alergia hasta que el niño cumpla los dos años.

La alimentación de su hijo

Por la mañana al despertarse

¡Algunos bebés se despiertan antes del alba! Es necesario que tenga a punto un biberón a base de leche materna o fórmula para bebé y después de darle un poco, trate de que su hijo vuelva a conciliar el sueño.

Desayuno
- Leche materna o 180 a 240 g de fórmula para bebé.
- 1 o 2 cucharadas de papilla de cereales a base de arroz, mezclada con leche materna o fórmula para bebé.

A media mañana
- Leche materna o 120 g de fórmula para bebé.
- 1 o 2 cucharadas de fruta pasada por el colador chino o triturada.

Almuerzo
- Leche materna o 180 a 240 g de fórmula.
- De 2 a 4 cucharadas de verduras en puré.
- 1 o 2 cucharadas de papilla de fruta.

A media tarde
- 90 g de zumo de fruta en una taza o vaso.

Cena
- Leche materna o 180 a 240 g de fórmula.
- 1 o 2 cucharadas de papilla de cereales mezclada con leche materna o fórmula para bebé.
- De 2 a 4 cucharadas de verdura en puré.

A la hora de acostarse
- Leche materna o 180 a 240 g de fórmula.

Resumen de la alimentación para los doce primeros meses de la vida de su hijo

Cereales (al día)	Fruta (al día)	Verdura (al día)	Carne (al día)	Huevo (yema) (al día)
—	—	—	—	—
—	—	—	—	—
—	—	—	—	—
2 cucharadas por dos	—	—	—	—
$1/3$ taza por uno	2 a 4 cucharadas por dos	2 a 4 cucharadas por dos	1 cucharada por dos	1 cucharada
$1/2$ taza por uno	4 cucharadas por tres	2 a 4 cucharadas por dos	2 a 4 cucharadas por dos	1 cucharada

El poder de las proteínas

Entre los siete y diez meses de vida, su bebé empieza a comer más alimentos sólidos disminuyendo al mismo tiempo la cantidad de fórmula para bebé o de leche materna que toma, ya que necesita más proteínas y hierro de otras fuentes. Es el momento de introducir los alimentos ricos en proteínas. En general es preferible preparar su carne en casa utilizando una picadora. La carne picada muy fina de buey o de pollo y la carne de atún picada y mezclada con un poco de caldo serán del agrado de su hijo. Y pronto puede picar un poco de carne de pollo mezclándolo con un puré de verduras.

No se preocupe si al principio su hijo no es un gran comedor de carne. Mi hijo Robert fue vegetariano por elección propia hasta que cumplió los dieciocho meses. Comía toda clase de verduras pero rechazaba la carne de ternera y buey, el pollo y el pescado. Si a su bebé le ocurre lo mismo, también son buenas fuentes de proteínas:

- Las alubias.
- El tofu mezclado con verduras.
- Los cereales ricos en proteínas.
- El yogur y queso cortado a trocitos pequeños (si su hijo no es propenso a las alergias).

Prepare en casa la comida del bebé

No es necesario que compre alimentos comercializados para bebé de tipo potito, ya que puede preparar la comida de su hijo en casa en un abrir y cerrar de ojos. Necesitará lo siguiente:

- Una picadora, una batidora y una licuadora. A medida que su hijo crezca, sólo tendrá que utilizar el tenedor para aplastar la comida.
- Un buen congelador (de cuatro estrellas) si desea preparar la cantidad suficiente como para congelarla.

¿Cuál es la consistencia correcta de la comida de su bebé?

El primer alimento de su bebé ha de ser en puré y muy poco consistente (similar a una sopa clara). A medida que se acostumbre a comer de una cuchara, la consistencia de su comida puede ser algo más espesa. No existen normas específicas por lo que respecta a cuándo su bebé puede tomar alimentos más espesos. Todo depende del desarrollo individual de su bebé. Preste atención a los signos que su hijo manifiesta: si tiene problemas, será necesario reintroducir los alimentos con una consistencia más clara. Vaya haciendo pruebas hasta dar con la consistencia adecuada para su bebé.

A medida que el desarrollo de su hijo progrese, también lo hará la consistencia de sus alimentos. Empiece preparándole platos de consistencia algo más espesa y más tarde, aplaste un poco su comida con un tenedor o pasapuré. Primero pique su comida muy fina y después algo más gruesa excepto la carne que debe picar muy bien hasta que su bebé pueda masticar bien.

Consejos

- Asegúrese de que sus manos y todos los utensilios que utiliza para preparar la comida de su hijo están meticulosamente limpios; los bebés son más vulnerables que los adultos a las bacterias transmitidas por los alimentos.
- No añada sal o azúcar a los alimentos. Los bebés no tienen los mismos gustos que los adultos.
- Utilice fruta y verdura fresca o congelada. Si es fresca, utilícela el mismo día o como máximo dos días después de su compra, ya que de este modo será rica en vitaminas. Asegúrese de lavar bien toda la fruta y verdura antes de usarla. Véase el capítulo ocho para una descripción sobre los plaguicidas.
- Para contribuir a conservar todos los nutrientes, cueza la fruta y verdura en un mínimo de agua o cuézalas al vapor hasta que estén al punto. Si es posible utilice una vaporera u olla a presión para preparar los alimentos de su bebé. Además puede añadir el agua de hervir la verdura a sopas y salsas para el resto de su familia.
- Conserve la comida de su bebé en un recipiente hermético, siempre refrigerada y utilícela en un plazo de tres días.
- Si prepara más de una ración o dos, puede congelar el resto. La fruta y verdura congelada pueden conservarse en el congelador, si es de cuatro estrellas hasta seis meses. La carne, pescado, y aves deben usarse al cabo de diez semanas. Para descongelar introduzca la comida en el frigorífico o introdúzcala en una bolsa y sumérjala en agua caliente. No la descongele en el microondas a menos que planifique servirla de inmediato, y asegúrese de revolver bien para que el calor se distribuya de manera uniforme.

Instrucciones generales para preparar la comida del bebé

1. Cueza al vapor o hierva las verduras o la carne en una pequeña cantidad de agua hasta que estén blandas. Primero, corte la carne en pedazos más pequeños.

2. Introduzca el alimento cocido en un robot de cocina o en el vaso de la picadora con la cantidad suficiente del jugo de cocinar, leche materna o fórmula para preparar un puré claro. Haga experimentos con la consistencia que prefiere su hijo y gradualmente prepare un puré más espeso cuando su hijo esté listo.

Las mejores carnes
- Atún en conserva.
- Buey magro.
- Pechuga de pollo y de pavo.
- Solomillo de cerdo.
- Ternera.

La mejor fruta para preparar un puré sin tener que cocerla primero
- Aguacate.
- Albaricoques (muy maduros o en conserva).
- Ciruela.

- Mango.
- Pera.
- Plátanos.
- Sandía o melón tipo cantalupo.

Nota: Las fresas, frambuesas y moras pueden triturarse crudas en puré, pero es preciso eliminar las pepitas. La uva y las cerezas deben deshuesarse y pelarse antes de preparar el puré. Es mejor dejar esta fruta para más tarde cuando su hijo pueda comer con los dedos.

Alimentos que primero deben cocerse:
- Manzanas, ciruelas y toda la fruta que no esté muy madura.
- Todas las verduras.

Verduras con las que se puede preparar fácilmente un puré:
- Acelgas.
- Boniatos.
- Bróculi.
- Col.
- Coliflor.
- Espárragos (primero elimine los extremos fibrosos).
- Espinacas y otras verduras de hoja verde.
- Garbanzos o alubias.
- Guisantes.
- Nabos.
- Patatas.
- Pimientos.
- Puerros.
- Remolacha.
- Zanahorias.

Combinaciones de alimentos

Recuerde que sólo debe introducir una nueva clase de fruta cada vez y siempre con un intervalo de tres días entre las mismas para comprobar la posibilidad de que su hijo sufra una alergia. Una vez que esté segura de que su hijo no experimenta ninguna reacción al alimento, puede empezar a mezclar las frutas o verduras ya introducidas. También es una buena forma de que tome las verduras que su hijo parecía rechazar cuando se las daba solas. Por ejemplo, es posible que a su hijo no le guste la coliflor pero le guste su sabor cuando se la mezcla con patatas en puré. He aquí unas buenas combinaciones de sabores:

Verduras
- Acelgas y patatas.
- Acelgas y zanahorias.
- Boniatos y zanahorias.
- Garbanzos y espinacas.
- Guisantes y judías verdes.
- Patatas, bróculi y espinacas.
- Zanahorias, patatas y guisantes.

Fruta
- Albaricoque-plátano.
- Arándanos-pera.
- Ciruelas-manzana.
- Frambuesas-manzana (pasadas por un tamiz).
- Macedonia o pastel de frutas (fruta cocida en pequeños trozos; pruebe con arándanos, manzanas o melocotones con un poco de papilla de cereales).
- Mango-piña.
- Manzana-pera.

- Melocotón-frambuesas (pasadas por un tamiz).
- Plátano-piña.

A medida que su hijo crezca, experimente con diferentes consistencias mezclando frutas o verduras con:
- Arroz cocido.
- Cereales para bebé.
- Puré de patatas.
- Pasta.
- Germen de trigo.

Atenúe los sabores más fuertes mezclando los alimentos con yogur y/o cereales.

Cenas

Ejemplo de una cena variada:

$1/4$ taza de carne de ternera o de ave en puré o picada muy fina con queso rallado.
$1/4$ taza de verduras hervidas en puré o pasadas por el colador chino.
$1/2$ taza de patatas hervidas en puré o de arroz, macarrones u otro tipo de pasta. Las pasta de tipo maravilla es más pequeña que el arroz.

1. Introduzca en el vaso de la picadora los ingredientes elegidos.

2. Tritúrelos, añadiendo la cantidad suficiente de líquido (caldo vegetal o de pollo, fórmula para bebé o leche materna) de modo que obtenga una papilla de la consistencia deseada. Obtendrá una taza lo que será suficiente para varias raciones.

Buenas combinaciones de sabores
- Atún con arroz y aguacate.
- Buey con arroz, bróculi y yogur.
- Pavo con media taza de papilla de cereales (p. ej., puede utilizar maicena) y judías verdes.
- Pollo, espárragos y patatas.
- Pollo con pasta de letras y guisantes.
- Ternera, alubias y yogur.

Cenas para niños vegetarianos

Si su hijo aparta la cara cada vez que le da carne, o si desea criar a su hijo siguiendo una dieta vegetariana, pruebe las siguientes combinaciones:
- Alubias fritas con arroz y aguacate.
- Alubias, zanahorias, judías verdes y patatas.
- Boniatos, col, y tofu.
- Bróculi, tofu y patatas.
- Espárragos, queso de soja y arroz.
- Macarrones, queso fresco y coliflor.
- Queso fresco, coliflor y pasta.
- Tofu, col lombarda y arroz.

▼

Comer con los dedos y comer sin ayuda

Probablemente con el tiempo será evidente que su hijo ya está listo para comer sin ayuda cuando empiece a coger la comida con los dedos o le coja la cuchara para comer él solo. Su hijo jugará con la comida hasta que aprenda a manejar la cuchara y a comer bien y esto constituye un paso normal en su desarrollo. Probablemente su hijo se sentirá tan sorprendido por el hecho de poder coger la comida que tiene en el plato y ponérsela en la boca que toda la familia se deleitará contemplándolo mientras come.

Algunos alimentos para comer con los dedos
Puede dar a su hijo verduras hervidas que sean pequeñas o cortadas en trocitos pequeños como guisantes, zanahorias, calabacín, judías verdes (retirando previamente los hilos), boniatos y patatas. Cuando no tenga tiempo o no tenga a mano este tipo de verduras, puede comprar comida preparada para bebé.

- Corte en trozos pequeños pera, melocotón, plátano, albaricoque, mango, ciruela, cantalupo o sandía (sin las pepitas). La fruta debe estar muy madura y siempre pelada.
- Ofrézcale pequeños trozos de fruta hervida como la manzana, pera poco madura y melocotón.
- También puede darle ciruelas secas, orejones y pasas cortados en trozos pequeños.

Realmente no es necesario que compre alimentos comercializados para bebé que suelen ser muy caros. Con el rápido crecimiento de su hijo, pronto se dará cuenta de que está cortando la comida de su propio plato en trozos más pequeños para dárselos al bebé.

Supervisión cuando el bebé come sin ayuda

Cuando su bebé empiece a comer sin ayuda, es necesario que al principio le supervise y tome diversas medidas preventivas que le harán la vida más fácil:

- *Protección para las manchas de comida.* Ponga un plástico debajo de la silla donde come el bebé.
- *Cubiertos adecuados.* Las cucharas de mango corto para bebé con la punta blanda son perfectas para los bebés que empiezan a comer sin ayuda. Los cubiertos con los extremos curvos impiden que los bebés se introduzcan demasiado el cubierto en la boca (o en la garganta). También son más pequeños y son más fáciles de manejar.
- *Un babero apropiado.* Su bebé necesitará baberos más grandes de los que utilizaba cuando le daba el pecho o el biberón. Cómprele baberos que le cubran la mayor parte del pecho. También están disponibles baberos con bolsillos, muy prácticos porque la comida derramada de este modo no va a parar al suelo. Mi hijo era muy aficionado a comer melón cortado en bolitas y después de varios «baños de melón» ¡decidí comprarle un babero de manga larga para evitar que se ensuciara de arriba abajo!

Decir adiós al biberón

Aunque en cierto sentido decir adiós al biberón significa cerrar el primer capítulo de la vida de su hijo, es preciso hacerlo, habitualmente en el segundo año de vida. La mayor parte de los pediatras recomiendan que los bebés beban de una taza o vaso al cumplir el año, pero en muchos casos necesitan más tiempo. Mi propio hijo no dejó el biberón hasta que cumplió quince meses. Enseñarles a beber de una taza o vaso es importante por diversas razones:

- El uso del biberón durante demasiado tiempo puede afectar de manera adversa el desarrollo de los dientes y el desarrollo de la mandíbula.
- Beber de un biberón es tan fácil que puede «competir» con la ingesta de los alimentos «reales».
- Algunos bebés utilizan el biberón como un chupete. Es importante que su hijo aprenda nuevas formas de consolarse.

He aquí algunos consejos para que la transición del biberón a la taza o vaso se haga sin problemas:

- Cuando introduzca los zumos de fruta, sírvaselos en una taza o vaso.
- Deje que su hijo elija la taza de la que quiere beber.
- Si su bebé tiene problemas para dejar el biberón, suprímalo gradualmente, una comida cada vez.
- Si el biberón de la hora de acostarse es un momento especialmente relajante para su hijo, déle una taza para beber pero no lo deje beber en la cuna.

Comer con toda la familia

Los bebés tienden a comer según sus propios horarios. No obstante, a medida que su hijo se haga mayor, deseará que coma en la mesa con el resto de miembros de la familia, incluso si sólo toma un pequeño tentempié. Los padres y el resto de la familia deben servir de ejemplo, y observándolos cuando están sentados a la mesa, su hijo puede aprender muchas cosas. Por ejemplo, puede aprender cómo manejar los cubiertos, que habitualmente no comemos con los dedos, que bebemos cuando tenemos sed y que la hora de las comidas es un momento agradable durante el cual aprovechamos para hablar y comunicarnos. Su bebé es como una esponja que se empapa de todo lo que observa con todos sus sentidos. Escuchar las conversaciones de los demás a la hora de la sentarse a la mesa puede ser muy importante para el desarrollo del habla. Por otra parte, su hijo también aprenderá buenas maneras mientras está sentado a la mesa. A medida que su hijo se haga mayor, no sólo aprenderá observando sino también haciéndolo. Sin embargo, tenga en cuenta que a medida que el niño anda cada vez mejor, no deseará estar sentado a la mesa durante mucho tiempo.

CAPÍTULO ONCE

Alimentación del niño pequeño y en edad preescolar

En este capítulo encontrará:
- *Establecer unos límites*
- *Presiones de los compañeros*
- *Las horas de las comidas deben ser un momento agradable*
- *Apetito del niño en edad preescolar*
- *Forma física del niño en edad preescolar*
- *Evitar la grasa*
- *Normas básicas para comer en casa*
- *Planes para comer en la guardería*

Este capítulo responde a preguntas como:
- *Mi hijo de cuatro años sólo desea comer yogur, varias veces al día. ¿Qué puedo hacer?*
- *Nunca sé si mi hijo se comerá todo lo que tiene en el plato, sólo comerá un poco o no querrá comer. No parece encontrarse mal, por lo tanto, ¿qué es lo que ocurre?*
- *No puedo prestar toda la atención que mi hijo desea mientras estoy preparando la cena. ¿Qué puedo hacer?*
- *¿Por qué es tan variable el apetito de un niño?*

Ha transcurrido un año y en este momento su hijo empieza a andar y a ejercer su independencia en casi cada situación. Tiene cada vez más control sobre su mundo físico, y también desea un mayor control de otras cosas que le incumben incluyendo su alimentación. Los próximos años serán importantes para su hijo, ya que empieza a desarrollar sus propios hábitos alimentarios, así como sus propias preferencias y manías en relación con la comida. También es el momento en que su hijo empieza a darse cuenta de lo que el resto de la familia hace. Así pues, es necesario que den buen ejemplo, y que no coman nada que no deseen que su hijo coma.

Una vez que su hijo entre en la edad preescolar (de los tres a los cinco años) es un buen momento para que su hijo participe en la preparación de la comida. No solamente puede ayudar a escoger los alimentos en la tienda de ultramarinos y ayudar en la cocina sino que también desea hacerlo, así que bríndele la oportunidad cuando pueda. Si consigue que ahora las tareas de la cocina le resulten entretenidas, dentro de unos años se felicitará a sí misma cuando encuentre a su hijo preparando la cena para toda la familia.

Para padres y madres que no están seguros de si quieren que su hijo participe en las tareas de la cocina, tienen que pensar que es más fácil que su hijo empiece ahora que lo aprenda cuando tenga dieciocho años y por sí solo.

Las tareas de la cocina en las que participa toda la familia también contribuyen a establecer algunas grandes tradiciones familiares. En nuestra familia, se hacen crepes los sábados por la noche.

Incluso si mi hijo está viendo su película favorita, cuando oye la frase mágica de «es el momento de hacer crepes» acude corriendo a la cocina. Casca los huevos, añade la leche y la vainilla y ayuda a batir la pasta. Dentro de unos años probablemente se encargará él solo de preparar las crepes.

Establecer unos límites

Los niños pequeños y los niños en edad preescolar desean ejercer un cierto control sobre lo que comen. Éste es un momento importante para establecer algunos límites. Es necesario clarificar los papeles y responsabilidades por lo que respecta a la alimentación y establecer normas para las horas de las comidas, tentempiés y dónde come la familia.

¿Quién es responsable de qué?

Recuerde las siguientes normas: los padres son responsables de la alimentación de toda la familia y deciden cuándo comer. Los niños son responsables de decidir cuánto quieren comer, si es que desean comer. Si no se siguen estas normas durante los primeros años de vida, pueden producirse luchas por el poder. El niño aprende muy pronto cómo meterse a sus padres en el bolsillo si, cuando abre la boca para decir «quiero huevos», usted ya está empezando a batirlos.

Variaciones del apetito

Aproximadamente al año observará que su hijo come menos a medida que su crecimiento se enlentece después de doce meses de progresos espectaculares. Es posible que se diga: «Mi hijo ha empezado a comer como un pajarito». Por difícil que pueda ser en ocasiones, confíe en el apetito de su hijo: cuando el niño expresa que no tiene hambre o no desea comer más, no lo fuerce.

Escoja sus batallas

Dado que ésta es la época en que un niño pequeño desea ser independiente, lucirá su recién descubierta capacidad para decir «no» o «lo hago yo solo». Déjele hacer a menos que lo que esté haciendo pueda causarle algún daño. Controlar en exceso a su hijo por lo que respecta a la comida puede perjudicar su capacidad natural para comer según su propio apetito. Esto puede dar lugar a un trastorno de la conducta alimentaria. Es misión de los padres encontrar un compromiso saludable, un término medio entre controlarlo en exceso y ser excesivamente permisivo.

Presiones de los compañeros

Una vez que su hijo empieza la etapa preescolar, se verá influido considerablemente por la presión de los compañeros. Resulta sorprendente que la influencia de los amigos pueda empezar tan temprano pero así es. En ocasiones tendrá que explicarle por qué la gente come de manera muy diferente. Por ejemplo: «La madre de Johnny le deja tomar dulces en cada comida, pero en nuestra familia tenemos normas diferentes. En casa los dulces se reservan para momentos especiales». En ocasiones, las explicaciones no son de ayuda, y no ha de preocuparse con largas explicaciones o con la lógica de un niño en edad preescolar. Solamente dígale que cada familia tiene normas diferentes.

Los niños en edad preescolar a menudo adoptan una actitud muy terca con respecto a sus elecciones a las horas de comer. Una vez más, es mejor tratar de evitar los conflictos con su hijo por lo que respecta a sus elecciones a las horas de comer. Manténgase en sus trece cuando considere que es importante, pero sea flexible siempre que pueda.

Las siguientes situaciones son típicas de los niños pequeños y en edad preescolar, pero no siempre se le ocurren a uno soluciones.

Remilgos y manías con la comida

Los remilgos y las manías con la comida son normales a esta edad, sin que importe lo raro que pueda parecer cuando su hijo pasa por estos períodos. Al igual que los adultos, los niños encuentran un alimento que les gusta, ¡y se mantienen fieles al mismo! Pero, a diferencia de los adultos, ¡los niños suelen desear su alimento favorito para desayunar, almorzar y cenar!

Al principio, es preferible que diga amén, ya que si presta demasiada atención al tema, es posible que la «perra» de su hijo tarde mucho más tiempo en resolverse. Por ejemplo, si desea comer una manzana como tentempié cada día, está muy bien. Pero en algún momento usted se quedará sin manzanas y entonces puede ofrecerle peras. Es posible que su hijo las acepte. También puede ofrecerle una mayor variedad de los alimentos a los que se sigue manteniendo fiel preparando un plato similar. Por ejemplo, puede decirle «se me han acabado los macarrones pero he preparado espaguetis» o puede preparar una receta nueva de macarrones, por ejemplo, con carne de buey picada y salsa de tomate.

Si considera que ha de probar algo diferente cuando su hijo sigue pidiendo el mismo plato una y otra vez, las sugerencias que se ofrecen a continuación pueden contribuir a que su hijo se decida a pedirle otros platos.

Consejos para afrontar los remilgos y las manías con la comida

- Después de cierto tiempo, no prepare más el alimento en cuestión.
- Déle lo que pide después de que su hijo haya comido algo más.
- Prepare su comida «especial» de una forma diferente, de modo que pueda ampliar su dieta. Por ejemplo, si su plato favorito son los macarrones con queso, añada pollo desmenuzado o atún. O prepárele macarrones simplemente hervidos con algo más. Si su hijo es aficionado a la mantequilla de cacahuete, añádala a los platos de verdura hervida.
- Trate de suplementar las carencias de su dieta con tentempiés saludables.
- Establezca normas de cuándo le permite tomar su plato favorito. Por ejemplo, puede tomar mantequilla de cacahuete con el bocadillo del desayuno y la merienda pero no a la hora de comer y a la de la cena.
- Si sus elecciones no son muy variadas y su dieta es más bien monótona, quizá será necesario que su hijo tome un suplemento diario de multivitaminas y minerales. Consúltelo al pediatra.

Alimentación del niño pequeño y en edad preescolar

Variaciones para las manías con la comida	
Si su hijo desea	**Trate de prepararle**
Macarrones con queso	Espaguetis a la carbonara (receta p. 221)
Pollo empanado	Pollo asado
Bocadillos calientes de queso	Jamón y queso gratinado. Atún con queso
Patatas fritas y otros tentempiés	Galletas saladas, zanahoria rallada

- No cese en su empeño de introducir otros alimentos en su dieta, pero no exprese frustración si no le gustan o si ni tan siquiera desea probarlos.
- Permita a su hijo que de vez en cuando escoja lo que comerá para que crea que controla la situación: «¿Deseas guisantes o maíz hervido para cenar?». «¿Deseas leche o leche con chocolate?» «¿Deseas una hamburguesa con o sin queso?»
- Brinde a su hijo la oportunidad de prepararse algunos platos. Es posible que de este modo termine con las manías y caprichos.
- Si esta situación de remilgos y manías con la comida dura más de un mes o dos, consulte a su pediatra.

Apetito variable

No se preocupe si su hijo se salta una comida o come muy poco a la hora de almorzar o cenar. Las razones pueden ser múltiples. Los niños comen según su apetito y en muchas ocasiones pueden no tener hambre. Algunos niños comen muy bien en una comida y en la siguiente no parecen manifestar ni pizca de apetito. También pueden existir otras razones de un mal apetito. Por ejemplo, un exceso de tentempiés entre comidas, o muy próximos a las horas de las comidas, un consumo excesivo de zumo, bebidas dulces o de leche entre comidas pueden ser responsables de la falta de apetito de su hijo. Limite la cantidad de zumo que bebe a una taza al día y evite las bebidas dulces. No debe limitar el consumo de leche a menos que el niño la beba en exceso entre comidas y esto afecte a su apetito durante las comidas. Aunque los tentempiés entre comidas son importantes y necesarios para los niños pequeños y en edad preescolar, no han de interferir en la ingesta durante las comidas principales.

Piense que después de todo los hábitos alimentarios de su hijo reflejarán su propio éxito como padre/madre (para no mencionar su habilidad como cocinero/a). ¡Y naturalmente a todos nos preocupa la salud y nutrición de nuestros hijos! Pero recuerde que su hijo es quien decide si va a comer y cuánto va a comer. Su misión es prepararle la comida y servírsela. Trate de distanciarse emocionalmente del problema. Si obliga a su hijo a comer, probablemente ganará la batalla pero perderá la guerra. Los estudios demuestran que cuando se obliga a comer a un niño, en realidad come menos que cuando se le deja comer a su propio ritmo.

Los niños que se portan mal a la hora de comer

¡Uf!, ¿me tengo que comer esta porquería? ¿Por qué no puedo tomar algo bueno para cenar? A menudo este tipo de comentarios convierten las horas de las comidas en una batalla campal. Trate de no prestar demasiada atención cuando su hijo hace comentarios de este tipo o se porta mal, pero enseñe a su hijo a expresarse con educación. Es necesario que su hijo aprenda a rechazar un plato de manera cortés. Dígale que si no se comporta correctamente, tendrá que dejar la mesa hasta que sea más educado. Sin embargo, cuando rechace la comida, dígale: «Muy bien, no tomes el primer plato, pero puedes comerte la fruta y el pollo». Naturalmente, cuando están sentados a la mesa los adultos también deben mostrar buenos modales si desean que sus hijos los imiten.

No me gusta

Algunos niños son más reacios que otros a probar nuevos platos. A veces cuando se le da un nuevo plato, pueden ser necesarios diez intentos antes de que el niño lo pruebe. No le dé importancia porque de lo contrario su hijo aprenderá que es una buena manera de atraer su atención. Asegúrese de elogiarlo cuando prueba algo nuevo. Los siguientes consejos le ayudarán a crear el marco apropiado para una conducta alimentaria saludable.

▼
Las horas de las comidas deben ser un momento agradable

Si su hijo ya empieza a ir a la guardería, cuando regresa a casa puede estar cansado y no del mejor humor para probar un nuevo plato que acaba de preparar para él. Por consiguiente, déjelo para el fin de semana.

1. Es necesario que establezca unos horarios de comidas y que su hijo sepa respetarlos. Puesto que los niños no comen bien cuando están cansados, trate de adelantar la cena. Cuando regrese de la guardería o de dar un paseo, deje que su hijo juegue durante una media hora. O si tiene intención de comer fuera, comuníqueselo a su hijo para crear el marco apropiado para que la experiencia sea positiva.

2. Cinco minutos antes de comer, avise a su hijo de que pronto cenarán. Esto le ayudará a prepararse y a dejar lo que está haciendo en este momento.

3. Si su hijo está muy excitado antes de la cena, trate de que durante algunos minutos haga alguna actividad más tranquila como leer.

4. La hora previa a la cena a menudo es el momento en que un niño pequeño desea toda la atención de su madre. Trate de preparar una comida que no requiera mucho tiempo o llévese a su hijo a la cocina mientras la prepara. Además, su hijo puede ayudarle, por ejemplo, a

lavar la verdura (¡aunque salpique de agua toda la cocina!).

5. Las horas de las comidas deben ser un momento agradable. Trate de evitar las discusiones y conversaciones desagradables a la hora de comer.

6. Haga la vista gorda con el mantel sucio, el agua derramada y el suelo untado de compota de manzana, ya que un niño pequeño sigue necesitando jugar con la comida. Continuará derramándose la leche por encima y ensuciandose el mantel, su cabello o su silla hasta que aprenda a manejar los cubiertos. Transcurrirán muchos años antes de que las horas de las comidas sean un acontecimiento «pulcro».

7. Haga más fáciles las horas de las comidas para su hijo. Debe sentarse en una silla alta adecuada. Déle cubiertos que sean fáciles de manejar y un plato hondo para que coja mejor la comida del plato.

8. Cuando toda la familia esté sentada a la mesa, dé buen ejemplo para que su hijo tome como modelo sus hábitos alimentarios y se sorprenderá de lo que un niño puede llegar a aprender de la conducta de los demás.

- Distribuya con gusto la comida en la fuente. Trate de respetar las idiosincrasias de su hijo por lo que respecta a la comida (p. ej., los guisantes no han de tocar las patatas o ¿puedo comer canapés en triángulo?). Si sabe que a su hijo le gusta la pasta sin salsa, sírvasela así.
- Asegúrese de que la comida de su hijo está cortada en trozos pequeñitos para que pueda comer sin ayuda.
- Cocine platos que tengan un aspecto apetitoso, utilizando diferentes formas, colores y consistencias.
- Sirva raciones pequeñas, ya que un niño en general se siente abrumado cuando la ración es demasiado grande.
- Sírvale alimentos apropiados para su edad. A los dos o tres años, un niño no puede masticar bien la carne incluso si está cortada en trozos pequeños.
- Deje que su hijo escoja lo que comerá para almorzar o cenar de modo que sienta que controla su propia alimentación. Por ejemplo, ¿qué crees que querrás para cenar, guisantes o zanahorias?
- Sírvale platos nuevos con una actitud positiva y perseverante: sírvalos en primer lugar, cuando su hijo tiene más hambre. Sirva una ración pequeña y sírvalo con algún alimento que le guste mucho a su hijo. Si lo rechaza, Sírvale de nuevo el alimento, quizá preparado de manera diferente, incluso si no le ha gustado la primera vez.
- Apague el televisor durante la hora de cenar y de comer y no deje que su hijo juegue en la mesa. Por otra parte los padres tampoco deben llevarse el correo o el periódico a la mesa.

▼

Apetito del niño en edad preescolar

Los niños en edad preescolar continúan teniendo un apetito muy variable, que va y viene, lo que depende de:

- El estado del crecimiento.
- Su nivel de actividad.
- Lo que comen cuando no están con sus padres.
- Su humor.

Establezca las directrices para su familia de modo que su hijo tenga una amplia oportunidad de comer antes de excusarse porque quiere jugar. No persiga a su hijo con el plato y el tenedor tratando de que coma. Y sobre todo no lo obligue a comer ni lo soborne («si no te comes el pollo, te quedas sin postre»). Si no come bien a la hora de la cena posiblemente es porque no tiene hambre o está distraído. En un momento u otro comerá. Dé buen ejemplo y ofrézcale comidas y tentempiés saludables. Consulte la pirámide de alimentos para niños pequeños como una guía de nutrición para un niño de entre dos y seis años.

Forma física del niño en edad preescolar

Entre los tres y los cinco años, los niños también establecen su «identidad de actividad». Ha llegado el momento de integrar el ejercicio practicado de forma regular en la vida de su hijo. Los paseos, el ciclismo, el fútbol y los juegos en el parque contribuyen a que su hijo se mantengan en buena forma física. A una edad apropiada aliente a su hijo a tomar parte en los deportes como la natación, baloncesto, etcétera. Asegúrese de limitar las actividades sedentarias como ver la televisión o los videojuegos a dos horas o menos al día. Estos hábitos se asocian con la obesidad infantil. Además, ver la televisión y distraerse con los videojuegos también impide que su hijo realice otras activida-

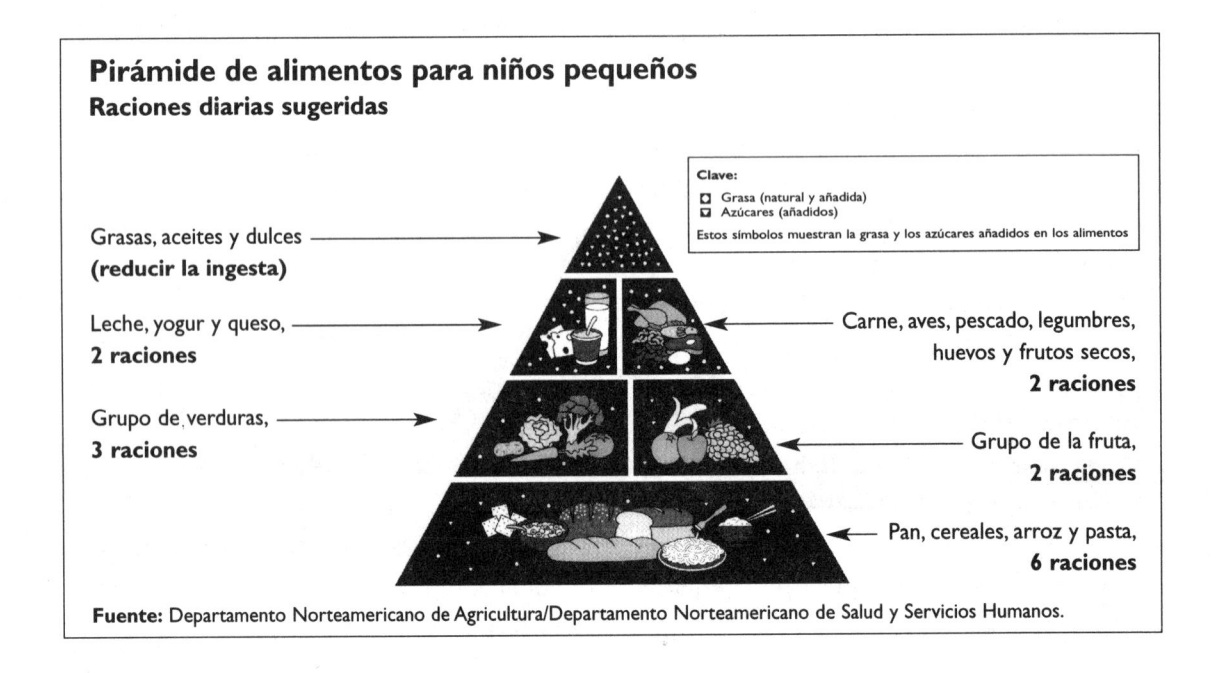

Pirámide de alimentos para niños pequeños
Raciones diarias sugeridas

Clave:
- Grasa (natural y añadida)
- Azúcares (añadidos)

Estos símbolos muestran la grasa y los azúcares añadidos en los alimentos

- Grasas, aceites y dulces **(reducir la ingesta)**
- Leche, yogur y queso, **2 raciones**
- Grupo de verduras, **3 raciones**
- Carne, aves, pescado, legumbres, huevos y frutos secos, **2 raciones**
- Grupo de la fruta, **2 raciones**
- Pan, cereales, arroz y pasta, **6 raciones**

Fuente: Departamento Norteamericano de Agricultura/Departamento Norteamericano de Salud y Servicios Humanos.

Alternativas bajas en grasas	
En lugar de	**Servir**
Leche entera	Leche semidesnatada, desnatada
Queso	Queso bajo en grasa
Hamburguesas, perritos calientes	Hamburguesas vegetales, hamburguesas de pavo
Pollo frito	Pollo asado
Pescado frito	Pescado asado o a la parrilla
Galletas de chocolate, pasteles, etcétera	Fruta fresca, galletas de avena, galletas bajas en grasas
Helado	Helado de yogur
Batidos	Batidos de fruta (receta p. 210)

des educativas importantes como los rompecabezas, la socialización con amigos, la lectura y el dibujo.

Si su hijo no está con usted durante el día, y va a la guardería asegúrese de que en la misma hace ejercicio (al aire libre si el tiempo lo permite) y no ve la televisión.

▼ Evitar la grasa

Una vez que su hijo cumpla dos años, no necesita la misma cantidad de grasas que durante los dos primeros años de vida. De hecho, en este momento el porcentaje de grasa de su dieta debe ser aproximadamente el mismo que el de un adulto, alrededor del 30 %. En el capítulo dos se ha descrito cómo una alimentación correcta y unos buenos hábitos alimentarios en la infancia pueden contribuir a prevenir las enfermedades del corazón, el cáncer y otras enfermedades que

están influidas por la cantidad de grasas de la dieta. Éste es un buen momento para empezar, cuando su hijo come la mayoría de los alimentos de un adulto y se están formando sus propias preferencias alimentarias. Recuerde que los hábitos alimentarios saludables iniciados a esta temprana edad probablemente persistirán cuando su hijo sea un adulto.

▼ Normas básicas para comer en casa

Éste es el momento para decidir con su pareja las normas para comer en casa. Establecer unas normas básicas para las horas de las comidas ayuda a que su hijo acepte las normas para otras conductas a medida que se hace mayor. Por ejemplo, algunas de las normas que puede establecer con referencia a la comida incluyen las siguientes:

- Sólo se debe comer en la mesa, en los lugares establecidos para comer o fuera de casa, y siempre el tipo de comida que se come fuera como bocadillos o palomitas de maíz.
- Todos los miembros de la familia permanecerán en la mesa hasta que todo el mundo haya terminado.
- Si su hijo tiene el suficiente apetito para tomar un postre como un flan, helado o pastel de queso, también lo tiene para tomar fruta.
- Todos los miembros de la familia deben llevar su plato y vaso al fregadero.
- Todos los miembros de la familia deben probar un plato nuevo, aunque sea un pequeño bocado.

Planes para comer en la guardería

Puesto que las comidas que su hijo hace en la guardería pueden representar una importante cantidad de las calorías y nutrientes diarios de su hijo, es necesario que preste atención al programa de alimentación de la guardería. Deben estar presentes estos alimentos:

- Los niños que permanecen en la guardería durante ocho horas o menos deben recibir como mínimo una comida y dos tentempiés o dos comidas y un tentempié.
- Los niños que permanecen en la guardería durante más de ocho horas al día deben recibir dos comidas y dos tentempiés o una comida y tres tentempiés.

- Es preciso que la guardería siga la pirámide de alimentos para niños pequeños como guía para los tipos de alimentos que se ofrecen. Deben ocupar un lugar preponderante los cereales, la fruta y la verdura.
- Los cubiertos deben ser apropiados para la edad del niño y su desarrollo psicomotor. Los niños han de poder tocar el suelo con los pies cuando están sentados. Los cubiertos para comer deben ser apropiados para su estatura y su peso de modo que se correspondan a sus habilidades motoras y para proteger a los niños de la posibilidad de asfixia.
- Deben evitarse los perritos calientes, uva, y bolitas de melón en niños de menos de tres años por el riesgo de asfixia. Las patatas fritas, frutos secos, caramelos duros, y las palomitas de maíz también suponen un riesgo de asfixia.
- Es preciso ofrecer a los niños raciones pequeñas, dándoles la posibilidad de repetir de un plato si lo desean.
- No debe obligarse a los niños a comer ni la comida debe ofrecerse como una recompensa o un castigo.
- Los niños deben recibir ayuda mientras comen si lo necesitan. Los cuidadores deben estar cerca del niño cuando come.

Instrucciones especiales para bebés

- Los biberones no deben dejarse calientes a temperatura ambiente durante períodos prolongados, ya que esto favorece la proliferación de las bacterias.
- La fórmula o la leche que ha quedado en un biberón después de la alimentación debe desecharse.

- Es preciso desinfectar los biberones y tetinas lavándolos en un lavavajillas o hirviéndolos durante cinco minutos antes de llenarlos.
- Es preciso calentar los biberones en un recipiente de agua caliente durante cinco minutos. Los biberones no deben calentarse nunca en el microondas.
- Antes de alimentar al niño, es preciso probar la temperatura de la leche.
- La leche materna congelada debe descongelarse en el frigorífico o debajo del agua caliente y no dejándola sobre la encimera.
- Los niños pequeños siempre deben sostenerse en brazos durante la alimentación. Un niño pequeño nunca debe tomar el biberón sin la ayuda de un adulto.
- Los niños pequeños deben comer sentados.

Lavado de manos

Por si no lo había adivinado, no existe un mejor lugar para la propagación de enfermedades que una guardería. Debido al contacto constante con los líquidos corporales (pañales) y a los hábitos mano a boca de los niños, es de suprema importancia el lavado de manos tanto de los niños como de los responsables de la guardería. Las manos deben lavarse:

Niños
- Inmediatamente antes y después de comer.
- Después de utilizar el baño o después de un cambio de pañal.
- Después de jugar en el parque.
- Después de haber tocado animales, jaulas de animales u otros objetos de animales.
- Siempre que las manos estén visiblemente sucias.
- Antes de regresar a casa.

Nota: Dado que los gérmenes y la suciedad a menudo se acumulan bajo las uñas, es preciso enseñar a los niños a utilizar un cepillo de uñas.

Personal de la guardería
- En el momento de llegar al trabajo.
- Inmediatamente antes de preparar la comida, los biberones o de dar de comer a los niños.
- Después de utilizar el baño, de ayudar a un niño en el WC o de cambiar los pañales.
- Después de cualquier contacto con líquidos corporales de un niño incluyendo el cambio de pañales con pipí o caca, mocos, expulsiones de leche o vómitos.
- Después de tocar animales, jaulas de animales u otros objetos.
- Siempre que las manos están visiblemente sucias o después de limpiar a un niño, limpiar la habitación o cualquier objeto del baño o juguetes.
- Después de extraerse guantes usados con cualquier propósito (los guantes no deben ser un sustituto del lavado de manos).
- Antes de administrar o aplicar medicación o crema a un niño o a sí mismos.
- Antes de regresar a casa.

Una buena técnica para lavarse las manos
- Siempre debe utilizarse agua caliente y un jabón líquido.
- El lavado de manos debe prolongarse durante quince segundos después de la aparición de la espuma.

- Aclararse las manos y después secarlas con papel desechable mientras el agua del grifo todavía corre. Se utilizará el papel desechable para cerrar el grifo y evitar la recontaminación de las manos tocando el grifo sucio.

- Se puede utilizar una loción vertida directamente sobre las manos sin que los dedos tengan contacto directo con el pitorro. Las manos secas y agrietadas son más sensibles a los gérmenes.

CAPÍTULO DOCE

Alimentación del niño en edad escolar

En este capítulo encontrará:
- *Tentempiés en la escuela*
- *Llevarse la comida de casa*
- *Plan de comidas de la escuela*
- *Comida basura*
- *Consejos para esta edad*
- *Consejos para enseñar a comer*
- *La alimentación del deportista*

Este capítulo responde a preguntas como:
- *Nunca tenemos tiempo para desayunar, ¿alguna sugerencia?*
- *¿Cuáles son las necesidades nutricionales adicionales de un niño que hace deporte?*
- *¿Cómo puedo inculcar a mi hijo de ocho años algunos conocimientos básicos sobre nutrición?*
- *¿Cómo puedo enseñar a mi hijo a evitar elecciones poco saludables de alimentos cuando come en la escuela?*
- *Mi hijo tiene problemas conductuales en la escuela. ¿Pueden guardar relación con la comida?*

A la edad de seis años, los niños pasan más tiempo en la escuela y con los amigos, y sus padres empiezan a tener menos control sobre lo que comen. Pronto la presión de los compañeros ejercerá incluso más influencias en sus hábitos alimentarios. Las siguientes sugerencias globales pueden ayudarle a equilibrar una situación que está cambiando:

- Continúe ofreciendo una dieta muy saludable a su hijo cuando come en casa.
- Los padres deben tener toda la influencia que sea posible cuando su hijo no está con ellos. Por ejemplo, si toman la decisión de que su hijo coma en la escuela, echen una ojeada al menú de la escuela y ayude a su hijo a escoger los platos más saludables y que al mismo tiempo sean los que más le gusten.

Tentempiés en la escuela

Su hijo puede comprarse ocasionalmente tentempiés y bebidas en las máquinas que existen en muchas escuelas pero aunque un tentempié o bebida tomado ocasionalmente no es perjudicial para la salud de su hijo, si se convierte en un hábito diario, podría tener efectos sobre su salud, ya que probablemente este tipo de tentempiés sustituirán desayunos o meriendas más saludables como la leche, un bocadillo de queso o la fruta. Hable con su hijo y sea transigente y tolerante para que de vez en cuando pueda comprarse algún capricho ocasional.

Llevarse la comida de casa

Si prepara la comida para su hijo, probablemente no sabrá a ciencia cierta si su hijo se la ha comido, la ha intercambiado con un compañero o cualquier otra cosa. Como norma, es mejor que su hijo pueda elegir lo que se llevará para comer, ya que es mucho más probable que lo haga.

Plan de comidas de la escuela

Solicite el menú escolar de todo el mes y échele una ojeada junto con su hijo. Hablen de las elecciones para cada uno de estos días, y deje que su hijo haga sus propias elecciones si éstas en general son saludables. Además, esto también le brinda la oportunidad de hablar con él sobre nutrición.

Comida basura

A medida que su hijo pasa más y más tiempo con otros niños, adquirirá tanto buenos como malos hábitos de sus compañeros. Las influencias combinadas de otros niños, la televisión y otros factores externos pueden dar lugar a que su hijo se aficione a la comida basura del tipo de las

El desayuno debe ser una prioridad diaria

Muchos niños se saltan el desayuno. Sin embargo, esta primera comida del día es muy importante porque proporciona a su hijo energía para empezar el día después de una noche de ayuno. En general, los niños que toman siempre el desayuno se concentran mejor, obtienen mejores puntuaciones en las pruebas escolares globales, resuelven con más facilidad los problemas y manifiestan menos problemas del tipo de la hiperactividad, así como una mejor conducta psicosocial. Si no tiene tiempo de desayunar:

- Su hijo debe tomar como mínimo un vaso de leche con cereales antes de salir de casa y desayunar cuando llegue a la escuela.
- Puede llevarse yogur, plátanos, manzanas, galletas de cereales, zumos, un bocadillo de queso o cereales en cajas individuales.
- Por la noche, antes de irse a la cama ponga la mesa para el desayuno incluyendo cajas de cereales variados. Al día siguiente todo lo que tendrá que hacer su hijo es beberse la leche y tomar sus cereales.

patatas fritas, dulces y otros tentempiés poco recomendables. Los anuncios en la televisión tienen una enorme influencia en los niños. Los niños que ven anuncios de alimentos dulces, con mucha probabilidad escogerán este tipo de productos.

Consejos para esta edad

- Explique a su hijo que los anuncios sobre comida tratan de convencer a la gente para que

compre, aun cuando lo anunciado pueda no ser una elección nutritiva o saludable para ellos.
- En ocasiones compre a su hijo lo que pide con insistencia, pero trate de ceñirse a la filosofía nutricional de su familia tanto como le sea posible.
- Para satisfacer los deseos de su hijo de comida basura, prepárele pollo y pescado frito y trate de incorporar dulces saludables como un sorbete de fruta en su dieta.

Consejos para enseñar a comer

- Sea positiva; explíquelo de forma amena.
- Concéntrese en la vida actual de los niños. Utilice los deportes como motivación para comer bien. «Correrás más y mejor si te tomas el desayuno por la mañana.»
- La experiencia de la vida real es mejor que miles de palabras.
- Integre la nutrición en otros temas. Por ejemplo, algunos experimentos científicos enseñan el valor de la nutrición. Además, cuando cocine también puede enseñarle matemáticas.
- Minimice las influencias externas referentes a la comida. No obstante, ver los anuncios con su hijo le brinda la oportunidad de discutirlos y analizarlos con él.
- No olvide la influencia de dejar que su hijo planifique y prepare la comida.

La alimentación del deportista

Aproximadamente a los siete u ocho años, su hijo puede empezar a hacer deporte más en serio. ¿Puede suponer la nutrición alguna diferencia en el rendimiento de su pequeño atleta? Sí. A continuación se ofrecen algunos consejos para que la nutrición de su hijo sea adecuada cuando hace deporte.

- Es importante que tome con regularidad comidas y tentempiés, especialmente el día del partido o del acontecimiento deportivo.
- Los días en que tiene varios partidos o competiciones es preferible que coma a menudo pero en pequeñas cantidades.
- Una comida rica en hidratos de carbono con una cantidad moderada de proteínas y grasas (p. ej., pasta con atún y leche) una hora antes del partido puede suponer una gran diferencia en el rendimiento.
- Si su hijo es sensible a los alimentos que provocan gas como el repollo, la col, las cebollas, y las alubias evite este tipo de alimentos el día de la competición o partido.
- Es vital una hidratación adecuada. Asegúrese de que su hijo bebe antes, durante y después de la actividad física. Una buena indicación de la hidratación es el color de la orina. Si observa que el color de la orina de su hijo es oscuro, significa que no bebe lo suficiente. Preste incluso más atención a los líquidos cuando hace ejercicio y el tiempo es muy caluroso o húmedo.

- La necesidad de calorías adicionales varía con cada deporte. Un deporte como el beisbol es poco probable que requiera una gran cantidad de calorías adicionales, mientras que el fútbol puede requerir la ingestión de más calorías. A menos que su hijo esté perdiendo peso, si come lo que le dicta su apetito, con toda seguridad su dieta le suministrará las suficientes calorías para cualquier deporte que esté practicando. Si no come lo suficiente para satisfacer la energía adicional que necesita con las comidas y tentempiés habituales, puede ser necesario suplementar su dieta con alimentos ricos en calorías o grasas como frutos secos, mantequilla de cacahuete o batidos de leche.

? Preguntas que quizá se plantee

P: *¿Son aconsejables las bebidas para deportistas?*

R: Las bebidas para deportistas no son necesarias excepto cuando su hijo participa en un deporte de resistencia que dura más de una hora o si simplemente su hijo nota que se cansa en exceso y durante la actividad necesitará un refuerzo adicional de hidratos de carbono. Los deportes de resistencia son el ciclismo, la natación y las carreras y cualquier otro deporte que implique una acción continua. Un partido de tenis durante el cual su hijo está mucho tiempo parado, no requiere hidratos de carbono adicionales. Como tentempié también puede tomar unos gajos de naranja con un poco de miel. Son un buen tentempié, ya que proporcionan energía rápida y líquidos durante los descansos.

P: *¿Necesitan proteínas adicionales los niños que participan en deportes?*

R: No. Un mito muy extendido es que las proteínas fortalecen los músculos. Aunque se ha demostrado que algunos atletas como los levantadores de pesas pueden necesitar una cantidad adicional de proteínas, la mayoría de la gente ingiere el doble de proteínas de lo que necesita en realidad. Si su hijo sigue una dieta equilibrada, seguramente ingiere las proteínas que necesita para tener unos músculos saludables y fuertes.

Mantenerse activo es importante para todo el mundo

Incluso si su hijo no está interesado en los deportes, no existe ninguna razón para que no pueda pasarlo bien con otras actividades físicas como el ciclismo, la natación o la marcha. De hecho, es más importante lograr que su hijo participe en estos tipos de actividades que podrá practicar durante toda su vida. Mantenerse activo es importante durante la época escolar (recuerde una vez más que los hábitos adquiridos en ese momento pueden persistir toda la vida). Enseñe a su hijo a moverse, y muévase con él.

CAPÍTULO TRECE

Verduras

Recetas que encontrará en este capítulo:

Entradas
- *Conchas rellenas de espinacas*
- *Ensalada de fideos vietnamita*

Tentempiés, comidas ligeras
- *Garbanzos salteados*

Ensaladas
- *Ensalada de brócoli*
- *Tomates a la lima*

Salsas
- *Salsa bechamel falsa*
- *Salsa secreta*

Guarniciones
- *Col salteada*
- *La cena de Aladino*
- *Mis patatas favoritas*
- *Tortitas de patata*

Sopas
- *La sopa de Bugs Bunny*
- *Minestrone rápido*
- *Sopa marciana*

Diez trucos para que sus hijos coman verduras

Las verduras son uno de los alimentos que los niños se niegan a comer con mayor frecuencia. A continuación le ofrecemos varios consejos para lograr interesarles:

1. *Mójelas.* A los niños les gusta mojar. Entre las preparaciones más populares se encuentran el catsup, diferentes salsas, la crema de queso derretido y la de judías. Ofrézcales verduras crudas acompañadas de una de ellas como primer plato. Las alcachofas al vapor son una hortaliza apropiada para mojar. A mis hijos les encantan. Deje que sumerjan las hojas de la alcachofa en una vinagreta o mantequilla de limón.

2. *Escóndalas.* Algunas veces los padres tienen que disimular las verduras en las preparaciones destinadas a sus hijos. Mi sistema favorito consiste en:
- Añadir hortalizas ralladas a las salsas para pasta cocidas.
- Incorporar puré de coliflor a las patatas horneadas y reducidas a puré.
- Agregar zanahorias cocidas a unas patatas aplastadas antes de reducirlas a puré.

3. *Déle hojas.* A muchos niños les encantan las ensaladas. Mi hijo Nicolas constituye un buen ejemplo; le encantan las ensaladas y en cambio odia las verduras. Cuando sirvo ensalada de espinacas, repite a menudo dos o tres veces.

159

4. *Hágalas divertidas.* Sirva las verduras de forma diferente.

Prepare brochetas de verduras, ya sean crudas, al vapor o asadas. Tenga cuidado con las brochetas en el caso de los niños más pequeños. Puede emplear una brocheta fina para ensartar verduras cocidas al vapor.

Sirva las verduras en recipientes vegetales. Por ejemplo, presente calabaza en media calabaza vacía o emplee una variedad pequeña. Los pimientos y tomates vaciados constituyen cuencos magníficos para otros alimentos.

5. *Fríalas.* Prepare a menudo hortalizas doradas en el horno, como tiritas de calabacín o rodajas de berenjena. Si a sus hijos les gustan las verduras fritas, considere que es mejor esta opción que nada en absoluto.

6. *Rellénelas o envuélvalas.* En panes pita, conchas de pasta, tortillas o crepes. Unas hojas de lechuga mezcladas con trocitos de jamón y queso son ideales para rellenar un pan pita. Las conchas de pasta quedan excelentes rellenas con una mezcla de queso y espinacas (receta en p. 172).

7. *Salséelas.* Una salsa aporta a menudo el toque definitivo para que les guste a los niños. Puede utilizar queso crema derretido, salsa bechamel o de tomate. Una buena combinación consiste en brócoli recubierto con queso derretido.

8. *En bebidas.* No menosprecie la posibilidad de que a sus hijos pueda gustarles el zumo de tomate, aunque no les gusten los tomates. Si tiene un extractor de zumos, experimente con combinaciones de frutas y verduras. El zumo de zanahorias es dulce y puede mezclarse con batidos de frutas. *Un consejo:* si sus hijos participan en los experimentos, es muy probable que beban el resultado final.

9. *Redúzcalas a puré.* Reduzca a puré las verduras o prepare un puré de judías y queso a fin de obtener una crema para mojar.

10. *Rállelas.* A algunos niños les gustan las hortalizas finamente ralladas. Pruebe una ensalada de zanahorias ralladas con pasas o col rallada mezclada con manzana y nueces.

Verduras

LA CENA DE ALADINO
(BERENJENAS HORNEADAS)

A veces el truco para que los niños coman verduras consiste en no decírselo. Indíqueles solamente que esto era lo que comía Aladino.

Para: 7 porciones

1 berenjena pelada y cortada a lo largo en lonchas de $^1/_2$ cm de grosor

Sal

$^1/_2$ l de salsa de tomate casera

200 g de queso mozzarella

250 g de corazones de alcachofa hervidos y escurridos

1. Extienda las lonchas de berenjena sobre papel de cocina. Sálelas generosamente y déjelas reposar 10 minutos. Retíreles el agua de vegetación y séquelas con papel de cocina. De esta forma no tendrán un sabor amargo.

2. Extienda una capa de salsa de tomate en una fuente cuadrada para microondas de 20 cm de lado.

3. Cubra con una capa de lonchas de berenjena, luego con salsa de tomate, queso rallado, alcachofas cortadas a rodajas, más salsa, queso, alcachofas y para finalizar con el resto de salsa y queso.

4. Cueza en el microondas durante 15 minutos en posición alta, dando media vuelta a la fuente a media cocción. Deje reposar 5 minutos ante de servir.

ENSALADA DE BRÓCULI

Con esta receta los niños olvidarán que comen bróculi.

Para: 6 porciones

1 kg de bróculi fresco picado (a los niños les gusta ligeramente cocido al vapor)

100 g de pasas de Corinto

100 g de pepitas de girasol

2 cucharadas de cebolla roja, finamente picada

2 cucharadas de trocitos de beicon

2 cucharadas de yogur desnatado

2 cucharadas de mayonesa ligera

1 1/2 cucharadas de azúcar

1/2 cucharada de vinagre

1. Mezcle el bróculi, pasas, pepitas de girasol, cebolla y beicon.

2. Mezcle el resto de los ingredientes y añádalos a la preparación anterior. Mezcle bien.

3. Deje enfriar 2 horas como mínimo para que los sabores se amalgamen.

LA SOPA DE BUGS BUNNY

Esta sopa es para toda la familia.

Para: unas 7 porciones

2 cucharadas de aceite o mantequilla

150 g de cebolla, picada

2 tallos de apio, picados

750 g de zanahorias peladas, cortadas a rodajas

$1/4$ l de agua

$1/2$ cubito de caldo de pollo

$1/2$ cucharadita de eneldo

$1/2$ l de leche

1. Caliente el aceite o la mantequilla en una cacerola.

2. Agregue la cebolla y el apio y cuézalos hasta que estén tiernos y dorados.

3. Agregue las zanahorias y déjelas cocer 5 minutos.

4. Vierta el agua, el cubito y el eneldo. Mezcle bien. Tape y prosiga la cocción hasta que las zanahorias estén tiernas.

5. Retire el recipiente del fuego y vierta la mitad de la mezcla en el recipiente de la batidora mezcladora eléctrica junto con la mitad de la leche. Bata a velocidad lenta y luego alta hasta reducir la sopa a puré. Viértala en una sopera y repita la operación con el resto de la mezcla.

6. Mezcle ambas tandas de puré y sirva.

COL SALTEADA

Sólo para amantes de las coles.

Para: 2 porciones

1 ¹/₂ *cucharadas de aceite vegetal*

¹/₂ *cucharadita de aceite de sésamo (opcional)*

1 *diente de ajo, picado*

¹/₂ *col mediana, cortada a tiras finas (sin el corazón)*

2 *cucharadas de salsa de soja clara*

1. Caliente ambos aceites o sólo el vegetal en una cacerola antiadherente.

2. Agregue el ajo picado y cuézalo 30 segundos, removiendo sin cesar para que no se queme.

3. Incorpore la col y la salsa de soja y prosiga la cocción removiendo sin cesar. Si la col empezara a pegarse a la cacerola, añada una cucharada de agua.

4. Prosiga la cocción hasta que la col alcance la textura preferida.

Variante

Añada tiras de pechuga adobadas al ajo y saltéelas brevemente hasta que estén cocidas, antes de añadir la col.

TOMATES A LA LIMA

La lima proporciona al tomate fresco una nueva dimensión. La lima tiene un sabor mucho más perfumado y suave que el limón. Puede sazonar esta ensalada con perejil o cebollinos finamente picados. Aumente las proporciones de acuerdo con los comensales.

Para: 4 porciones

4 tomates grandes
1 lima pequeña
1 cucharada de aceite de oliva
sal o sal de ajo (opcional)

1. Corte los tomates a rodajas finas y póngalas en una fuente.

2. Exprima el zumo de lima sobre las rodajas.

3. Rocíe con el aceite de oliva y espolvoree con sal o sal de ajo, si lo desea.

SOPA MARCIANA

Si a su hijo no le gustan las verduras, un toque marciano podrá hacerle cambiar de idea. Gusta incluso a quienes las aborrecen.

Para: 10 porciones

7 patatas nuevas medianas

1 kg de espinacas frescas

4 dl escasos de leche

$1/4$ l del líquido de cocción de las patatas y espinacas

crema de leche espesa para adornar (opcional)

Estrellas de picatostes
1. Tueste unas rebanadas de pan en la tostadora eléctrica.
2. Corte las rebanadas con cortapastas en forma de estrella.
3. Coloque los picatostes sobre la sopa.

1. Pele y corte las patatas en trozos de unos 2 cm. Póngalas en una cacerola y cúbralas con agua.

2. Cueza a fuego moderado hasta que las patatas casi estén cocidas, añadiendo las espinacas 5 a 10 minutos antes de finalizar la cocción. Retire la cacerola del fuego y escurra las patatas y espinacas, reservando el líquido de cocción.

3. Reduzca por tandas a puré en el recipiente de la batidora mezcladora eléctrica (asegúrese que cada vez pone patatas, espinacas y suficiente leche y líquido de cocción para poder obtener un puré). Vierta la preparación en una sopera o cuenco grande.

4. Una vez haya terminado, mezcle las diferentes tandas y sazone al gusto con sal y pimienta. Agregue más líquido si desea una sopa más fina.

5. Vierta en platos soperos o cuencos. Si lo desea adorne cada porción con un poco de crema de leche espesa.

6. Acompañe con estrellas de picatostes (véase izquierda).

GARBANZOS SALTEADOS

Estos garbanzos se preparan rápidamente y son ideales para incluir en una fiambrera. Varíe la condimentación de acuerdo con los gustos de su familia.

Para: 1 1/2 tazas

1 cucharada de aceite de oliva

1 diente de ajo grande o 2 pequeños, picado

1 frasco de garbanzos de 500 g, enjuagados y bien escurridos

1. Caliente el aceite de oliva en una sartén antiadherente.

2. Agregue el ajo y los garbanzos. Saltee a fuego vivo durante 3 minutos.

3. Prosiga la cocción a fuego moderado otros 7 minutos, removiendo de vez de en cuando, hasta que los garbanzos estén dorados.

4. Sírvalos calientes o al natural. Puede mezclar estos garbanzos con una ensalada.

MIS PATATAS FAVORITAS

En casa nos gustan mucho, además es una buena forma de incluir más verduras en la dieta (y conseguir que los niños reacios las coman). Aumente la cantidad de zanahorias para obtener un sabor y color diferentes.

Para: 18 porciones

10 patatas medianas (de unos 250 g cada una), peladas y a dados

5 zanahorias medianas, peladas y a rodajas

1-1,2 dl de leche evaporada

2 cucharadas de margarina ablandada

1 a 2 dientes de ajo picados (opcional)

sal y pimienta al gusto

1. Ponga las patatas y zanahorias en una cacerola grande y cúbralas con agua.

2. Cuézalas de 45 minutos a 1 hora, o hasta que estén tiernas.

3. Escúrralas y póngalas en un cuenco grande.

4. Bátalas con la batidora eléctrica y añádales la leche, margarina y condimentos. Vierta más leche para alcanzar la consistencia deseada.

Variante
Añada 100 g de queso crema mientras bate las patatas, para conferirles una consistencia más cremosa.

Verduras

TORTITAS DE PATATA

¡Tortitas de patata especiales!

Para: 12 tortitas

2 tazas (de ¹/₄ l de capacidad) de patatas ralladas

2 tazas (de ¹/₄ l de capacidad) de calabacín rallado

2 huevos grandes

60 g de harina

¹/₂ cucharadita de sal de ajo

1 escalonia, finamente picada

2 cucharadas de queso parmesano rallado

1. Mezcle todos los ingredientes en un cuenco. Caliente una sartén antiadherente a fuego moderado, vierta un poco de aceite y repártalo sobre la base con papel de cocina.

2. Vierta una doceava parte de la preparación en la sartén y extiéndala formando un círculo de unos 10 cm ayudándose con el dorso de una cuchara.

3. Cueza cada lado unos minutos.

4. Acompañe con catsup, salsa para pasta o de su elección.

SALSA SECRETA

Ni el mejor agente secreto sería capaz de adivinar qué lleva esta salsa tan saludable.

Para: unas 10 porciones

2 cucharadas de aceite de oliva

3 tallos de apio, picados

1 cebolla pequeña, picada

10 dientes de ajo pequeños

1 manojo de perejil picado

2 pimientos rojos, asados, pelados y picados

1 cucharadita de orégano en polvo

1 1/2 kg de tomates maduros, escaldados, pelados y groseramente picados

1 cucharadita de azúcar

1 cucharadita de sal

1/2 cucharadita de pimienta

1. Vierta el aceite en una cacerola ancha antiadherente. Agregue los 4 ingredientes siguientes y cueza removiendo de vez en cuando, hasta que la cebolla esté transparente.

2. Agregue el resto de los ingredientes y cueza a fuego lento unos 30 minutos.

3. Bata la salsa con la batidora eléctrica hasta reducirla a puré. Sírvala con pasta o raviolis.

Verduras

SALSA BECHAMEL FALSA

Sus hijos no sospecharán que ha preparado esta salsa blanca con colifor, de hecho incluso podrá engañar a los adultos. Esta salsa tan versátil puede acompañar pastas, pollo o pescado. Sazónela añadiéndole estragón, ajo o sus especias favoritas.

Para: unas 6 porciones

1,2 dl de leche

500 g de coliflor, separada en ramitos

50-75 g de queso rallado, si utiliza parmesano 50 g serán suficientes

1. Hierva la coliflor en poca agua o cuézala al vapor hasta que esté tierna. Escúrrala.

2. Póngala en el recipiente de la batidora eléctrica con la leche. Redúzcala a un puré homogéneo.

3. Devuelva la preparación a la cacerola y mézclela con el queso hasta que éste se haya derretido.

CONCHAS RELLENAS DE ESPINACAS

A mis hijos les encanta esta receta con espinacas. Las conchas rellenas se congelan bien, por lo que puede doblar las proporciones de la receta y congelar media.

Para: 4 porciones

300 g de espinacas congeladas, cocidas y bien escurridas

200 g de requesón desnatado o con bajo contenido en grasas

25 g de queso parmesano, recién rallado

75 g de queso mozzarella, rallado

1/4 cucharadita de sal de ajo, o más al gusto

250 g de conchas de pasta gigantes, cocidas al dente y escurridas

3 dl de salsa de tomate casera

quesos mozarrella y parmesano rallado para espolvorear

1. Precaliente el horno a 175 °C.

2. Mezcle en un cuenco grande todos los ingredientes excepto las conchas, salsa y quesos para espolvorear.

3. Rellene las conchas con la preparación anterior y póngalas en una fuente refractaria.

4. Cubra las conchas con la salsa.

5. Hornee 30 minutos. Espolvoree con el queso rallado justo antes de servir.

MINESTRONE RÁPIDO

Sirva esta sopa reconfortante con picatostes cortados en formas decorativas.

Para: 4 porciones

150 g de espinacas congeladas, descongeladas, o cocidas en un mínimo de agua, sin escurrir

$1/4$ l de salsa de tomate casera

500 g de tomates maduros, escaldados, pelados y finamente picados

200 g de judías verdes

200 g de garbanzos o judías blancas, cocidos

150-200 g de pasta hervida

$1/4$ l de agua

$1/2$ cebolla finamente picada

$1/2$ cucharadita de sal de ajo

1 cucharadita de orégano seco

$1/2$ cucharadita de albahaca seca o unas hojas frescas

2 cucharaditas de perejil, finamente picado

1. Mezcle todos los ingredientes en una cacerola mediana.

2. Cueza a fuego lento de 10 a 15 minutos o hasta que la sopa esté caliente. Añada más agua si no la desea tan consistente.

ENSALADA DE FIDEOS VIETNAMITA

Estos fideos son una de mis recetas vietnamitas preferidas. Aportan a los niños una visión diferente de las ensaladas. El aliño es una creación de mi sobrino, Hao Do.

Para: 4 a 6 porciones

ENSALADA:
175 g de fideos de arroz secos (de venta en establecimientos especializados en productos orientales)
750 g de espinacas jóvenes, hojas de lechuga o verduras variadas
1 pepino, pelado y finamente picado
2 zanahorias, peladas, cortadas en juliana o ralladas
2 cebollas tiernas, finamente picadas
unas ramitas de cilantro fresco, finamente picado
3 cucharadas de cacahuetes, groseramente picados (opcional)
400 g de gambas cocidas, pollo, ternera o cerdo (opcional)

ALIÑO:
3 dientes de ajo, finamente picados
2 cucharadas de zumo de lima o limón
1 cucharada de azúcar
4 cucharadas de salsa de pescado oriental (de venta en establecimientos especializados en alimentos orientales), o en su defecto salsa de soja clara
1,2 dl de agua

1. Cueza los fideos 5 minutos. Enjuáguelos con agua fría y déjelos escurrir.
2. Mezcle las espinacas, lechuga, pepino y zanahorias. Repártalos entre los platos.
3. Mezcle en un cuenco pequeño las cebollas tiernas con el cilantro y reparta sobre los fideos. (Ponga sólo un poquito en el plato de los niños.)
4. Mezcle bien los ingredientes del aliño.
5. Aliñe los fideos con la mayor parte de la salsa y repártalos sobre las verduras. Sirva aparte el resto del aliño.
6. Cubra la preparación con los cacahuetes y las gambas o carne, si lo desea.

Cómo preparar rollitos de primavera con los mismos ingredientes

Prepare la receta con la mitad de los ingredientes. Remoje 12 obleas de papel de arroz (de venta en establecimientos especializados en productos orientales) de una en una en un cuenco con agua hasta que se ablanden. Retire la oblea del agua, ponga en un extremo unas tiritas de carne, cacahuetes picados, zanahoria, pepino y cilantro, añada un poco de fideos cocidos y empiece a enrollar la pasta, lleve hacia dentro los extremos laterales y continúe enrollando hasta formar el rollito. Acompañe con unas hojas de lechuga o espinacas y la salsa.

CAPÍTULO CATORCE

Frutas

Recetas que encontrará en este capítulo:

Bebidas
- *Frutas flotantes*
- *Un trago de sol*
- *Zumo Tutti Frutti*

Postres
- *Fondue de frutas*
- *Plátanos a la naranja*
- *Polos de fresa*
- *Polos de pera*
- *Sorbete de piña y pomelo*

Salsas
- *Crema de frutas y queso*
- *Salsa de fresa y naranja*

Ensaladas/Aliños
- *Aguanieve de ensalada de frutas*

Guarniciones/Tentempiés
- *Chips de tortilla a la canela*
- *Erizos de fruta*
- *Frutas congeladas en pajitas*
- *Salsa de frutas arco iris*

Sopas
- *Sopa de frutas y yogur*

La fruta es dulce como un postre, pero mucho más saludable. Es fácil de comer, se presenta en su propio envase biodegradable y está llena de fibra y vitaminas. La fruta (junto con la verdura) disminuye el riesgo de contraer cáncer, las enfermedades cardiovasculares y otros trastornos de salud. También se ha demostrado que mejora el funcionamiento pulmonar. Los niños que ingieren cantidades generosas de frutas frescas tienen un mejor funcionamiento de sus pulmones, que aquellos que no comen ninguna.

A la mayoría de niños les encanta la fruta, pero otros prefieren la verdura. Incluso si a su hijo le gusta la fruta, quizá coma siempre la misma. A veces son frecuentes ciertas adicciones que pueden tener resultados inesperados. Cuando mi hijo Nicolas tenía dos años devoraba los plátanos. Ahora, con siete, come uno de vez en cuando tras cuatro años de rechazo absoluto. A Robert, nuestro hijo menor, también le encantaban, pero realizó la transición comiendo varios plátanos semanales sin expresar ningún rechazo.

Para que no coma siempre lo mismo, compre la fruta en cuestión de vez en cuando. Dígale: «Los plátanos se han acabado, pero mira, tenemos este kiwi peludito». Si come diferentes frutas evitará ingerir un pesticida en concreto, el cual puede utilizarse en dicha fruta, pero no en otra. En la página siguiente se ofrecen unas cuantas ideas para reemplazar unas frutas por otras.

Muchas familias siguen un consumo rutinario de frutas en invierno, cuando sólo existen unas pocas frutas estacionales. En las fruterías de cierto tamaño se puede encontrar una abundante variedad de frutas en cualquier estación, procedentes de todo el mundo. Tenga en cuenta que las frutas que han viajado grandes distancias contienen a menudo una cantidad extra de pesticidas y conservantes para que mantengan una apariencia «perfecta». (Para una mayor información sobre pesticidas, véase p. 88.) Es preferible consumir frutas de temporada en su región y esperar a que llegue el verano.

Cómo sustituir unas frutas por otras	
Si a su hijo le gustan:	**También le pueden gustar:**
Manzanas	Peras
Naranjas	Pomelos
Melocotones	Albaricoques, melón cantalupo
Uvas, pasas	Arándanos, frambuesas
Fresas	Kiwis

Quince maneras de incluir más fruta en la dieta familiar

1. No tema utilizar fruta enlatada, por ejemplo en el almuerzo de su hijo, cuando ciertas frutas no están de temporada.

2. Puede gratinar frutas enlatadas durante los meses invernales espolvoreándolas con un poco de azúcar moreno, galletas desmenuzadas y mantequilla.

3. Durante el invierno mezcle frutas frescas con enlatadas para obtener una magnífica ensalada. Una buena mezcla puede consistir en melocotones, piña, plátano, manzana y uvas.

4. Prepare un batido con bayas congeladas en diciembre (para recordar los días soleados).

5. Prepare la misma fruta de formas diferentes:
- Hornee una manzana en el microondas.
- Gratine un pomelo.
- Hornee los plátanos con azúcar moreno y zumo de naranja (receta en p. 177).
- Congele plátanos o uvas sin pepitas (parecen helado).
- Prepare una brocheta de melón ensartándolo en una pajita fina.

6. Aporte un toque especial a sus platos preparando sus propias salsas.

7. Cuando viaje en el coche ofrezca orejones de albaricoques y uvas pasas como tentempié.

8. Cubra crepes, tortitas y barquillos con bayas frescas o congeladas y salsa de manzanas a la canela.

9. Prepare una ensalada de frutas en gelatina.

10. Cubra un bizcocho con frutas frescas y crema batida.

11. Sirva la fruta lista para comer, pelada y troceada o segmentada.

12. Añada frutas secas a la masa de bizcochos rápidos, cereales calientes, crepes, budines de pan y de arroz y a las galletas. Puede utilizar pasas, orejones de albaricoques, dátiles, mangos o ciruelas.

13. Sustituya la grasa de pasteles, galletas y bizcochos rápidos por salsa de manzana, plátanos reducidos a puré o puré de ciruelas.

14. Añada pasas, manzana, pera o mango picado a las ensaladas de pollo o atún.

15. Mezcle frutas con yogur.

PLÁTANOS A LA NARANJA

Puede servir los plátanos según la receta o acompañarlos con helado de vainilla o yogur helado.

Para: 6 porciones

3 plátanos grandes

6 cucharadas de zumo de naranja recién exprimido

50 g de azúcar moreno

3 cucharadas de margarina ligera o mantequilla

1. Cuartee los plátanos y luego corte cada cuarto en rodajas.

2. Mezcle el zumo de naranja con el azúcar y la mantequilla en una sartén antiadherente. Caliente hasta que la mezcla burbujee.

3. Incorpore los plátanos, mézclelos con cuidado y sírvalos enseguida bien calientes.

SALSA DE FRESAS Y NARANJA

Esta salsa es perfecta para rociar sobre crepes, barquillos, ensaladas de frutas frescas o yogur helado.

Para: 3 porciones

300 g de fresas, lavadas, sin los pedúnculos y troceadas

1 cucharada de maicena

1 dl escaso de zumo de naranja (u otro zumo de frutas)

3 cucharadas de azúcar

1 cucharadita de vainilla en polvo

1. Prepare las fresas y póngalas a escurrir.

2. Mezcle poco a poco la maicena con el zumo de naranja frío y el azúcar. Vierta en un cazo y caliente sin dejar de remover para que la preparación no se pegue al fondo del mismo.

3. Cueza hasta que la salsa esté clara y se haya espesado.

4. Agréguele las fresas y la vainilla.

5. Sirva sobre crepes o tortitas, barquillos o helados.

ERIZOS DE FRUTA

Si su hijo todavía no ha comido mangos, ésta es una forma divertida de introducirlos.

Para: 4 porciones

2 mangos

8 uvas negras sin pepitas

1. Corte los mangos por la mitad a lo largo y separe la carne del hueso central en dos grandes secciones planas curvadas.

2. Sin llegar a cortar la piel, practique de 4 a 6 cortes longitudinales sobre ambas porciones.

3. Practique el mismo número de incisiones en diagonal para obtener rombos.

4. Sostenga una mitad de mango y presione sobre la piel para llevar hacia el exterior la carne interna del mango. Ahora, la piel debe haberse curvado hacia dentro y la carne de la fruta hacia fuera.

5. Inserte las uvas en el lugar adecuado para simular los ojos. (En el caso de niños pequeños, corte las uvas por la mitad.)

CHIPS DE TORTILLA A LA CANELA

A los niños les encanta esta versión saludable de los chips de tortilla. Acompáñelos con la Salsa de frutas arco iris (receta en p. 187).

Para: 42 chips

7 tortillas pequeñas de harina o maíz

1 cucharada de azúcar

½ cucharadita de canela

1. Precaliente el horno a 225 °C.

2. Corte cada tortilla en 6 triángulos ayudándose con un cuchillo o tijeras de cocina. Mezcle el azúcar con la canela.

3. Pincele los extremos de las tortillas con agua y esparza por encima el azúcar y la canela.

4. Hornee unos 10 minutos o hasta que los chips estén crujientes.

CREMA DE FRUTAS Y QUESO

Para aquellos niños a quienes les guste mojar.

Para: 4-6 porciones

125 g de queso crema ligero, ablandado

1 dl de zumo de frutas (naranja, manzana, piña, uvas, o cualquiera de su elección)

frutas favoritas para mojar

1. Mezcle en un cuenco el queso crema y el zumo de frutas con una batidora de varillas o eléctrica hasta obtener una crema lisa.

2. Lave, pele, corte a rodajas o cuartee las frutas elegidas para mojar.

3. Sumerja sus frutas frescas favoritas en la crema.

SOPA DE FRUTAS Y YOGUR

Esta preparación constituye una magnífica entrada veraniega, especialmente si se sirve en el melón vaciado. En una escala del 1 al 10, los niños que la degustaron le dieron una puntuación de 10.

Para: 4-5 porciones

1 melón cantalupo, cortado por la mitad y vaciado, sin pepitas, carne groseramente picada

6 cucharadas de zumo de naranja

3 yogures de vainilla

1. Mezcle el melón, el zumo de naranja y los yogures en el recipiente de la batidora mezcladora eléctrica hasta obtener una preparación homogénea.

2. Sirva en las mitades vacías de melón.

Adorno
A los niños les encantan unas fresas, arándanos o frambuesas flotando por encima.

Variante
Sirva la sopa en naranjas vaciadas.

FRUTAS FLOTANTES

Inserte frutas en cubitos de hielo.

Para: tantos cubitos como desee

Piña, pera y melocotón cortados a trozos pequeños (para más color puede utilizar cerezas, fresas, frambuesas, arándanos y gajos de mandarina)

Limonada

1. Ponga un trozo de fruta en cada sección de la cubitera.

2. Llene la cubitera con la limonada.

3. Congele 3 horas o más, hasta que los cubitos estén firmes.

4. Coloque los cubitos de hielo en vasos altos de cristal y llénelos a continuación con la limonada.

Variante
Reduzca las frutas a puré y mezcle el puré obtenido con yogur. Vierta la mezcla de frutas y yogur en la cubitera y congele la mezcla hasta que esté firme.

FRUTAS CONGELADAS EN PAJITAS

Pruebe esta nueva idea para servir frutas. Ideal para los cálidos días veraniegos.

Para: tantas porciones como desee

Manzana, plátano, melón, piña, y/o pera, cortados en trozos medianos

Uvas, cortadas por la mitad

Fresas enteras

Pajitas de refresco

1. Ensarte las frutas en las pajitas. Congele.

2. Sirva a modo de tentempié frío.

FONDUE DE FRUTAS

Los niños se sienten como adultos al mojar fresas, rodajas de pera y uvas en esta salsa de chocolate.

Para: 2-3 porciones

$1/_3$ de taza (aproximadamente 75 g) de chips de chocolate con leche o blanco

2 cucharadas de leche

Fresas, rodajas de pera y uvas para mojar

1. Caliente la leche en un cazo de tamaño medio, sin dejar que hierva.

2. Agregue las pepitas de chocolate y remueva bien hasta que se hayan derretido.

AGUANIEVE DE ENSALADA DE FRUTAS

Esta ensalada es refrescante en verano, además constituye un tentempié ideal para degustar al aire libre.

Para: unas 12 porciones

250 g de piña fresca troceada

450 g de mandarinas, peladas y troceadas

400 g de melocotones, pelados y troceados

2 plátanos cortados a rodajas

400 g de uvas sin semillas

3 cucharadas del zumo de frutas de su elección

1. Mezcle todos los ingredientes en un cuenco grande. (Si es para niños pequeños puede trocearlos finamente.)

2. Coloque la preparación en una bolsa para congelar. Introduzca la bolsa en el congelador hasta que la preparación adquiera la consistencia del aguanieve, o congele hasta que esté firme y deje descongelar de 20 a 30 minutos antes de servir.

Variantes

Distribuya las frutas en moldes metálicos para magdalenas o moldes de papel individuales. Congele hasta que esté bien firme, desmolde y conserve en bolsas para congelar hasta el momento de servir.

Añada fresas cortadas a rodajas, arándanos o cualquier fruta favorita a la preparación base.

SORBETE DE PIÑA Y POMELO

Niños y adultos disfrutarán de este refrescante sorbete.

Para: 4 porciones

500 g de piña, pelada y troceada

1 pomelo, pelado, cortado en gajos y despojado de las membranas que los recubren (Para ello, corte el pomelo por la mitad y secciónelo con un cuchillo.)

1. Ponga la piña troceada en una bolsa para congelar e introdúzcala en la nevera hasta que esté parcialmente congelada.

2. Ponga la piña en el recipiente de la batidora mezcladora eléctrica y añada el pomelo. Accione el aparato hasta obtener una mezcla homogénea.

3. Sirva enseguida o congele para servir posteriormente. En este caso, mezcle bien la fruta antes de servirla.

ZUMO TUTTI FRUTTI

Esta bebida es apropiada para cualquier edad.

Para: las cantidades deseadas

Zumo de piña
Zumo de albaricoque
Zumo de uvas y melocotón

1. Mezcle partes iguales de los tres zumos.

POLOS DE PERA

Las peras quedan suaves y cremosas una vez congeladas.

Para: 4 polos

400 g de peras, peladas y descorazonadas

250 g de yogur desnatado con frutas, a su elección

1. Vierta las frutas y el yogur en el recipiente de la batidora mezcladora eléctrica y accione el aparato hasta que estén bien mezclados.

2. Divida la preparación en 4 moldes especiales para polo u otros moldes de su elección y ensarte 4 palitos.

3. Congele hasta que la mezcla esté firme, aproximadamente unas 3 horas.

Variante
Distribuya trozos pequeños de frutas o arándanos enteros en los moldes antes de verter la mezcla de peras. Experimente con pepitas de chocolate.

SALSA DE FRUTAS ARCO IRIS

A sus hijos quizá no les guste la salsa de tomate, pero seguro que probarán ésta. Sírvala junto con los Chips de tortilla a la canela (receta en p. 180).

Para: unas 8 personas

- *2 manzanas Red Delicious o Granny Smith, peladas y picadas*
- *250 g de fresas, picadas*
- *1 kiwi, pelado y picado*
- *1 naranja, pelada, sin semillas y picada*
- *250 g de melocotones, pelados, deshuesados y picados*
- *2 cucharadas de mermelada de manzana, albaricoque o fresa*
- *2 cucharadas de azúcar moreno*
- *1,5 dl de zumo de naranja, recién exprimido*

NOTA: *Las frutas pueden picarse por separado o colocarse en el recipiente de la batidora mezcladora eléctrica y accionar el aparato hasta obtener la consistencia de una salsa.*

1. Asegúrese que las frutas estén bien lavadas y finamente picadas y póngalas a continuación en un cuenco.

2. Mezcle la mermelada de frutas con el azúcar moreno y el zumo de naranja. Remueva con la preparación anterior.

3. Acompañe con los Chips de tortilla a la canela.

UN TRAGO DE SOL

Este zumo de frutas es como un rayo de sol en un día sombrío.

Para: 4 personas

½ l de zumo de albaricoque

½ l de zumo de piña

1. Mezcle y enfríe el zumo obtenido. Puede servirlo en un cuenco dispuesto sobre hielo.

POLOS DE FRESA

Llenos de fibra y vitamina C.

Para: 8 polos

300 g de fresas, sin los pedúnculos

3 cucharadas de azúcar

500 g de yogur desnatado o semidesnatado

1. Ponga las fresas, el azúcar y el yogur en el recipiente de la batidora mezcladora eléctrica.

2. Divida la mezcla en 8 moldes para polo o de su elección; inserte los palitos.

3. Congele 3 horas o hasta que la mezcla esté firme.

Variante
Coloque trocitos de frutas o arándanos enteros en los moldes antes de llenarlos con la preparación.

CAPÍTULO QUINCE

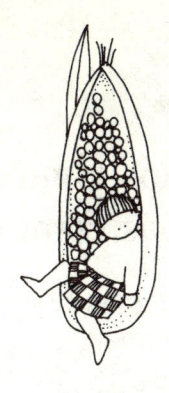

Cereales

Recetas que encontrará en este capítulo:

Desayuno
- *Muesli*

Postres
- *Budín de pan*

Almuerzos ligeros/Guarniciones
- *Arroz frito*
- *Bulgur con nueces a la menta*
- *Crepes*
- *Ensalada de maíz y cebada*
- *Pilaf de cereal básico*
- *Polenta con queso*

Platos principales
- *Calzones*
- *Quesadillas*
- *Raviolis rápidos*

Salsas
- *Salsa de pimientos rojos asados*

Consejos para incluir más cereales integrales en la dieta familiar

Nunca hasta ahora ha sido más fácil poder comer cereales integrales. La amplia variedad de alimentos integrales, muchos de ellos de cocción rápida, facilita su inclusión en las comidas familiares. A continuación le ofrecemos varios consejos para introducirlos.

1. Si ofrece a sus hijos cereales integrales cuando todavía son pequeños, aceptarán diferentes tipos de los mismos con mayor facilidad. Si para su familia constituyen una novedad, pueden ser reticentes o incluso protestar. Si se da el caso, introdúzcalos gradualmente. Por ejemplo:
- Compre o prepare panes que contengan cereales integrales (de trigo integral o de otras harinas completas), aunque no como ingrediente principal.
- Puede preparar bocadillos con una rebanada de pan blanco y otra integral.

Algunos panes integrales son más ligeros que otros. Experimente hasta encontrar alguno que guste a su familia.

2. Añada cereales enteros a los panes rápidos, galletas, magdalenas y tortitas. En la mayoría de recetas para panes rápidos y galletas, puede sustituir de $1/4$ a la mitad del peso de harina blanca por harina integral. En las recetas que requieran una harina más fina, puede utilizar harina integral para pasta o harina de avena. Compre en un granero pequeñas cantidades de harina y experi-

mente con ellas. Sugerencia: puede añadir germen de trigo y salvado a la mayor parte de recetas (incluso a las albóndigas). Añada unas cucharadas y les aportará importantes nutrientes de los que carecen las harinas procesadas.

3. Mezcle cereales integrales con granos blancos, por ejemplo bulgur o cuscús de trigo integral con arroz blanco, o mezcle pasta integral con pasta común.

4. Piense en las ensaladas como vehículo para introducir algunos cereales. Mezcle sus ensaladas de pasta con pasta integral, las de arroz con arroz integral y añada maíz de grano entero a cualquier ensalada.

5. Ofrezca a sus hijos cereales integrales. Para empezar, mézclelos con sus cereales de desayuno favoritos. Encontrará una variedad de cereales integrales en graneros y establecimientos especializados en productos dietéticos.

6. Compre cereales integrales de cocción rápida como por ejemplo bulgur o cuscús de trigo integral.

¿Cómo puede saber si se trata de un cereal integral?

Tenga en cuenta que muchos productos parecen haberse elaborado con cereales integrales, aunque no es el caso para todos, lo que dificulta su selección por parte del consumidor. Para determinar si un producto es integral, lea cuidadosamente la lista de ingredientes. Las harinas de trigo, avena y maíz integral deben aparecer en la lista de ingredientes.

Algunos de los alimentos integrales más comunes

Cereales para el desayuno

Arroz inflado.
Trigo inflado.
Cereales para desayuno integrales.

Cereales como acompañamiento

Cebada.
Arroz moreno.
Bulgur (trigo fragmentado, de cocción muy rápida).
Maíz de grano entero.
Cuscús integral (pasta pequeña de cocción rápida).

Pan y otros productos a base de harina

Cualquier pan elaborado con harina integral como componente base.
Tortillas de maíz.
Pasta de trigo integral o preparada con otras harinas integrales.
Chips de tortilla de maíz preparados con maíz de grano entero.
Crackers de trigo integral.
Tortillas de trigo integral.

Guía de cocción para diferentes cereales			
Cereal (1 taza medido en seco)	**Tazas** de líquido	**Tiempo de cocción** (en minutos)	**Cantidad obtenida** (tazas, una vez cocido)
Arroz integral*	2	55-60	3
Bulgur*	2	15-20	2 1/2
Cebada	3	75	3 1/2
Copos de avena	2	5	3
Cuscús	1 1/2	5	3 1/2
Harina de maíz	4	25-30	3
Mijo	3	45	3 1/2
Salvado de avena	4	2	4
Trigo	3	60	2 2/3
Trigo fragmentado	2	25	2 1/3

*También están disponibles en el mercado variedades de cocción rápida.

Los buenos cereales

Siga siempre la misma rutina en la preparación de los cereales. Afortunadamente, algunos cereales integrales que hace algún tiempo sólo se encontraban en graneros y establecimientos especializados van apareciendo en los supermercados. Para introducirlos en la dieta familiar mézclelos con algunos conocidos como el arroz o el maíz. Utilice la guía anterior como orientación. De esta forma sabrá en qué se convierte cada tipo de cereal una vez cocido.

PILAF DE CEREAL BÁSICO

Varíe el cereal y las verduras para obtener variantes tanto deliciosas como saludables.

Para: las cantidades deseadas

2 cucharaditas de aceite

1 taza ($^1/_4$ l de capacidad) de cualquier combinación de los siguientes ingredientes: apio, chiles, ajo, cebollas tiernas, champiñones, aceitunas, cebolla, perejil, pimientos rojos o verdes, escalonias, calbacines (todos finamente picados); alcaparras, zanahorias ralladas, guisantes congelados, uvas pasas

Estragón, cebollinos o tomillo ($^1/_2$-1 cucharadita secos o 1 cucharada frescos)

Líquido (véase cuadro de p. 191 para las cantidades), utilice agua al natural o sazonada con vino o salsa de soja, o caldo de pollo, buey o de verduras

Cereal elegido (véase cuadro de p. 191)

1. Caliente el aceite en una cacerola ancha y saltee las verduras 5 minutos.

2. Añada las hierbas, el líquido y el cereal; tape y cueza a fuego lento hasta que todo esté cocido (véase cuadro de p. 191 para los tiempos de cocción).

Variante

Saltee cebolla picada en aceite por espacio de 5 minutos. Añada bulgur u otro cereal y dórelo 2 minutos más. Agregue las verduras y las hierbas, mezcle bien y sazone con $^1/_2$ cucharadita de comino. Sustituya parte del líquido por tomates picados y su líquido, y añada chiles si lo desea.

BUDÍN DE PAN

En Luisiana sirven este budín con una salsa caliente de bourbon. Si lo va a servir a niños acompáñelo con miel o Plátanos a la naranja (p. 177).

Para: 8 porciones

½ baguette grande de la vigilia o 7 rebanadas de pan de molde integral

½ l de leche

75 g de pasas o dátiles picados

3 huevos

150 g de azúcar

4 cucharadas de margarina, derretida

1 cucharada de azúcar vainillado

2 cucharaditas de canela

1. Precaliente el horno a 180 °C.

2. Ponga el pan, la leche, y los dátiles o las pasas en un cuenco grande y déjelos reposar 15 minutos.

3. Mezcle en otro cuenco el resto de los ingredientes. Viértalos sobre el pan, mezcle y transfiera a un molde enmantecado de 20 cm de lado.

4. Hornee de 40 a 50 minutos.

ENSALADA DE MAÍZ Y CEBADA

Sus hijos repetirán esta ensalada.

Para: 4 porciones

250 g de maíz cocido escurrido

250 g de cebada cocida

2 ½ cucharadas de vinagreta

1. Mezcle todos los ingredientes y sirva.

CALZONES

Si a su familia le gusta la pizza, el tipo de pizza conocido como calzones, que se cierra como una empanadilla, le encantará.

Para: 4 calzones

4 porciones de masa de pizza congelada, descongelada

500 g de queso ricotta o requesón

250 g de queso mozzarella rallado

750 g de salsa de tomate casera

1. Precaliente el horno a 200 °C.

2. Extienda la masa, si no la ha comprado ya extendida, en círculos regulares.

3. Mezcle ambos quesos.

4. Reparta la salsa de tomate en los círculos de pasta, llenando tan sólo medio.

5. Cubra con la mezcla de queso.

6. Doble la pasta libre sobre el relleno hasta llegar a 1 cm del borde, para obtener una media luna. Lleve la parte inferior de la pasta hacia arriba y píncela con la superior para sellar el relleno.

7. Hornee de 12 a 18 minutos.

POLENTA CON QUESO

Esta receta no podría ser más sencilla, además las posibilidades de presentación son infinitas.

Para: 4 porciones

- ¹/₃ *taza (de ¹/₄ l de capacidad) de harina de maíz*
- ¹/₄ *l de caldo de pollo*
- ¹/₂ *cucharadita de ajo picado*
- *50 g de queso rallado, de su elección*

NOTA: *La polenta, una vez cuajada, puede cortarse en trozos. Utilice un cortapastas o cuchillo para cortar formas decorativas o triángulos.*

1. Mezcle la harina de maíz y el ajo con el caldo de pollo. Cueza lentamente por espacio de 10 minutos, removiendo con frecuencia.

2. Incorpore el queso y remueva hasta que se derrita. Retire del fuego.

3. Engrase una fuente con aceite y extienda en ella la polenta, alisando bien la superficie. Deje enfriar.

Para servir:

Puede servir la polenta sólo o como entrada en lugar de arroz o pasta. También puede formar la base de un plato. A continuación le brindamos algunas ideas:

- Cúbrala con champiñones salteados y tiras de pollo.
- Cúbrala con hortalizas asadas a la parrilla, por ejemplo calabacín o berenjena.
- Sírvala con verduras o tofu salteados.
- Corónela con una salsa para pasta a base de carne de buey o ave picada.

CREPES

Las crepes son una de las preparaciones francesas más conocidas. Se venden por la calle y son el equivalente francés de la comida rápida. Las crepes son muy versátiles; puede rellenarlas con mantequilla y azúcar para un desayuno o con pollo en salsa crema para una cena. A continuación siguen algunas ideas para rellenarlas.

Para: unas 12 crepes

un poco de aceite

1 huevo

un poco de sal

1 cucharada de aceite

3 dl de leche

½ dl de agua

½ taza (¼ l de capacidad) de harina integral

½ taza (¼ l de capacidad) de harina blanca no tratada

Para las crepes dulces, añada 3 cucharaditas de azúcar y 2 cucharaditas de azúcar vainillado

Para las crepes saladas, añada hierbas como eneldo, albahaca o estragón

1. Unte de aceite una sartén antiadherente de 25 cm de diámetro con papel de cocina. Es esencial disponer de una sartén en condiciones, que no esté rallada ni abollada.

2. Mezcle en un cuenco grande los huevos, la sal y el aceite

3. Añada ¼ l de leche y bata bien. Mezcle con el resto de la leche y el agua.

4. Añada si lo desea el azúcar y el azúcar vainillado en el caso de las crepes dulces, o las hierbas para las saladas.

5. Mezcle gradualmente con las harinas hasta obtener una preparación homogénea. Déjela reposar varios minutos. Debe tener una consistencia parecida a la de la crema de leche.

6. Caliente la sartén aceitada. Vierta aproximadamente ½ dl de la masa en la sartén y gire ésta para que la masa recubra todo el fondo.

7. Cueza a fuego medio o medio alto hasta que la cara inferior empiece a dorarse. Levante con cuidado un ex-

tremo de la crepe, sacudiendo la sartén ligeramente para que el centro se desprenda. Coja los bordes con los dedos y dé la vuelta a la crepe. (Los cocineros dotados pueden voltear la crepe moviendo tan sólo la muñeca.) Cueza brevemente por la otra cara. Nota: Es importante remover un poco la masa antes de preparar cada crepe, pues la harina tiende a depositarse en el fondo del cuenco. Para obtener crepes más finas añada un poco más de agua.

8. Rellénelas inmediatamente (vea rellenos abajo), o colóquelas entre trozos de papel encerado o sulfurizado para usarlas más tarde o para congelarlas.

Consejo: puede guardar los restos de masa en la nevera varios días. Antes de emplearla, déjela reposar a temperatura ambiente varios minutos, luego agítela bien o bátala.

Rellenos:
Desayuno
Salsa de manzana y canela.
Bayas y azúcar lustre.
Frutas frescas y yogur.
Jamón y queso.
Margarina y azúcar o miel.

Almuerzo o cena
Queso crema a las finas hierbas.
Pollo y setas.
Jamón y queso emmental, recubiertos con salsa de mostaza.
Pisto y mozzarella.
Paté de salmón con salsa de yogur y pepino.
Gambas salteadas o cocidas al vapor con salsa bechamel.
Relleno de espinacas de las Conchas rellenas de espinacas (p. 172).

Postre
Yogur de chocolate helado recubierto con frambuesas.
Frutas frescas con yogur de vainilla.
Margarina con azúcar o miel.
Melocotones con salsa caramelo.
Yogur de vainilla helado con Plátanos a la naranja (p. 177).
Yogur de vainilla helado con fresas.

ARROZ FRITO

El calabacín, la cebolla y la col se encuentran disimulados entre el arroz, por lo que incluso aquellos que odian las verduras les gustará este plato.

Para: 4 porciones

1 cucharada de aceite

½ cebolla pequeña, finamente picada

3 dientes de ajo, finamente picados

½ taza (¼ l de capacidad) de cada de uno de los siguientes ingredientes: zanahoria rallada, col rallada y calabacín rallado

2 cucharadas de salsa de soja clara

500 g de arroz blanco o integral de la vigilia

2 huevos, batidos

1. Caliente en una sartén antiadherente grande el aceite.

2. Agregue la cebolla y el ajo y saltéelos hasta que estén transparentes.

3. Incorpore las verduras y la salsa de soja. Saltee sin dejar de remover hasta que estén tiernos.

4. Agregue el arroz y los huevos y cueza sin dejar de remover a fuego moderado, hasta que los huevos estén cocidos.

MUESLI

Procedente de Suiza, esta versión está adaptada para niños, a quienes les encanta. Quizá le convenga doblar las cantidades... (*Nota:* Los cereales pueden comprarse por pequeñas cantidades en graneros y establecimientos especializados en productos naturales.)

Para: unas 4 porciones

³/₄ taza (de ¹/₄ l de capacidad) de copos de avena

¹/₄ taza de copos de escanda

¹/₄ taza de copos de trigo

2 ¹/₂ tazas de cereales para el desayuno como copos de maíz (corn flakes o Wheaties)

2 cucharadas de azúcar moreno

100 g de frutas secas variadas

1. Mezcle todos los ingredientes y guárdelos en un recipiente herméticamente cerrado.

RAVIOLIS RÁPIDOS

Prepárelos cuando no disponga de tiempo para cocinar y tenga lista una receta de la Salsa secreta.

Para: 6-8 porciones

1 receta de Salsa secreta (receta en p. 170) u otra salsa para pasta

¹/₂ taza de agua

750 g de raviolis de queso congelados

240 g de queso mozzarella rallado

1. Mezcle la salsa y el agua en una cacerola.

2. Agregue los raviolis y cueza por debajo del punto de ebullición, removiendo de vez en cuando con cuidado, hasta que los raviolis estén cocidos por completo (unos 10 minutos aproximadamente).

QUESADILLAS

Una preparación llena de calcio que gusta a los niños.

Para: 4 porciones

8 tortillas pequeñas de maíz (de venta en supermercados)

200 g de queso fontina o manchego tierno, rallado

RELLENOS ADICIONALES:

Pollo cortado a tiras

Jamón

Champiñones salteados, pimientos

Bróculi cocido y picado, espinacas o corazones de alcachofas, bien escurridos

1. Coloque 4 tortillas en una sartén grande dispuesta a fuego moderado. Cueza las tortillas de 1 a 2 minutos y déles la vuelta.

2. Cubra cada tortilla con una parte de queso y cualquier ingrediente opcional. Recubra con otra tortilla y déle la vuelta.

3. Cueza unos 2 minutos o hasta que las tortillas estén calientes y el queso se haya derretido.

4. Retire las tortillas de la sartén y cuartéelas. Acompáñelas con salsa de verduras crudas, como tomate, pepino, pimiento, etc., y crema acidificada, si lo desea.

SALSA DE PIMIENTOS ROJOS ASADOS

A muchos niños les gusta el sabor dulce y suave de los pimientos rojos, y los padres apreciarán el hecho de que son ricos en vitamina C.

Para: 4 personas

½ cebolla tierna, picada

4 pimientos rojos grandes asados (pueden comprarse en conserva)

2 cucharadas de vinagre de vino blanco (aromatizado o al natural)

1 manojo de perejil fresco o 2 hojas de espinacas o lechuga

una pizca de pimienta de Cayena (opcional)

1 yogur desnatado o 125 g de crema acidificada

1. Ponga todos los ingredientes, excepto el yogur o la crema acidificada en el recipiente del robot o batidora eléctrica y redúzcalos a un puré homogéneo.

2. Coloque la preparación en una fuente apta para el microondas y caliente 2 minutos a potencia media-alta.

3. Incorpore el yogur o crema acidificada. Ponga de nuevo la salsa en el microondas durante 30 segundos a potencia alta.

4. Mezcle y sirva con carnes o aves asadas.

BULGUR CON NUECES A LA MENTA

El bulgur es a Oriente Medio lo que el pan a nuestra cultura, un alimento básico. Sírvalo con carnes asadas a la parrilla como cerdo y cordero.

Para: 4 porciones

3,5 dl de zumo de manzana o agua

½ cucharadita de sal

250 g de bulgur (trigo fragmentado)

1 escalonia grande, finamente picada (las escalonias son más grandes que un diente de ajo y más dulces que las cebollas)

2 cucharadas de menta, picada

2 cucharaditas de aceite de nueces o de oliva

2 cucharadas de nueces finamente picadas*

pimienta negra recién molida

* NOTA: Los frutos secos ingeridos enteros son peligrosos para los niños menores de cinco años, pues comportan el riesgo de que se ahoguen al ingerirlos, razón por la que deben picarse finamente.

1. Ponga a hervir el agua o el zumo con la sal en un cazo mediano.

2. Incorpore el bulgur sin dejar de remover, reduzca el fuego, tape y deje cocer a fuego lento de 10 a 12 minutos hasta que todo el líquido haya sido absorbido.

3. Transfiera el bulgur a un cuenco mediano, ahuéquelo con dos tenedores y déjelo enfriar por completo.

4. Mezcle con las escalonias, menta, aceite y nueces tostadas.

5. Sazone al gusto con sal y pimienta.

CAPÍTULO DIECISÉIS

Productos lácteos

Recetas que encontrará en este capítulo:

Bebidas:
* *Batidos de frutas*
* *Batido helado de la jungla*
* *Lassi dulce*

Postres
* *Arroz con leche*
* *Flan fácil*

Platos principales
* *Fondue de queso suiza*
* *Macarrones con queso*

Tentempiés
* *Queso de yogur*

Los productos lácteos son especialmente importantes para el crecimiento de los niños. Sin ellos no tienen el calcio suficiente para construir sus huesos. Además el calcio no sólo es bueno para los huesos, también es importante para:

* la coagulación de la sangre;
* para activar aquellas sustancias químicas que envían mensajes entre los nervios;
* para el control de las contracciones musculares;
* para la producción de enzimas y hormonas;
* para el crecimiento y desarrollo de las células del cuerpo.

Además:
* Investigaciones dadas a conocer durante el año 1998 muestran que una deficiencia crónica en calcio puede ser la causa del síndrome premensual.
* Una dieta rica en calcio ayudó a personas con células de colon anormales (que pueden transformarse en cancerosas) a que experimentaran un crecimiento normal de dichas células.
* Un estudio sobre los productos lácteos para frenar la hipertensión demostró que una dieta rica en productos lácteos desnatados, acompañados de frutas y verduras bajaba significativamente la tensión arterial.
* Aquellas mujeres que ingirieron suplementos de calcio durante su embarazo, tuvieron hijos cuya presión arterial se mantuvo más baja que la de la media, como mínimo durante los siete primeros años de vida (bajando en consecuencia el riesto de desarrollar posteriormente la hipertensión arterial).

National Academy of Sciences Dietary Cuadro referencial de ingestas	
Edad	**Calcio (en miligramos)**
0-6 meses	210 (de leche humana)
7-12 meses	270 (de leche humana y alimentos sólidos)
1-3 años	800
4-8 años	500
9-18 años	1.300
19-50 años	1.000
51 años en adelante	1.200
Embarazo/Lactancia:	
18 años y más jóvenes	1.250
más de 18	1.000

National Institutes of Health (NIH) Recomendaciones	
Edad	**Calcio (en miligramos)**
0-6 meses	400
6-12 meses	600
1-5 años	800
6-10 años	800-1.200
Adolescentes/ jóvenes adultos	1.200-1.500
Hombres 25-65	1.000
Mujeres 25-50	1.000
Embarazo/ Lactancia	1.200-1.500

Fuente: NIH Consensus Development Panel on Optimal Calcium Intake

- La leche está enriquecida con vitaminas A y D, que pueden ser importantes para aquellos niños que no consiguen estas vitaminas de otras fuentes.

Desgraciadamente, la leche no es la bebida preferida de los niños y adolescentes actuales. El 40 % de las niñas de diez años y mayores de dicha edad consumen menos de un vaso de producto lácteo diario. Las colas, los tés aromatizados y las bebidas de frutas suelen sustituir a la leche. Sin embargo, dichas bebidas no proporcionan nutrientes interesantes, a no ser que estén enriquecidas.

¿Qué cantidad de calcio necesitamos? Dos agencias gubernamentales norteamericanas tienen puntos de vista ligeramente diferenciados. (Véanse cuadros superiores.)

El cuadro de la página siguiente le ayudará a elegir alimentos ricos en calcio.

Leche

Su hijo puede beber leche o no ingerirla en absoluto. En mi caso tengo uno de cada categoría. Si la leche es el factor único, el menor tiene los huesos más fuertes. El mayor, por el contrario, necesita grandes dotes de persuasión para finalizar un vaso, por lo que le aporto suplementos de calcio de vez en cuando. Si a su hijo no le gusta la leche, pruebe los siguientes consejos:

- Añádale un aromatizante. El cacao en polvo comercial puede convertir en un segundo la leche en chocolate. A mis hijos les gusta el ja-

Obtener el calcio a partir de los alimentos	
Alimento/Cantidad	**Calcio (en milígramos)**
Yogur desnatado, 250 g	452
Yogur semidesnatado, 250 g	415
Queso suizo, 45 g	408
Batido de leche y chocolate, 2,5 dl	299
Leche, cualquier clase, 2,5 dl	300
Leche chocolateada, 2,5 dl	280
Helado, 125 g	88
Requesón desnatado al 2 %, 125 g	78
También puede obtener calcio en pequeñas cantidades en otros alimentos:	
Salmón con espinacas, 100 g	167
Almendras, $1/3$ taza	120

Nota: Algunos alimentos se enriquecen con calcio en la actualidad, por ejemplo algunos zumos de frutas, panes y cereales.

rabe de amaretto, avellana, frambuesa y fresa, que a veces mezclan entre sí.
- Cocine preparaciones que incluyan leche, por ejemplo sopas en forma de cremas, batidos de leche, budines, cremas y salsas.

Queso

El queso proporciona una buena fuente de calcio aunque es alto en grasa y grasa saturada. El contenido en grasas del queso no debe presentar ningún problema a no ser que su hijo ingiera más de dos porciones diarias, o que su familia presente antecedentes elevados de colesterol. Muchos quesos se presentan en la actualidad en las variedades completas y reducidas en grasa, aunque éstas son más caras. Tenga en cuenta que el queso con bajo contenido en grasas funciona bien cuando se cuece con otros alimentos, pero no se derrite bien por encima de los mismos.

Existen varias formas de incluir el queso en sus comidas. Por ejemplo:

- Enchiladas de queso.
- *Fondue* de queso.
- Salsa de queso.
- Sopa de queso.
- Platos a base de queso (tartas, tortillas...).
- Sándwiches de queso.
- Pasta con queso.
- Lasaña o conchas rellenas.

Yogur

El yogur es un gran alimento para obtener calcio, además proporciona otros efectos benéficos sobre el organismo. Se cree que los fermentos activos del yogur ayudan a restaurar y mantener un entorno saludable en el tracto intestinal para las bacterias, esencial para la buena digestión. (Razón por la cual es una buena idea comer yogur mientras se toman antibióticos.) Los fermentos además podrían reducir la incidencia y duración de algunos tipos de diarrea.

Las personas intolerantes a la lactosa toleran generalmente el yogur ya que los fermentos activos del yogur ayudan a romper la lactosa.

Puede utilizar yogur en:

- pasteles;
- salsas y cremas para mojar;

- helados;
- empanadas;
- polos;
- salsas;
- con cereales en vez de leche.

Si alguien en su familia no puede o quiere beber leche, vea las diferentes maneras de introducir más calcio en la dieta familiar.

Veinte maneras de introducir más calcio en la dieta familiar

1. Sirva sopas cremosas (caseras o enlatadas) preparadas con leche o leche evaporada.

2. Use leche evaporada (que tiene el doble de calcio que la leche regular) en preparaciones tales como puré de patatas, budines, salsas bechamel, etcétera.

3. Coma postres lácteos como yogur helado, batidos de leche, budines, Polos de fresa (p. 188).

4. Añada queso con bajo contenido en grasas a los purés de patatas, pasta, sándwiches, salsas y verduras.

5. Incorpore melaza a las tortitas, panes rápidos y galletas.

6. Añada semillas de sésamo y almendras a pasteles, galletas, salsas y cremas para mojar, mueslis, budines, ensaladas y verduras.

7. Mezcle leche en polvo desnatada con sopas, masas para pasteles, crepes y tortitas, batidos de leche, salsa bechamel y batidos de yogur.

8. Dé a sus hijos un batido de leche en vez de una cola en su próximo picnic.

9. Prepare una crema para mojar con yogur, añadiéndole su propia selección de hierbas y especias.

10. Añada una salsa a base de yogur a una salsa de frutas.

11. Utilice tofu rico en calcio en sus cremas para mojar.

12. Sirva pescado. Los Pastelillos de salmón (p. 219) aportan una buena cantidad de calcio si se cubren con queso.

13. Sirva tartas y *quiches* a base de leche, Budín de pan (p. 193) o Flan fácil (p. 212).

14. Coma más verduras, pues son una buena fuente de calcio.

15. Compre zumo de naranja enriquecido con calcio.

16. Compre alimentos enriquecidos con calcio tales como panes y cereales.

17. Ofrezca sándwiches de queso con bajo contenido en grasas.

18. Para aquellos que prefieran el agua a la leche, elija un agua mineral con elevado contenido en calcio.

19. Sirva yogur helado en vez de un helado normal, pues el yogur tiene más calcio.

20. No deje de considerar el queso como un tentempié, sólo, acompañado con galletitas saladas, o derretido a modo de crema.

BATIDO HELADO DE LA JUNGLA

Este batido proporcionará a su hijo la energía suficiente para afrontar la jungla escolar.

Para: 4 porciones

$1/_4$ l de leche

1 cucharadita de extracto de coco, o vainilla

$1/_2$ l de zumo de naranja recién exprimido

1 plátano maduro, pelado y troceado

250 g de piña, batida y semicongelada (fresca o al natural)

250 g de helado de vainilla con bajo contenido en grasas

1. Mezcle en el recipiente de la batidora mezcladora eléctrica la leche, el extracto de coco y el zumo de frutas.

2. Añada las frutas y el helado, bata hasta obtener una mezcla homogénea.

MACARRONES CON QUESO

A veces hay que preparar una receta consistente.

Para: 4 porciones

2 ½ cucharadas de mantequilla

2 cucharadas de harina

¼ l de leche semidesnatada o evaporada

120 g de queso gruyère rallado, reserve 2 cucharadas para adornar

1 paquete de macarrones de 250 g, hervidos y escurridos

1. Derrita la mantequilla en una cacerola a fuego medio, añada la harina y mezcle bien hasta obtener una pasta.

2. Incorpore gradualmente la leche sin cesar de remover y cueza hasta que la preparación espese y esté lisa y homogénea.

3. Agréguele el queso y cueza hasta que se haya derretido.

4. Añada los macarrones y mezcle bien. Transfiera la preparación a una fuente para servir y cúbrala con el queso reservado.

LASSI DULCE

El *lassi* dulce es una bebida muy popular en la India, especialmente durante los calurosos días veraniegos. Es perfecta para los niños que presentan intolerancia a la lactosa.

Para: 2 porciones

1,5 dl de yogur al natural desnatado

1,5 dl de agua fría

1 cucharada de azúcar

2-3 cubitos de hielo

1. Coloque todos los ingredientes en el recipiente de la batidora mezcladora eléctrica y acciónela hasta obtener una bebida espumosa.

ARROZ CON LECHE

Esta receta de arroz con leche es ideal como desayuno, postre o merienda.

Para: 4-6 porciones

250 g de arroz de grano redondo, crudo

1 l de leche

75 g de azúcar

una pizca de sal

1-2 cucharadas de azúcar vainillado

1. Ponga el aroz, la leche y el azúcar en una cacerola grande dispuesta sobre el fuego. Remueva, suba el fuego y vigile hasta que la leche empiece a formar espuma; baje el fuego.

2. Cueza a fuego lento de 45 minutos a 1 hora, removiendo de vez en cuando hasta que el arroz se haya espesado y parezca un puré. Quizá deba añadirle un poco de leche durante la cocción para mantenerlo jugoso.

3. Cuando el arroz alcance la consistencia deseada, retírelo del fuego y mézclelo con el azúcar vainillado. Vierta en una fuente para servir o en cuencos individuales.

Comidas sanas, niños sanos

BATIDOS DE FRUTAS

Con estos batidos de frutas tan sencillos de preparar, sólo estará limitada por su imaginación y por lo que tenga a mano.

Para: 3 porciones

Elija una fruta en cualquiera de las siguientes presentaciones:

1 lata grande de fruta en almíbar ligero o en su propio zumo (sin escurrir, congelada)

$1/2$ kg de frutas congeladas, sin endulzar

$1/2$ kg de frutas congeladas, endulzadas

$1/2$ kg de frutas frescas, troceadas y congeladas

O elija cualquier combinación por un total de $1/4$ kg.

Elija uno o más de los siguientes líquidos, utilizando en total $1/4$ l:

$1/4$ l de zumo o néctar de frutas

yogur desnatado, al natural o de vainilla, o aromatizado con frutas

leche

Elija un aromatizante (opcional):

1 cucharadita de extracto de vainilla u otro

2 cucharaditas de mermelada de frutas

1. Si utiliza fruta enlatada, congele la lata toda la noche o 3 horas como mínimo. Una vez congelada, ponga la lata en un cuenco grande y llénelo con agua caliente hasta recubrirlo. Déjelo en esta agua por espacio de 7 minutos si utiliza una lata de 450 g, o 5 minutos para una lata de 250 g. Vierta el agua, abra la lata y vierta el líquido y la fruta en un cuenco. Separe la fruta con un tenedor en 3 o 4 trozos grandes.

2. Vierta el líquido y los aromatizantes elegidos en el recipiente de la batidora mezcladora eléctrica y añada la fruta congelada troceada. (Cubra la batidora antes de accionarla.)

3. Mezcle a velocidad lenta durante 30 segundos, luego a elevada 30 segundos o hasta obtener una preparación homogénea.

4. Repártala en 3 vasos. ¡Beba y disfrute!

Combinaciones aromáticas:
- 500 g de fresas congeladas + yogur al natural o de vainilla
- 250 g de piña enlatada en su propio zumo + 1 plátano + yogur de vainilla + $1/2$ cucharadita de extracto de coco

- 500 g de peras enlatadas congeladas + yogur de vainilla + 1 cucharada de almíbar de caramelo
- 250 g de fresas congeladas sin endulzar + 250 g de arándanos congelados sin endulzar + yogur de vainilla
- 500 g de melocotones en almíbar enlatados + yogur de frambuesas

QUESO DE YOGUR

Una receta divertida.

Para: unos 250 g

500 g de yogur al natural sin gelatina

1. Forre un tamiz de malla fina con un trozo de muselina, un lienzo de algodón viejo limpio o un filtro limpio de papel para café.

2. Vierta dentro el yogur y tápelo con película de plástico. Coloque el tamiz sobre un cuenco grande para que recoja el líquido. Refrigere 24 horas.

3. Tire el líquido que ha caído en el cuenco. Retire el queso del colador y refrigérelo.

Variantes
- *Queso con frambuesas*: Mezcle ligeramente 2 cucharadas de mermelada de frambuesas con 125 g de queso de yogur.
- *Pasta de queso y hierbas*: Corte finamente con unas tijeras 2 cucharaditas de eneldo y albahaca frescos. Mezcle las hierbas y $^1/_2$ cucharadita de sal con 250 g de queso de yogur.

FLAN FÁCIL

Esta variante de flan es fácil de preparar. Además, ¡es una forma fantástica de ingerir calcio!

Para: 9 porciones

75 g de azúcar

1 lata de 360 g de leche evaporada con bajo contenido en grasa

1 lata de 540 g de leche condensada

1,2 dl de leche

5 huevos

2 cucharaditas de maicena

2 cucharaditas de vainilla

1. Precaliente el horno a 175 °C.

2. Vierta el azúcar en un cazo y cuézalo a fuego medio, removiendo de vez en cuando. El azúcar empezará a convertirse en almíbar; continúe sacudiendo el recipiente hasta que se haya convertido en un caramelo dorado.

3. Retire el recipiente del fuego y vierta el caramelo en un molde refractario cuadrado de 20 cm de lado.

4. Ponga el resto de los ingredientes en el vaso de la batidora mezcladora eléctrica. Mezcle a velocidad lenta y luego elevada hasta que estén bien amalgamados.

5. Vierta la preparación en el molde. Cúbralo con papel de aluminio. Póngalo dentro de una fuente de mayor tamaño. Vierta agua caliente en el recipiente grande hasta alcanzar 2 cm de las paredes del molde.

6. Hornee de 50 a 60 minutos o hasta que al insertar un cuchillo en el centro del flan salga limpio.

7. Retire con cuidado el molde del horno y déjelo enfriar.

8. Coloque una fuente para servir sobre el molde e invierta ambos, de forma que el flan quede sobre la fuente con el caramelo por encima.

FONDUE DE QUESO SUIZA

Casi todos los países tienen un plato a base de queso derretido y los suizos no constituyen ninguna excepción. Este plato también es muy popular en Francia y Alemania. Es perfecto para una fría noche invernal acompañado con dados de pan con costra.

Para: 10 porciones

aceite vegetal para untar

1 diente de ajo, cortado por la mitad

*750 g de queso emmental o gruyère suizo, rallado**

2 cucharadas de harina

2 cucharadas de kirsch (aguardinete de cerezas)

30 rebanadas de pan tipo baguette, cortado en dados

verduras crudas o al vapor (opcional)

* Los suizos utilizan generalmente una mezcla de emmental, gruyère y comté. Pero puede emplear cualquiera de ellos en la combinación deseada.

1. Engrase con el aceite el recipiente para la fondue.

2. Ponga dentro el ajo y caliente unos minutos para que el recipiente absorba el sabor del ajo. Retire del fuego y deseche el ajo.

3. Ponga el queso rallado y la harina en el recipiente y mézclelos bien. Añada el kirsch.

4. Deje derretir el queso con el kirsch a fuego lento, removiendo sin cesar.

5. Con ayuda de unos pinchos para *fondue* sumerja el pan en el queso. Si lo desea, utilice verduras crudas o al vapor para sumergirlas en el queso.

CAPÍTULO DIECISIETE

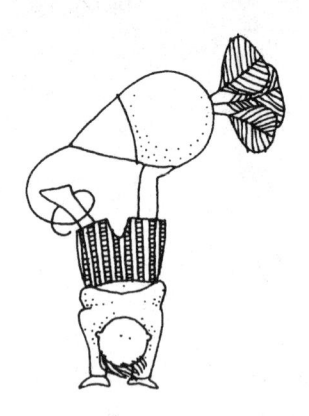

Proteínas

Recetas que encontrará en este capítulo:

Almuerzos ligeros
- *Crema de atún*
- *Ensalada de huevos a la mediterránea*
- *Ensalada de pollo al curry*
- *Hummus con tahini*

Platos principales
- *Espaguetis a la carbonara*
- *Pasta con salsa de atún*
- *Pastelillos de salmón*
- *Pescado con tomate*
- *Pescado tropical*
- *Pollo cremoso a las hierbas*

Las proteínas juegan un papel crucial en el desarrollo y crecimiento. Sin embargo, las necesidades proteicas no son tan elevadas como piensan muchas personas. Así pues, aunque su hijo no toque la carne, ingiere seguramente muchas más proteínas de las necesarias.

Así, por ejemplo, la cantidad recomendada de proteínas por la RDA para los niños de uno a tres años es de 16 g. Su hijo ingerirá dicha cantidad en tan sólo dos vasos de leche. La RDA sugiere 24 g para los niños de cuatro a seis años. Estas proteínas están contenidas en un huevo, tres porciones de pan, 30 g de queso y un vaso de leche.

Por lo tanto, no se preocupe por las proteínas. De hecho, la mayoría de organizaciones para la salud están recomendando una dieta centrada en el consumo de plantas. ¿Qué significa esto? Una dieta centrada en plantas es aquella que recomienda el consumo de legumbres, cereales y verduras más que el de carnes y otros productos animales.

Su hijo aprende de su ejemplo. Un buen objetivo puede consistir en optar por unas pocas comidas sin carne durante una semana para ofrecer un lugar de importancia a legumbres, cereales y verduras. Si todavía está preocupado porque su hijo no ingiere las proteínas necesarias, aquí van algunos ejemplos para incluirlas en su dieta.

Nueve maneras de disimular las proteínas en la dieta de su hijo

1. No olvide el queso, tiene tantas proteínas gramo por gramo como la carne. Elija quesos con bajo contenido en grasas. Los

macarrones con queso caseros proporcionan proteínas y calcio y gustan a la mayoría de niños.

2. Los purés de legumbres son fantásticos para los niños. No olvide los garbanzos, lentejas y judías.

3. Recuerde que el yogur es una buena fuente de calcio y proteínas.

4. Utilice tofu en budines y salsas.

5. La mantequilla de cacahuete (y otras como el *tahini*, a base de sésamo) proporcionan proteínas. (Sea cuidadoso, utilice frutos finamente picados, pues los enteros no son adecuados para niños pequeños, los cuales podrían atragantarse.)

6. Reduzca a puré pollo con las sopas.

7. Las hamburguesas a base de cereales pueden gustar a aquellos niños que rechazan la textura de la carne.

8. No rechace los pescados de sabor suave (vigile las espinas) y el marisco. Prepare una crema mezclando queso crema y gambas picadas.

9. La leche también tiene proteínas, aunque no proporciona el hierro y el cinc de la carne.

PESCADO CON TOMATE

Los tomates proporcionan sabor y color.
Un buen plato cuando tiene a mano filetes de pescado congelados.

Para: 5 porciones

1 cucharada de aceite

½ cebolla mediana, finamente picada

5 filetes de pescado blanco (lenguado, bacalao, solla, etc.)

1 lata grande de tomates picados enlatados, escurridos

1. Caliente el aceite en una sartén grande. Agregue la cebolla y cuézala hasta que se ablande.

2. Añada el pescado y cuézalo 5 minutos.

3. Incorpore los tomates. Tape y cueza de 5 a 10 minutos más o hasta que el pescado esté opaco (como regla general: 10 minutos por 2,5 cm de grosor a (200-250 °C). Sirva enseguida.

POLLO CREMOSO A LAS HIERBAS

¿Ha olvidado sacar algo del congelador para la cena? No se preocupe, siga esta receta que empieza con unas pechugas de pollo congeladas.

Para: 4 porciones

4 pechugas de pollo, peladas y deshuesadas, congeladas

1,5 dl de agua

½ cucharadita de: sal, tomillo, estragón, albahaca

¼ cucharadita de eneldo

1 cucharadita de ajo, picado

un poco de pimienta molida

2 cucharadas de mantequilla

2 ½ cucharadas de harina

½ l de leche

1. Ponga las pechugas congeladas, el agua, la sal, hierbas, ajo y pimienta en una cacerola y tápela. Cueza 15 minutos a fuego moderado, removiendo de vez en cuando.

2. Retire el pollo del recipiente.

3. Agregue la mantequilla a la cacerola y caliente hasta que se derrita.

4. Agregue la harina y mezcle bien hasta que esté bien incorporada.

5. Vierta la leche gradualmente y cueza a fuego lento hasta que la salsa se haya espesado.

6. Devuelva el pollo a la cacerola y mézclelo con la salsa. Cueza 5 minutos a fuego lento.

7. Acompañe con pasta o arroz.

CREMA DE ATÚN

Incluso aquellos niños a quienes no les gusta el atún, comerán con placer estos bocadillos.

Para: 4 bocadillos

125 g de queso crema con bajo contenido en grasas

$^1/_8$ cucharadita de eneldo

$^1/_4$ cucharadita de sal

1 lata de atún en aceite de 175 g, escurrido

8 rebanadas de pan de trigo integral

lechuga y tomate (opcional)

1. Ponga el queso crema en un cuenco pequeño y remuévalo para ablandarlo.

2. Mézclelo con los condimentos.

3. Agregue el atún y mezcle hasta que estén bien amalgamados.

4. Extienda sobre 4 rebanadas de pan. Cubra con lechuga y tomate, si lo desea.

5. Recubra con el pan, corte los bocadillos por la mitad y sírvalos.

Variantes
Pruebe esta preparación sobre galletitas saladas, chips de maíz horneados o pan pita cuarteado.

ENSALADA DE POLLO AL CURRY

A los niños les gusta el sabor de esta ensalada suave de pollo al curry.
El mango proporciona color y vitaminas.

Para: 6 porciones

½ dl de mayonesa

1,2 dl de crema acidificada

½ cucharadita de sal de ajo

½ cucharadita de curry

½ cucharadita de cebolla en polvo

4 pechugas de pollo deshuesadas y peladas, cocidas y picadas

1 mango, pelado, deshuesado y picado

6 panes pita integrales

tiras finas de lechuga o germinados para adornar

1. Mezcle a fondo en un cuenco grande la mayonesa, crema acidificada, sal de ajo, curry y cebolla en polvo.

2. Incorpore el pollo y el mango.

3. Sirva en el interior de los panes pita junto con las tiras de lechuga o germinados. También puede servir esta ensalada sobre verduras variadas.

Variantes

Utilice melocotones picados o uvas pasas en vez de mango. Los adultos y algunos niños disfrutarán con la incorporación de apio y cebollas tiernas picadas.

HUMMUS CON TAHINI

Garbanzos con un sabor oriental.

Para: 4-6 porciones

1 frasco grande de garbanzos (500 g aproximadamente)

3 cucharadas de tahini (mantequilla de sésamo)

el zumo de 1 limón

2 dientes de ajo, picados

sal al gusto

triángulos de pan pita, chips de tortilla de maíz, tiras de apio y zanahoria para mojar

1. Escurra los garbanzos pero reserve el líquido.

2. Ponga los garbanzos en el recipiente de la batidora mezcladora eléctrica con $1/2$ dl del líquido reservado; añada el *tahini* (de venta en establecimientos de productos orientales), zumo de limón, ajo y sal. Bata hasta que todos los ingredientes estén bien amalgamados.

3. Acompañe con triángulos de pan pita, chips de tortillas de maíz horneados y tiras de apio y zanahoria.

PASTELILLOS DE SALMÓN

El salmón proporciona grasas esenciales (de las que no ingerimos suficientes), importantes para el desarrollo cerebral.

Para: 4 porciones

500 g de salmón, desprovisto de piel y espinas, finamente picado

$1/2$ cebolla tierna, picada

4 cucharadas de germen de trigo

100 g de pan rallado

1 cucharada de aceite

2 huevos

$1/2$ cucharada de eneldo

$1/2$ cucharadita de sal de ajo

1. Mezcle todos los ingredientes en un cuenco y aplástelos con un tenedor. Forme 4 hamburguesas.

2. Cuézalas de fuego moderado a lento unos 7 minutos por cara u hornéelos a 200 °C de 10 a 15 minutos.

Variante
Forme pequeñas bolitas o formas de pescaditos. Esta presentación es adecuada para los niños pequeños.

ENSALADA DE HUEVOS A LA MEDITERRÁNEA

Este plato proporciona un sistema excelente para disimular una verdura y alargar los huevos.

Para: 4 porciones

3 huevos duros, picados

1 lata de corazones de alcachofas, escurridos (agua exprimida)

2 cucharadas de mayonesa

aceitunas verdes o negras picadas (opcional)

1. Ponga los huevos en un cuenco y aplástelos ligeramente.

2. Agregue el resto de ingredientes y mezcle bien.

3. Sirva como ensalada, entre rebanadas de pan integral, en tomates vaciados o sobre unas hojas de lechuga.

PASTA CON SALSA DE ATÚN

Una forma sorprendente de servir el atún enlatado.

Para: 4 personas

1 lata de atún de 175 g, escurrido

250 g de salsa de tomate casera

250 g de espaguetis recién hervidos, escurridos

queso parmesano recién rallado

1. Mezcle el atún y la salsa de tomate en el recipiente de la batidora mezcladora eléctrica.

2. Caliente la preparación y sírvala sobre la pasta.

3. Espolvoree con el queso rallado.

Variante
Los adultos pueden añadir alcaparras y/o aceitunas verdes o negras picadas a la salsa terminada.

ESPAGUETIS A LA CARBONARA

Este plato es popular incluso entre los niños a quienes no les gusta la carne.

Para: 8 a 10 personas

500 g de espaguetis u otra pasta de su elección

aceite vegetal

250 g de jamon dulce en lonchas gruesas, cortado en dados (o jamón de pavo)

4 huevos

3 dl de crema acidificada

150 g de queso parmesano recién rallado

1. Ponga a hervir agua y hierva la pasta de acuerdo con las instrucciones del paquete hasta que esté al dente.

2. Mientras, engrase con el aceite una cacerola y cueza el jamón de 2 a 3 minutos a fuego moderado, removiendo con frecuencia. Retírelo de la sartén y resérvelo.

3. Mezcle en un cuenco los huevos, la mitad de la crema y el queso.

4. Vierta esta mezcla en la misma cacerola del jamón y cueza, removiendo constantemente hasta que se haya espesado. Baje el fuego.

5. Incorpore el resto de la crema y caliente bien.

6. Mezcle en un cuenco grande la pasta con la salsa y acompañe con más parmesano.

Variante
Añada un sobre de verduras congeladas durante los últimos 5 minutos de cocción de la pasta. Elija entre: bróculi, guisantes, menestra.

PESCADO TROPICAL

Las familias a quienes les guste el pescado pueden doblar las proporciones de esta receta tan sencilla.

Para: 4 porciones

500 g de filetes de pescado blanco (bacalao, lenguado, solla, merluza...)

el zumo de 2 limas, o en su defecto de 2 limones

sal de ajo al gusto

1 cucharada de mantequilla

3 dientes de ajo, picados

1. Ponga los filetes de pescado en una bolsa para congelar provista de cierre, agregue el zumo de lima.

2. Espolvoree con la sal de ajo.

3. Cierre la bolsa y sacúdala para asegurarse que todos los filetes están cubiertos con zumo y sal.

4. Coloque la bolsa plana de forma que los filetes de pescado queden en la parte inferior de la bolsa y refrigere.

5. Pique el ajo.

6. Caliente la mantequilla en una sartén grande; agregue el ajo y saltéelo unos minutos, removiéndolo de vez en cuando.

7. Añada el pescado y cuézalo 5 minutos por lado.

CAPÍTULO DIECIOCHO

Tentempiés divertidos para el hogar y la escuela

Recetas que encontrará en este capítulo:

Tentempiés:
- *Barritas de miel y salvado*
- *Pan de albaricoques*

Otras ideas divertidas para meriendas y tentempiés
- *Barcos*
- *Bocadillos con formas*
- *Comer en cualquier parte*
- *Motivos sabrosos*
- *Pizzas*

«¡Mamá, tengo hambre!» Este grito de guerra puede oírse varias veces al día. El que coincide con la merienda es quizá el más imperioso.

Tanto si su hijo tiene seis como dieciséis años, el dilema es el mismo: ¿Qué puedo darle como merienda, que no le llene demasiado para que no quiera cenar, pero que le llene lo suficiente para que no pida nada más?

Una cosa es tener buenas intenciones y otra muy diferente que sus hijos compartan sus ideas. A medida que los niños crecen, quizá le sea más difícil que coman tentempiés saludables. Aquí van algunos consejos.

Diez consejos para que sus hijos coman tentempiés saludables

1. Exhiba los alimentos que desee que coman sus hijos.

2. No tenga en casa alimentos (o téngalos bien escondidos) que no desee que sus hijos coman regularmente como tentempié (patatas fritas, galletas, caramelos).

3. Facilite la presentación de los alimentos saludables: manzanas peladas y cortadas a rodajas, naranjas seccionadas, melón y piña cortados a dados.

4. Involucre a su hijo en la preparación de tentempiés, por ejemplo en la preparación de una crema para mojar verduras, o

cortar queso en formas atractivas con un corta-pastas.

5. Limítese a ofrecer alimentos sencillos en la medida de lo posible: frutas, verduras, queso, leche. A menudo cuanta menos preparación realice, obtendrá mejores resultados.

6. Conviértalo en una actividad divertida. Intente jugar, quizá repasando el alfabeto al comer un tentempié empezando con cada letra. Puede hacer lo mismo con los colores. Los niños siguiendo las normas y el espíritu del juego pueden sentirse felices comiendo tentempiés saludables que coincidan con la próxima letra o color.

7. En el caso de los niños más pequeños, tenga los tentempiés ya preparados para cuando se requieran, esto evitará que coman impulsivamente.

8. Cuando se trate de niños más mayores, es preferible que tenga la merienda preparada cuando lleguen a casa de la escuela. De esta forma no pensarán en qué es lo que más les apetece (a menudo alternativas mucho menos saludables).

9. Deje que sus hijos elijan: «¿Quieres un cuenco de cereales o pan y queso?».

▼

Planificar tentempiés saludables

Al planificar meriendas y tentempiés puede guiarse por la Pirámide de la guía alimentaria.

Cereales

La base de la Pirámide de la guía alimentaria debe constituir la base de una merienda o tentempié saludable. Sin embargo, sus hijos argumentarán que las patatas fritas, galletitas saladas, pastas y magdalenas también entran dentro de esta categoría. A continuación van algunas ideas para incluir cereales que harán felices a ambos:

- Panecillo con queso derretido.
- Tortillas de maíz o trigo horneadas.
- Cereales (preferentemente integrales) y leche.
- Tostadas de pan integral con mantequilla y mermelada.

Frutas y verduras

A continuación sigue el grupo de las frutas y verduras, que puede ofrecer un gran número de posibilidades. No recuerde a su hijo que esta clase de tentempié es saludable para él, ¡de esta forma es más probable que le guste!

- Zanahorias mini.
- Frutas frescas, troceadas y listas para comer (siempre un éxito en mi casa).
- Batido de frutas o de leche preparado con frutas congeladas (póngalas en agua caliente unos pocos minutos) y un vaso de leche o yogur.
- Chips de tortilla horneados con queso derretido.
- Sopa de hortalizas (buena para los niños a quienes les gustan las verduras).

Proteínas

Las proteínas aportan la energía que su hijo precisa. Si un bistec graso y jugoso aparece en su mente, piense un poco. La mayoría de niños no precisan grasas saturadas extras. La hora de la merienda o tentempié es una buena oportunidad para proporcionar a su hijo legumbres, un alimento proteico de calidad. Entre las ideas que les gustan se incluyen las siguientes:

- Frijoles refritos. (Sírvalos al natural o mézclelos con un poco de queso rallado con bajo contenido en grasas. Prepare una crema añadiéndoles queso, salsa de verduras crudas o tomates picados, o bien crema acidificada con bajo contenido en grasas.)
- Burritos de frijoles. (Para que sean más divertidos, prepare trocitos de burritos, cortándolos en trozos regulares.)

Productos lácteos

La mayoría de niños nunca ingieren los suficientes. Utilice la hora de la merienda o tentempié para que tomen calcio. Además de un vaso de leche frío, puede probar las siguientes ideas:

- El queso es una buena fuente de calcio, pero por lo general graso, por lo que es preferible que elija las versiones con bajo contenido en grasas.
  – Queso con bajo contenido en grasas derretido sobre chips de tortilla.
  – Lonchas de queso con manzanas o peras cortadas a gajos.
- A la mayoría de niños les gusta el yogur, los míos incluidos. Además de servirlos al natural o con frutas puede hacer lo siguiente:
  – Cubra frutas frescas con yogur.

– Alterne capas de yogur y frutas para preparar un postre rápido.

Grasas y azúcares

El grupo situado en el vértice superior de la pirámide (grasas y azúcares) es probablemente el más apreciado por sus hijos. Sustitúyalo con habilidad por cualquiera de las ideas anteriores. Si toda su persuasión no es suficiente, no se desespere. Es posible convertir este grupo en una alternativa más saludable.

- Los frutos secos tienen un elevado contenido en grasas, pero contienen otros nutrientes. Pueden constituir un buen tentempié, siempre que su hijo consuma la grasa extra. La buena noticia estriba en que tienen grasas monoinsaturadas, beneficiosas para el corazón. La mantequilla de cacahuete sobre pan o *crackers* es popular entre muchos niños.
- Un batido de leche preparado con helado tiene leche, al igual que un budín o una crema.
- Por lo que se refiere a las pastas y galletas, las integrales tienen más nutrientes. Algunos bizcochos y panes rápidos son demasiado dulces y pueden llevar demasiadas grasas. Sin embargo, si se preparan con algún ingrediente saludable como los calabacines o la calabaza puede sentirse mejor si los sirve a sus hijos.

Meriendas y tentempiés pueden representar una parte significativa en la dieta de su hijo. Téngalos en cuenta. A lo largo de este libro encontrará un buen número de alimentos que pueden utilizarse de este modo. Las ideas expuestas anteriormente son sólo algunas de las opciones.

PAN DE ALBARICOQUES

Mi amiga Alicia Barrera nos regaló este pan por Navidad. ¡Nos encantó!

Para: 12 rebanadas

1/4 l de agua

100 g de orejones de albaricoques, picados

1 huevo

175 g de azúcar

2 cucharadas de mantequilla derretida o aceite

400 g de azúcar

75 g de germen de trigo

1 cucharada de levadura en polvo

1/2 cucharadita de sal

1/4 cucharadita de levadura en polvo

1/2 dl de agua

1,2 dl de zumo de naranja

1/2 cucharadita de cáscara de naranja finamente rallada

100 g de frutos secos picados (opcional)

1. Precaliente el horno a 180 °C.

2. Ponga a hervir el agua. Añada los albaricoques, retire el cazo del fuego y deje reposar 15 minutos.

3. Bata el huevo en un cuenco mediano y mézclelo con el azúcar y la mantequilla.

4. Mezcle los ingredientes secos en otro cuenco y agréguelos alternándolos con el agua restante y el zumo de naranja a la preparación de huevos. Mezcle bien hasta que todo esté bien humedecido.

5. Escurra los albaricoques y agréguelos a la preparación anterior. Incorpore la cáscara de naranja y los frutos secos.

6. Vierta en un molde para pan de 23 × 12 × 8 cm y hornee 1 hora o hasta que al insertar una brocheta o un palillo en el centro salga limpia. Deje enfriar en el molde durante 10 minutos, luego desmolde y enfríe sobre una rejilla metálica.

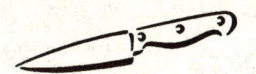

BARRITAS DE MIEL Y SALVADO

Si a su hijo le gustan la miel y los cereales, pruebe esta combinación.

Para: 24 barritas

aceite vegetal para untar el molde

4 tazas (de $^1/_4$ l de capacidad) de copos de salvado integrales (Complete Bran Flakes)

125 g de semillas de girasol o frutos secos picados

125 g de uvas pasas

75 g de margarina con bajo contenido en grasas

75 g de miel

75 g de azúcar moreno

1. Engrase con el aceite una fuente para hornear.

2. Mezcle en un cuenco grande los cereales, semillas o frutos secos y pasas.

3. Mezcle en un cazo la margarina, miel y azúcar moreno y lleve a ebullición sin dejar de remover. Cueza a fuego moderado unos 5 minutos, removiendo. Vierta sobre la mezcla anterior y mezcle bien.

4. Presione la mezcla en la fuente. Déjela reposar una hora y córtela en barritas.

Otras ideas divertidas para meriendas y tentempiés

¡Deje correr su imaginación!

Pizzas

Pizza básica
Coja algo redondo (pan pita, tortilla, panecillo), añada un poco de salsa de tomate y queso y ya tiene una pizza.

Caras de pizza
Prepare una cara utilizando aceitunas a modo de ojos, una tira de pimiento rojo para la boca y una rodaja de zanahoria para la nariz.

Pizza mexicana
Cubra esta pizza con salsa y frijoles refritos.

Pizza reloj
Utilice tiras de pimiento rojo como números.

Pizza cara de ratón
Utilice formas ovaladas de queso para los ojos y la nariz, que cubrirá con rodajas de aceitunas, y tiras de pimiento rojo para la boca y los bigotes. Para los ojos emplee rodajas ovaladas de calabacín, que colocará ligeramente bajo el queso para que se adhieran a la base de pasta.

Barcos

Barcos de patatas horneadas
Corte las patatas horneadas por la mitad y retire cuidadosamente la carne sin romper la piel. Mezcle la pulpa extraída con un poco de leche y queso y póngala de nuevo en el interior de las cáscaras vacías. Corte triángulos de queso para la vela y sujételos con palillos o pajitas. Para la cubierta, utilice rodajas de tomate o pimiento rojo. Prepare un bote utilizando tiras de zanahoria como remos y granos de uva como cabezas de viajeros.

Barcos de pan
Coloque el relleno de su bocadillo favorito sobre una rebanada de pan o medio panecillo. Siga los consejos anteriores para preparar un barco de pan. Sirva sobre un mar verde (preparado con tiras de lechuga) con un buen número de pececitos (*crackers* de aperitivo) nadando por encima.

Barcos de pepino
Corte el pepino por la mitad a lo largo. Vacíe el centro. Llénelo con crema de queso. Prepare con la otra midad del pepino y zanahoria unos remos largos. Deje descansar los remos contra el barco.

Motivos sabrosos

Tronco nevado recubierto de hormigas
Extienda crema de queso con bajo contenido en grasas sobre unos tallos de apio. Cubra con pasas de Corinto o sultanas.

Arañas
Prepare sándwiches de mantequilla de cacahuete con *crackers* integrales. Inserte palitos de aperitivo en el relleno de mantequilla de cacahuete para simular las patas.

Pulpo naranja

Cubra una cara de un *cracker* integral con crema de queso. Con un cuchillo pelador corte cuatro virutas grandes a partir de una zanahoria. Envuelva las virutas en torno al *cracker* y el relleno para obtener ocho tentáculos. Cubra con otro *cracker*.

Bocadillos con formas

A los niños les encantan estos bocadillos tanto para un picnic como merienda, también puede preparárselos para llevarlos al colegio. Todo lo que necesita es un cortapastas decorativo, pan y un relleno. Corte el pan con el cortapastas elegido y úntelo o rellénelo con los ingredientes elegidos. Si va a rellenar los bocadillos con ingredientes que no se pueden extender, tales como jamón o queso, córtelos también con el cortapastas.

Comer en cualquier parte

Cuando se tienen hijos, parece que uno siempre va de un lado para otro, a veces se tienen que llevar tentempiés para aplacar el hambre antes de llegar a casa y disfrutar de una comida verdadera. Puesto que muchos tentempiés no son necesariamente fáciles de transportar, es preferible conocer qué alimentos son los más adecuados para consumir en estas condiciones. A continuación le proporcionamos algunas ideas que han funcionado en nuestra familia desde hace años:

Para los niños pequeños
Para el coche o carrito:
Rodajas de manzana
Plátanos
Galletitas *cracker*
Granos de uva partidos
Cereales inflados o cereales en formas
Uvas pasas, dátiles, orejones de albaricoques
Lonchas de queso
Crackers de trigo

Apropiados para niños de más edad
(No aptos para los más pequeños puesto que podrían ahogarse al ingerirlos, o porque llevan más preparación.)

Para el coche:
Tiras de apio y zanahoria
Yogur
Frutos secos
Crackers
Palomitas de maíz
Uvas enteras
Piezas de fruta enteras

De compras:
Grisines
Limonada natural
Helado de yogur
Batido de leche
Sorbetes

Bebidas
Vale la pena llevar botellas de agua en el coche para los «sedientos», especialmente durante los meses veraniegos. Si va a conducir mucho tiempo, las botellas de zumo de frutas previamente congeladas o con agua congelada, se descongelarán rápidamente proporcionando una bebida refrescante.

CAPÍTULO DIECINUEVE

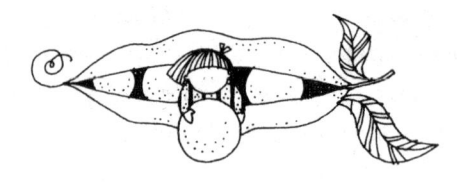

Comer fuera

En este capítulo encontrará:
- *Consejos para que su comida en el restaurante sea todo un éxito*
- *Platos sugeridos para el restaurante*
- *Comida rápida*
- *Sacar el mejor partido de la comida rápida*

Este capítulo responde a preguntas como:
- *Llevar a mi hijo pequeño a un restaurante es algo que suele sacarme de quicio. ¿Cómo puedo conseguir que la experiencia resulte más grata?*
- *Tenemos intención de llevar a nuestra hija de tres años a un restaurante chino. ¿Qué platos debería pedir para ella?*
- *Ocasionalmente, cuando visitamos un centro comercial, llevamos a nuestro hijo a un restaurante de comida rápida. ¿Qué alimentos saludables debo darle en casa para compensar su dieta ese día?*

Más y más personas comen en la actualidad fuera de sus casas. Los establecimientos de comida rápida, entre los que se encuentran las pizzerías y hamburgueserías son cada vez más frecuentados.

Las familias con niños pequeños también acuden a ellos. Pueden optar por diferentes establecimientos, pizzerías o comida para llevar a casa. De vez en cuando, los padres quizá deseen que sus hijos disfruten de una comida más refinada. Si acostumbra a que sus hijos coman fuera de casa a una edad temprana, tendrá la oportunidad de enseñarles a comer correctamente así como introducirles nuevos alimentos y cocinas. Para que sus comidas fuera de casa sean un éxito, siga los siguientes consejos.

Consejos para que su experiencia en el restaurante sea todo un éxito

1. Asegúrese que su hijo no está hambriento. Los niños son muy poco tolerantes a la hora de esperar cuando están hambrientos, por lo que si tienen que esperar a que la mesa esté puesta y servida, la experiencia no será satisfactoria. Puesto que muchas veces el hecho de comer fuera es una decisión que se toma al momento, no se planifica con antelación. Así pues, lleve consigo una manzana, algunas galletitas saladas en forma de animales y diríjase al restaurante. Si picotea un pequeño tentempié hará algo mientras espera. Establezca un límite para asegurarse que todavía tiene hambre en el momento de comer.

2. Si la salida se ha planificado, asegúrese que el niño no está cansado. Si la familia no ha parado de un lado a otro durante

todo el día, puede estar seguro que el niño no mantendrá un comportamiento angelical si decide llevarlo a cenar por la noche.

3. Elija un restaurante que ofrezca alguna ocupación a los niños (o llévela usted mismo). Los restaurantes son cada vez más conscientes de que las familias con niños comen fuera y que éstos deben estar ocupados en algo. El más creativo que he visto (y el preferido por mis hijos) era un restaurante italiano. Una vez sentados, el camarero facilitó a cada niño un plato con una pequeña cantidad de masa para pizza, ideal para jugar sin problemas; de hecho, mi marido también estuvo ocupado... Una vez finalizada la cena los niños observaron cómo las pizzas iban saliendo del horno.

Algunos restaurantes tienen lápices para dibujar, juguetes o una mesa con cuentas. Si su hijo no está interesado en esta clase de ocupación, apórtele la propia. Entre los entretenimientos más útiles figuran los libros, coches pequeños, animales de peluche pequeños y muñequitos para jugar. Como última opción, casi todo puede convertirse en un juguete. Los sobres de azúcar pueden utilizarse para amontonarse, así como las pajitas para beber. El juego del veo veo funciona siempre para los mayores de dos años.

3. Si su hijo no va comer los componentes del menú, aporte su propia comida. Los restaurantes no se oponen y comprenden que los niños tienen necesidades especiales, principalmente por lo que respecta a los más pequeños. Por otra parte, quizá desee hablar con su hijo acerca de la experiencia con antelación, para que sepa qué clase de comida tendrá.

4. Decida el tipo de restaurante a que acudirá antes de salir de casa. Muchos resturantes tienen menús para niños entre los que se puede elegir la habitual hamburguesa o el bistec con patatas fritas. A veces, me molestaba que mis hijos comieran siempre lo mismo cada vez que salíamos. Me gustaba que experimentaran y aprendieran a disfrutar las cocinas propias de otras culturas. Así pues, les explicaba en qué consistiría el menú. En un restaurante mexicano, por ejemplo, les decía: «Vamos a ver... podéis comer una quesadilla de queso o una enchilada, un burrito de frijoles o un taco de pollo». (Dejando de lado el hecho de que también podían comer una hamburguesa o un bistec con patatas fritas.) Este enfoque sólo funciona hasta que los niños aprenden a leer bien.

Planifique también sus bebidas. Los menús infantiles incluyen a menudo una bebida. Cuando el mayor tuvo cinco años y el pequeño tres, les permitimos que bebieran limonada gasificada, que en casa no beben. A veces les prohibo las bebidas carbónicas y sólo les doy agua, leche o zumo de frutas. Tenga cuidado si les ofrece una bebida azucarada; déjeles beber tan sólo unos sorbitos antes de comer o la bebida será todo lo que coman.

Quizá desee pedir tan sólo leche o zumo de frutas. Otra forma de convertir las bebidas comunes en algo especial consiste en pedirles un colacao o zumo de frutas mezclado con un poco de soda.

5. Si su hijo está en la terrible edad de los dos años, esta época será sin duda la más difícil. Deberá pasarse la mayor parte de la comida persiguiéndolo e intentando que se siente. En esta edad, si salir fuera no es una experiencia deseable, vaya a un lugar para niños o solicite los servicios de un canguro.

6. Si su hijo come poco y no es demasiado quisquilloso, pídale un acompañamiento o deje que coma parte de su plato. De esta forma ahorrará dinero y problemas.

▼
Platos sugeridos para el restaurante

Si su hijo no va a comer el menú infantil, le facilitamos a continuación algunas ideas saludables para entradas y platos principales. A menudo, una entrada o ensalada es todo lo que necesita su pequeñín.

Restaurantes estilo americano
Platos principales: gambas peladas, hamburguesas vegetales, fajitas, teriyaki, pollo asado, pasta primavera, sándwiches, quesadillas.

Entradas: ensaladas, judías negras, patatas horneadas, sopa.

Postres: sorbete, yogur helado.

Restaurantes chinos
Si a su hijo le gustan las verduras, le gustará la comida china. En caso contrario, limítese a los platos siguientes:

Platos principales: pollo aterciopelado (pollo con tirabeques, castañas de agua y brotes de bambú), gambas o buey con brócoli, gambas con verduras, *chow mein* (fideos con buey, gambas, cerdo o verduras).

Entradas: sopa de huevo, sopa de pollo y maíz, arroz al vapor, arroz frito con verduras.

Restaurantes italianos
Platos principales: cualquier clase de pasta, al natural o con salsa, tortellinis, canelones, raviolis.

Entradas: ensaladas, sopa minestrone, sopa de pasta y judías.

Restaurantes japoneses:
La cocina japonesa se asemeja a la china en su amplia utilización de las verduras:

Platos principales: pollo *yakitori*, pollo *teriyaki*, buey, salmón, mariscos, *shabu-shabu* (buey cortado a lonchas finas con verduras y fideos cocido en la mesa y acompañado con salsas).

Entradas: pastelillos al vapor, tempura (aunque se trata de un plato cuyos componentes se fríen en abundante aceite, puede ser un sistema interesante de comer alimentos como setas, brócoli y otras verduras).

Sopas: miso (preparada con pasta de judías de soja y tofu), *su-udon* (sopa de fideos), *yaki-udon* (sopa de fideos con verduras salteadas).

Restaurantes mexicanos:
Platos principales: burritos de judías, quesadillas de queso, enchiladas de queso con salsa suave.

Entradas: frijoles refritos, arroz a la española, chips de tortilla con guacamole y salsa suave (una vez terminado el primer servicio de chips, no pida más).

Pizzerías

Platos principales: pizza de jamón y queso, pasta con salsa marinara.

Entradas: ensaladas, grisines.

Comida rápida

Si come a menudo comida rápida fuera de casa, puede representar todo un desafío. La comida rápida típica (hamburguesa con patatas fritas) contiene pocas frutas, verduras y fibra. Sin embargo, si su hijo come fuera sólo ocasionalmente, por ejemplo dos veces al mes, quizá le guste.

Veamos en qué consiste un menú típico para niños de una gran cadena:

- Una hamburguesa de McDonald's de queso, con patatas fritas y un Sprite pequeño contiene: 640 calorías, 23 g de grasa y 995 mg de sodio.
- Unas pepitas de pollo de McDonald's con patatas fritas y un Sprite pequeño contienen 510 calorías, 21 g de grasa y 515 mg de sodio.

Los nutrientes de otros menús para niños de otras cadenas de comida rápida son muy similares a los anteriores.

Obviamente una visita típica a una hamburguesería proporciona a su familia una dosis de grasa poco saludable, además de sodio, sin dejar de mencionar la ausencia de frutas o verduras. Sin embargo, a veces es inevitable una visita a un establecimiento de estas características. Quizá esté de compras en un gran centro comercial con un bebé en el carrito y otro pequeño a su lado que tiene hambre. ¿Quién tiene tiempo para dilucidar qué establecimiento tiene la cocina más saludable para niños? A veces los establecimientos de comida rápida más saludables son aquellos que tienen otros platos además de hamburguesas.

Sacar el mejor partido de la comida rápida

- El día que su familia coma en un establecimiento de comida rápida, compense su dieta ofreciendo una merienda con frutas u otra comida con verduras.
- Si debe comer regularmente en estos establecimientos, varíe los restaurantes.
- Si su hijo no va a beber leche, pídale un batido de leche como postre.
- No se vea obligado a pedir el menú para niños.
- Establezca los límites acerca de la frecuencia con que asiste a estos establecimientos y a alguno en particular. Explique a su hijo por qué los establece.
- Predique con el ejemplo solicitando una de las opciones más saludables del menú.

Glosarios

NOTA DEL EDITOR

Dadas las numerosas diferencias léxicas entre los diversos países de habla hispana, que en un libro de cocina resultan mucho más patentes, se ha optado por incluir en esta obra algunas equivalencias entre alimentos y procesos de uso común. Debido a la manifiesta imposibilidad de incluir glosarios correspondientes a la totalidad de dichos países, a título de ejemplo se ofrecen los de México y Argentina, en la convicción de que serán de utilidad al lector.

MÉXICO

Al dente: Punto de cocción de las pastas italianas dejándolas un poco enteras.
Albaricoque: Chabacano.
Aliño: Aderezo, condimento.
Azúcar lustre: Azúcar refinada.
Azúcar moreno: Azúcar morena.
Beicon: Tocino magro de cerdo ahumado.
Batido: Malteada, licuado de leche con alguna fruta.
Bayas: Nombre genérico que se da a los frutos carnosos con semillas, como frambuesas, grosellas o arándanos.
Bechamel: Salsa blanca elaborada con harina, leche y mantequilla.
Bistec: Filete, rebanada de carne de res.
Brócoli: Brócoli.
Budín: Pastel de consistencia blanda cuajado al horno o al baño maría.
Buey: Res.
Bulgur: Trigo fragmentado de cocción muy rápida.
Burrito: Taco de tortilla.
Cacahuete: Cacahuate.
Calabacín: Calabaza pequeña y cilíndrica.
Cebada: Planta gramínea, parecida al trigo.
Cebollino: Planta parecida a la cebolla, de hojas comestibles filamentosas y sabor más suave, que se usa como condimento.
Chips: Trozos pequeños.
Conchas: Pasta para sopa en forma de concha.
Copos: Partes de determinadas sustancias que, por su aspecto y ligereza, se asemejan a las porciones de nieve: avena en copos.
Corte en juliana: Legumbres cortadas en tiritas finas.
Crackers: Galletas saladas.
Crema acidificada: Crema ácida.
Crema de leche: Nata líquida.
Cuscús: Pasta de harina y miel, reducida a granitos minúsculos y cocida al vapor.
Eneldo: Planta herbácea que se usa como condimento.
Escaldar: Meter en agua hirviendo un alimento durante unos minutos para pelarlo fácilmente.
Escalonia: Ajo chalote.
Estragón: Planta herbácea que se usa como condimento.

Gamba: Crustáceo parecido al langostino.
Granos de uva: Se refieren al fruto, la uva, no a las semillas.
Grisines: Pan en forma de bastoncito delgado.
Guisantes: Chícharos.
Judías: Término aplicado a diferentes clases de leguminosas: blancas (alubias), pintas (frijoles bayos), negras (frijoles negros) y verdes (ejotes).
Lenguado: Pez marino de forma aplanada y carne muy estimada.
Lonchas: Rebanadas planas y delgadas.
Macarrón: Pasta de harina de trigo en forma de tubo.
Magdalena: Bollo pequeño de forma ligeramente ovalada.
Melocotón: Durazno.
Menestra: Guiso de verduras.
Merienda: Comida ligera que se toma por la tarde.
Merluza: Pez marino de carne blanca muy sabrosa.
Mijo: Planta gramínea originaria de la India.
Orejones: Pulpa de durazno u otra fruta secada al aire.
Pan pita: Pan árabe.
Patata: Papa.
Pepitas: Semillas de algunos frutos.
Pepitas de chocolate: Hojuelas de chocolate.
Pepitas de pollo: Nugets de pollo.
Picatostes: Trozo alargado de pan frito o tostado.
Pisto: Fritada de pimientos, jitomates y otras verduras.
Polenta: Masa muy blanda y medio líquida de harina de maíz.
Polo: Paleta helada.

Pomelo: Toronja.
Requesón: Queso hecho con la leche cuajada sin el suero.
Saltear: Freír un manjar a fuego vivo.
Sésamo: Ajonjolí.
Soja: Soya.
Solla: Pez comestible que vive en el Atlántico.
Sorbete: Helado de consistencia pastosa.
Tamiz: Coladera.
Tentempié: Refrigerio, comida ligera.
Tirabeques: Variedad de chícharo.
Tomate: Jitomate.
Uvas negras: Uvas moradas.
Uvas sin pepitas: Uvas sin semilla.
Zumo: Jugo.

ARGENTINA

Albaricoque: Damasco.
Alcachofa: Alcaucil.
Aliño: Condimentar con sal, aceite y vinagre, u otros ingredientes.
Azúcar lustre: Azúcar impalpable.
Azúcar moreno: Azúcar negra.
Bayas: Nombre genérico que se da a los frutos carnosos con semillas, como frambuesas, grosellas o arándanos.
Bechamel: Salsa blanca elaborada con harina, leche y mantequilla.
Bistec: Bife.
Bróculi: Bróccoli.
Brocheta: Brochette.
Cacahuete: Maní.
Calabacín: Calabaza pequeña.
Cazo: Cacerola pequeña con mango.
Cebollino: Cebollín (ciboulette).

Col: Repollo-coliflor.
Conchas: Pasta para sopa en forma de bivalvo, idónea para rellenar.
Cuscús: Pasta de harina y miel, reducida a granitos minúsculos y cocida al vapor. Plato típico de la cocina árabe.
Escanda: Variedad de trigo.
Fajitas: Plato típico de la cocina mexicana.
Frijoles: Porotos.
Guacamole: Palta.
Guisantes: Arvejas.
Judías: Chauchas.
Lonchas: Fetas.
Mantequilla: Manteca.
Melocotón: Durazno.
Menestra: Guiso de verduras.
Nevera: Heladera.

Palomitas de maíz: Pochoclo.
Pan pita: Pan árabe.
Panecillo: Pancito.
Patata: Papa.
Pilaf: Guiso de cereales con verduras.
Picatostes: Rebanadas de pan tostadas con manteca o fritas.
Pisto: Fritada de pimientos, tomates y otras verduras.
Plátano: Banana.
Polo: Helado de palito.
Quesadillas: Plato típico de la cocina mexicana.
Requesón: Cuajada.
Setas: Hongos.
Sorbete: Helado de consistencia pastosa.
Tirabeque: Tipo de arveja.

Índice de recetas

Aguanieve de ensalada de frutas	184
Arroz con leche	209
Arroz frito	198
Barritas de miel y salvado	227
Batido de helado de la jungla	207
Batido de frutas	210
Budín de pan	193
Bulgur con nueces a la menta	202
Calzones	194
Chips de tortilla a la canela	180
Col salteada	164
Conchas rellenas de espinacas	172
Crema de atún	217
Crema de frutas y queso	180
Crepes	196
Ensalada de bróculi	162
Ensalada de fideos vietnamita	174
Ensalada de huevos a la mediterráne	220
Ensalada de maíz y cebada	193
Ensalada de pollo al curry	218
Erizos de fruta	179
Espaguetis a la carbonara	221
Flan fácil	212
Fondue de frutas	183
Fondue de queso suiza	213
Frutas congeladas en pajitas	183
Frutas flotantes	182
Garbanzos salteados	167
Hummus con *tahini*	219
La cena de Aladino	161
La sopa de Bugs Bunny	163
Lassi dulce	208
Macarrones con queso	208
Minestrone rápido	173

Mis patatas favoritas	168
Muesli	199
Pan de albaricoques	226
Pasta con salsa de atún	220
Pastelillos de salmón	219
Pescado con tomate	215
Pescado tropical	222
Pilaf de cereal básico	192
Plátanos a la naranja	177
Polenta con queso	195
Pollo cremoso a las hierbas	216
Polos de fresa	188
Polos de pera	186
Quesadillas	200
Queso de yogur	211
Raviolis rápidos	199
Salsa bechamel falsa	171
Salsa de fresa y naranja	178
Salsa de frutas arco iris	187
Salsa de pimientos rojos asados	201
Salsa secreta	170
Sopa de frutas y yogur	181
Sopa marciana	166
Sorbete de piña y pomelo	185
Tomates a la lima	165
Tortitas de patata	169
Un trago de sol	188
Zumo *Tutti Frutti*	185

EL NIÑO Y SU MUNDO

Títulos publicados:

1. **Juegos para desarrollar la inteligencia del bebé** - *Jackie Silberg*
2. **Juegos para desarrollar la inteligencia del niño de 1 a 2 años** - *Jackie Silberg*
3. **Luz de estrellas. Meditaciones para niños 1** - *Maureen Garth*
4. **Rayo de luna. Meditaciones para niños 2** - *Maureen Garth*
5. **Enseñar a meditar a los niños** - *David Fontana e Ingrid Slack*
6. **Los niños y la naturaleza** - *Leslie Hamilton*
7. **Rayo de sol. Meditaciones para niños 3** - *Maureen Garth*
8. **El jardín interior** - *Maureen Garth*
9. **300 juegos de 3 minutos** - *Jackie Silberg*
10. **Educar niños felices y obedientes con disciplina positiva** - *Virginia K. Stowe y Andrea Thompson*
11. **Juegos para hacer pensar a los bebés** - *Jackie Silberg*
12. **Luz de la tierra. Meditaciones para niños 4** - *Maureen Garth*
13. **El espacio interior** - *Maureen Garth*
14. **Comidas sanas y nutritivas para el bebé** - *Marie Binet y Roseline Jadfard*
15. **El ABC de la salud de tu hijo** - *William Feldman*
16. **Cómo contar cuentos a los niños** - *Shirley C. Raines y Rebecca Isbell*
17. **Niños felices** - *Michael Grose*
18. **Tu bebé juega y aprende** - *Penny Warner*
19. **Comidas sanas, niños sanos** - *Bridget Swinney*